上市公司内幕交易的行为识别和监管机制

李金峰　高 峰　陈向飞　著

北 京
冶 金 工 业 出 版 社
2017

内 容 提 要

本书运用规范的理论分析和严谨的实证分析方法，对我国上市公司内幕交易的行为识别和监管机制进行定性分析和定量研究，以上市公司内幕交易的行为动机和监管制度为主要线索，并结合具体的案例分析，探寻上市公司内幕交易的内在机理。在深入研究上市公司信息披露、公司治理和内幕交易影响关系的基础上，探究内幕交易和其外部影响因素的不同关系。同时，借鉴美、欧、日等国家和地区抑制内幕交易的经验，并结合我国的法律环境制度建设，提出我国内幕交易的防范措施和政策建议，形成我国上市公司内幕交易防控的具体路径和对策思路。

本书可供证券监管部门、中介机构、上市公司及高等学校相关专业的研究人员阅读。

图书在版编目(CIP)数据

上市公司内幕交易的行为识别和监管机制/李金峰，高峰，陈向飞著. —北京：冶金工业出版社，2017. 11

ISBN 978-7-5024-7633-5

Ⅰ. ①上… Ⅱ. ①李… ②高… ③陈… Ⅲ. ①上市公司—企业管理—研究—中国 Ⅳ. ①F279. 246

中国版本图书馆 CIP 数据核字（2017）第 258402 号

出 版 人 谭学余
地　　址 北京市东城区嵩祝院北巷 39 号 邮编 100009 电话 (010)64027926
网　　址 www.cnmip.com.cn 电子信箱 yjcbs@cnmip.com.cn
责任编辑 于昕蕾 美术编辑 吕欣童 版式设计 孙跃红
责任校对 卿文春 责任印制 牛晓波
ISBN 978-7-5024-7633-5
冶金工业出版社出版发行；各地新华书店经销；三河市双峰印刷装订有限公司印刷
2017 年 11 月第 1 版，2017 年 11 月第 1 次印刷
169mm×239mm；12. 5 印张；243 千字；190 页
36. 00 元

冶金工业出版社 投稿电话 (010)64027932 投稿信箱 tougao@cnmip.com.cn
冶金工业出版社营销中心 电话 (010)64044283 传真 (010)64027893
冶金书店 地址 北京市东四西大街 46 号(100010) 电话 (010)65289081(兼传真)
冶金工业出版社天猫旗舰店 yjgycbs.tmall.com

（本书如有印装质量问题，本社营销中心负责退换）

前　言

上市公司内幕交易普遍存在于世界各国的证券市场之中，其内幕交易行为严重干扰了证券市场的正常秩序，使证券市场的基本功能难以正常发挥，加剧了证券市场的波动，有悖于证券市场“公开、公正、公平”的原则，阻碍了证券市场的健康发展。内幕交易是一种投机行为，同时也是一种欺诈行为，内幕交易人员通过利用其掌握的未公开的敏感信息进行证券交易，从而牟取不当利益，使普通投资者遭受损失，破坏市场公平与稳定。上市公司在为国民经济和社会发展做出积极贡献的同时，其内幕交易问题在世界各国也备受关注。提高解读和识别上市公司内幕交易信息的能力，在一定程度上可以减轻信息不对称的程度，从而提高政府监管的效率，而如何有效地抑制上市公司的内幕交易，是迫切需要解决的问题。上市公司存在着大量的内幕交易问题，这不仅严重影响了上市公司的市场形象，给资本市场规范发展带来严重的负面效应，而且侵蚀了投资者的合法权益，如何有效地防范上市公司内幕交易成了一个迫切而实用的研究课题。

上市公司内幕交易是客观存在的，这是上市公司自身、政府部门、投资者和中介机构等多方利益博弈的结果。我国的资本市场作为新兴加转轨市场，在有效促进国民经济持续、健康、稳定发展的同时，伴随着资本市场对实体经济推动作用的日益增大，上市公司作为市场的主体，所披露的信息越来越受到各方经济主体的关注。各项经济活动对财务信息的依赖程度越来越大，人们对财务信息质量的要求也越来越高。内幕交易违背了证券市场“公开、公正、公平”的原则，妨碍了证券市场的稳定发展，若能提供一种高效、科学的抑制上市公司内幕交易的制度方法，无论是理论还是现实层面，都具有重要的意义。

从现有相关研究文献来看，对上市公司内幕交易问题的研究通常涉及内幕交易的形成动因和超常收益方面的研究，而对内幕交易的防范与治理研究往往又关注于内幕交易对证券市场的影响，由于上市公司内幕交易对社会的影响是从企业的微观层次到资本市场的中观层次再到国民经济和社会发展的宏观层次，因此，过于侧重研究对象的某个侧面内容的考察，不免会影响到对其整体的把握。如何提高上市公司的信息解析能力，有效遏制内幕交易行为，自然成为所有投资者共同关注的焦点，同时这也是政府监管部门所关注的紧迫问题。本书在借鉴大量国内外上市公司内幕交易等相关领域研究成果的基础上，从内幕交易的行为动机出发，对内幕交易的监管强度、监控行为进行系统研究，实现对内幕交易的预警和最优处理，为我国证券市场内幕交易监管的规则制定和实践提供理论依据和现实建议，力图更为全面系统地阐述上市公司内幕交易的行为识别和监管机制。

本书在系统梳理内幕交易相关研究文献和理论的基础上，致力于研究我国上市公司内幕交易的机理，通过理论分析和实证研究探讨内幕交易抑制的原理，采用定性分析与定量研究相结合的研究方法，来解读内幕交易的行为识别与治理，选取近年来中国证监会公布的内幕交易处罚公告公司为样本，采用事件研究法，以检测其不同的信息含量，为抑制上市公司的内幕交易提供参考依据。全书试图从上市公司的信息披露和公司治理等方面来研究内幕交易的识别过程，结合我国证券市场微观结构与内幕交易行为特征，来分析内幕交易者交易策略及对市场流动性的影响，探讨内幕交易对参与者和市场的影响，并提出通过调整股票市场微观结构来限制或监督内幕交易的措施，期望推动通过立法加强内幕交易的规制，促进我国上市公司的健康发展，寻求为我国上市公司内幕交易的识别和监管提出有益的政策建议。

本书围绕上市公司内幕交易的内涵、特征、行为动机，将上市公司运行机制的微观考察同中观的资本市场多层次构建和宏观的国民经济发展结合起来，对上市公司的内幕交易进行系统化综合研究；以理论经济学、财务管理学、金融学、投资学、管理学和计量经济学为主要分析工具，探寻上市公司内幕交易的内在动因；融合上市公司内幕交易的识别、治理等相关理论，以上市公司的监督运行机制为主要线索，探讨上市公司内幕交易的内在机制；通过对上市公司内幕交易的实证研究，判别上市公司内幕交易的影响因素和影响程度，对我国上市公司内幕交易的内在机理和外部监管机制进行探析。在上述研究的基础上，结合我国上市公司内幕交易和投资者保护制度、法律制度环境建设，形成对我国上市公司内幕交易抑制的系统把握，促进我国资本市场健康发展的对策思路。

全书主要解决的问题有：第一，内幕交易的概念是如何界定的？它由哪些主要要素所构成？第二，在指令驱动市场下，上市公司内幕交易是如何形成的？第三，影响中国上市公司内幕交易的主要因素有哪些？第四，上市公司内幕交易与公司治理的市场关系如何？第五，上市公司内幕交易的参与主体和受益者是哪一类投资者？第六，如何设计上市公司信息披露的制度效果更好？第七，如何构建内幕交易防范的法律架构与监管机制？第八，采取何种措施，才能有效地遏制和防控上市公司的内幕交易？这些问题将是本书在相关章节重点深入考察和研究的。

在河南科技大学经济学院和冶金工业出版社的支持下，本书得以出版。同时，在本书的写作过程中，河南科技大学经济学院相关领导和同事以及作者家人都给予了大量支持和帮助，在此表示衷心的感谢。虽然作者均曾长期在上市公司和社会实践部门工作，积累了较丰富的社会工作经验，又在河南科技大学从事了多年的理论教学和研究工作，但鉴于作者的学识水平，书中难免会有错误和不妥之处，欢迎批评指正。

作　者

2017 年 8 月

目　　录

第一章　绪　　论

内幕交易的产生从本质上来说是因为掌握内幕信息的内幕人员希望将内幕信息转化为经济收益。内幕人员利用自己潜在的优势获取上市公司的非公开实质性信息，相对于其他社会公众投资者来说，有违证券市场的“三公”原则。内幕交易的发生破坏了证券市场的正常秩序，使得证券市场的监督体系严重缺失，也会容易导致内幕人员为所欲为进行内幕交易。如对内幕交易行为听之任之，证券市场自然而然地会趋向畸形发展，一旦把控不好，很有可能会进一步诱发社会矛盾，引起社会混乱。现在世界主要国家证券监管部门虽然对内幕交易行为大都予以严厉的惩罚，但是内幕交易行为仍然难以根除，在世界各个国家都不同程度地存在。

第一节　研究背景和意义

内幕交易行为是一种基于信息优势下的不道德行为，它不仅严重破坏证券市场的公平投资秩序，对中小投资者造成巨大侵害，还可能扭曲股票价格对实际价值的反映，破坏证券市场的融资功能和资源配置功能，因而受到世界各国政府和学界的广泛关注。自 1934 年美国率先制定禁止内幕交易的立法以来，目前世界上绝大多数国家都已经制定了禁止内幕交易的法律法规。为何内幕交易行为屡禁不止？为何即使监管当局制定了《内幕交易法》，仍然难以遏制？这正是内幕交易行为的复杂性和隐蔽性所带来的执行难题。

一、研究的背景

我国证券市场是一个新兴的市场，具有与其他国家市场所不同的属性。无论是在市场功能的设施配套还是市场信息的流通机制以及国家政策法律、监管方面都还存在着不小的差距，再加上我国上市公司的治理结构和内部控制等方面的不成熟以及市场结构和机制的不完善等原因，致使我国证券市场上的内幕交易行为屡禁不止。与国外相比，我国证券市场中的内幕交易行为有着自己的特点：第一是内幕交易行为的普遍性与隐蔽性。内幕交易在证券市场上普遍存在，大批投资者卷入其中，成为证券市场上公开的秘密，同时内幕交易却又非常隐蔽，绝大多数内幕人员在从事内幕交易时并不使用自己的账号，这使得对内幕交易的查处和取证非常困难。第二是内幕交易主体具有多样性。从事内幕交易的既有个人，也有许多机构，如上市公司、证券公司、基金公司、各种投资公司等，这和美国内幕交易主体主要是上市公司和证券经营机构内部人员有很大区别。第三是内幕交易与其他违法行为具有关联性。内幕交易往往和市场操纵、证券欺诈等其他形式的违法行为相关联，不少上市公司及其内幕人员与市场投机机构相勾结，利用内幕信息操纵市场，有时甚至发布虚假信息误导其他投资者，形成"庄股"这种综合性的证券违法形态。在股票价格异常波动的背后，往往是市场操纵、内幕交易、发布虚假信息等各种形式的证券违法违规行为共同存在，形成了复杂的证券犯罪链条。正是由于我国内幕交易行为的上述特点以及法律法规和制度建设的相对滞后，我国在执行《证券法》打击内幕交易的过程中也一直存在着发现难、查处难和监管成本高的囧境。据统计，在 2000 年前，中国证监会公开处罚的证券违法犯罪案件极少，进入 2014 年和 2015 年以来，中国股市迎来了新一轮的牛市行情，证券市场十分活跃，一度销声匿迹的内幕交易卷土重来，内幕交易案件增多，操纵手段花样翻新，严重扰乱市场秩序，损害广大投资者利益。中国证监会已在法律规定基础上，借鉴发达市场经验，针对中国市场情况，制定了内幕交易和市场操纵的认定标准。《内幕交易认定办法》和《市场操纵认定办法》已在业内试行一段时间。因此加强对内幕交易行为甄别、监控技术以及最优监管方式的研究，提高识别违规行为的及时性和准确性，促进证券市场稳定健康发展，不仅具有很强的理论意义，更具有现实的紧迫性。

中国股票市场从 20 世纪 90 年代初建立至今，经过二十余年的快速发展，取得了令人瞩目的成就。目前我国股票市场已形成了上海、深圳证券交易所作为主板市场，深圳创业板市场作为二板市场，代办股份转让系统作为三板市场的多层次市场体系。截至 2016 年底，中国股票市场已成为全球第二大市场，沪深 A 股上市公司总数达到 3047 家，股票市场总市值达 53.13 万亿元，其中，流通市值 41.79 万亿元。投资者数量居全球第一，累计开户数达 1.64 亿人，形成了包括证券投资基金、证券公司、保险公司、社保基金、QFII 等在内的机构投资者和人数众多的个人投资者。中国证券市场在促进企业直接融资、转变企业经营机制、完善公司治理结构等方面发挥着重要的功能，培育了一批在国际、国内有一定影响力和竞争力的优秀企业。中国证券市场在国民经济和社会发展中发挥着日益重要的作用，逐渐成为国民经济的"晴雨表"，引起了世人的关注，已成为世界经济体中不可缺少的重要组成部分。然而，在快速发展的过程中，中国证券市场泥沙俱下，也暴露出不少问题，其中比较突出的一个问题就是内幕交易现象比较严重。内幕交易行为严重干扰了证券市场的正常秩序，使证券市场的基本功能难以正常发挥，加大了证券市场的波动，违背了证券市场的"公平、公正、公开"原则，损害了中小投资者的利益，不利于证券市场的健康发展。

内幕交易行为并不是中国证券市场独有的产物，它是伴随着证券市场的产生而出现的一种普遍现象。在世界各国证券市场，无论是在欧美发达国家的证券市场，还是中国这样新兴的证券市场，都或多或少地存在着内幕交易现象。内幕交易像一颗毒瘤，时刻威胁着证券市场肌体的健康发展，如果不加以控制，将对证券市场带来严重的后果。为此，打击内幕交易行为是各国证券监管部门共同面对的一项艰巨任务，各国证券监管部门纷纷出台相应的法律法规来规范投资者行为，严惩内幕交易行为，许多国家都专门针对内幕交易行为制定了《内幕交易法》，但执行效果却普遍不尽如人意。为什么内幕交易屡禁不止？为什么《内幕交易法》执行起来如此困难？其原因主要在于内幕交易具有隐蔽性和复杂性的特点，在股票交易过程中难以观测和识别，给证券监管部门查处和打击这一行为带来了较大的难度。尤其是像中国这样的新兴证券市场，由于市场机制还不完善，信息透明度不高，投资者结构不合理，整体素质不高，投资者保护环境较差，内幕交易更为严重，绝大部分内幕交易人员在从事内幕交易时并不使用自己的账户，有的使用几百个，甚至上千个他人的账户，这使得对内幕交易的查处和取证非常困难，使得一大批内幕交易者逍遥法外，而这又在一定程度上助长了内幕交易行为。

二、研究目的与意义

本书的研究目的是：用科学的理论和方法，在对上市公司内幕交易形成机理和行为识别机制进行深入分析的基础上，系统地探索上市公司内幕交易防范的路径、模式和效应，为证券监管部门有效地防控内幕交易提供理论和实证支持。

本书的研究将在一定程度上对丰富内幕交易在我国的研究文献起到作用，而且对投资者、监管者以及上市公司运营都能提供一定的启示作用。因此无论在理论上还是实践上都具有一定程度的意义。

（一）理论意义

有助于在立足信义义务理论、泄密与盗用理论、市场公平理论、市场效率理论、信息不对称理论及金融市场微观结构理论等理论背景的基础上，结合中国上市公司内幕交易的实际状况，研究上市公司内幕交易的行为识别机理和监管机制，并力争在研究中有所突破和创新。

有助于丰富内幕交易的研究文献。内幕交易对资本市场的健康运行带来了严重的威胁，使得投资者遭受巨大的损失，也扰乱了市场秩序。本书通过对证监会和沪深交易所公布的内幕交易处罚公告公司股票信息进行实证分析，从不同角度切入内幕交易研究，对于丰富内幕交易研究起到一定作用。

有利于构建包括预防、识别、治理、处罚在内的反内幕交易体系。当内幕交易已经成为世界性难题的时候，局部性的策略和方法就很难起到根本性的作用，必须建立起一套有效的反内幕交易体系，才能保证和提高反内幕交易的质量。

（二）现实意义

内幕交易最早可追溯到英国的“南海泡沫事件”，“南海泡沫事件”可以看作世界资本市场内幕交易的雏形。南海泡沫事件与1720年的法国密西西比公司及1637年的荷兰郁金香狂热，是西方历史早期爆发的三大泡沫经济事件。1720年6月，为了遏制股市泡沫的膨胀和打击股市投机行为，英国国会通过了《反金融诈骗和投机法》，依据该法案，很多公司即被政府强制解散。鉴于内幕交易的性质及其危害性，世界大多数国家都将内幕交易作为打击对象严加监管，我国也不例外。我国证券市场从无到有，规模从小到大，在二十多年的发展历史中不断成长和壮大，已经成为我国国民经济和社会发展的重要组成部分，为我国市场经济发展、公司治理建设、融资渠道拓展、金融市场完善等做出了重要贡献。但由于发展时间短，各项制度不完善，相比国外成熟证券市场，我国上市公司的内幕交易问题较为严重，各类内幕交易、市场操控行为不断涌现。虽然近几年中国证券监管部门加大了对市场规范化的监督和查处，处理了一批股票违法违规案例，但并没有从根本上遏制和防范内幕交易的存在，各类内幕交易现象依然存在，证券市场上股票价格的异常波动、公司重大信息的非正常披露等现象的存在，对我国证券市场的健康发展和投资者信心提高及上市公司的正常运营产生了极大的负面影响，对我国证券市场制度的合理性提出疑问。因此，研究我国上市公司内幕交易的行为识别和监管机制有极大的现实意义。

我国的内幕交易研究尚处于初步发展阶段，以介绍国外研究成果和利用国外研究方法分析国内证券市场为主，真正结合我国市场特点来分析实际问题的内幕交易研究较少，并且对内幕交易的研究没有形成统一系统，研究领域分散在监管法律、市场有效、信息披露和传递等方面。中国股票市场正处于“新兴+转轨”时期，内幕交易问题异常严重，不利于股票市场的健康发展。有关部门对这一问题十分重视，近年来，陆续出台了一系列法律法规来禁止内幕交易行为，加大了对内幕交易的打击力度，查处了一批对市场危害极大的内幕交易案件，如“私募一哥”“泽熙系”掌门人徐翔内幕交易案。2000年以来，中国证监会共对202件内幕交易案件做出行政处罚。内幕交易等案件涉及人员范围和数量呈现链条化、扩散化等特点，不仅包括上市公司董事、监事、高管，还包括政府管理部门及中介机构人员等。仅在2016年，共有超过50人因内幕交易受到证监会处罚，涉及34家上市公司的股票。

打击和防范内幕交易已成为当前监管部门的重要工作，如何有效地防控内幕交易和提高监管效率已成为管理层和学术界共同关注的热点问题。当前中国证券监管部门对上市公司内幕交易的监管侧重于“事后”监管，对“事前”预警和“事中”监控方面还做得很不到位，这也是导致监管效果不佳的原因之一。因而，要加强对内幕交易“事前”预警和“事中”监控方面的研究，就需要比较深入、系统地揭示内幕交易的特征与识别机理。本书基于这样的背景，对中国上市公司内幕交易的行为识别与监管机制进行比较系统的研究，为证券监管部门有效地防控内幕交易行为提供政策参考。

第二节 内幕交易基础理论

对于内幕交易的行为识别和监管机制，我们可以从信义义务理论、泄密与盗用理论、市场公平理论和市场效率理论这几个方面来进行分析和判断。

一、信义义务理论

信义义务理论是实施内幕交易监管的一个重要依据，也是内幕交易立法的法律依据。信义义务的主要思想是指，一个对公司负有义务的人不应当为了个人的私利或者为了避免损失而使用属于公司的价格敏感信息进行证券交易。这种交易行为违反了多种诚信义务，包括忠诚义务、不使用公司信息谋取个人私利的义务以及避免利益冲突的义务，因此这种交易行为伤害了商业基本准则、公司声誉和证券价值。然而，受托人义务理论要求一个人必须与拥有内幕信息的实体具有一定的关系，从而才能确定该人是一个内幕人员。公司内部人员和公司股东之间存在的诚信关系使其负有披露义务，这一点已被法律所确认。当有义务在交易之前进行信息披露而没有披露，则构成欺诈行为，这种披露的义务产生于一方拥有基于信托关系或其他信任关系而知悉的信息。公司股东和通过其在公司的地位而获取信息的内部人员之间，存在信任和信赖关系，这种关系使得内部人员负有披露义务，因为这样才能防止公司内部人员利用个人的信息优势，来损害不知情的小股东利益。

二、泄密与盗用理论

泄密理论比信义义务理论更进了一步，它提出了这样的问题：如果内部人员本人不利用内幕信息来进行证券交易，而是将该信息泄露给信息接受者（Tippee），信息接受者再利用信息进行股票交易是否违法呢？泄露信息者（Tipper）是否需要承担法律责任呢？信息泄密理论对这个问题进行了回答。

研究认为，当接受信息者利用非公开的公司信息进行证券交易时，如果其知道如下几点：（1）该信息是直接或间接由内部人传达的；（2）泄露信息者是出于明知；（3）泄露的信息是重要的信息；那么，进行交易的信息接受者就要承担法律责任。此外，即使泄露信息者没有参与交易，也要承担法律责任。泄密理论是对信义义务理论的一种扩展，弥补了信义义务在范围上的局限性。

为了弥补信义义务理论和信息泄密理论的缺陷，法院又创造了盗用理论。盗用理论涉及公司的信息产权问题，如果信息产权归公司所有，那么内部人员或其他人利用这种信息进行交易而获利，相当于是利用内幕信息窃取公司的财产。盗用理论关注对信息所有者权利的保护，而不是市场中的参与者。由于信息产权的存在，对具有价格敏感性信息的使用就是错误的，因此对私有信息的使用是一种侵权行为。不管个体是否为公司传统的内幕人员或者是否对交易中的对手负有信义义务，盗用理论均可适用。与信义义务理论一样，盗用理论也是由美国法院发展而来的。盗用理论不仅包括了信义义务的要求，而且还扩展了受托人信义义务理论，因为信息的所有人不必是被交易证券的实体。

美国 20 世纪 70 年代的首席法官 Burgers 当时提出了盗用理论，认为任何人盗用非公开信息都应该坚持披露或戒绝规则。从别人那里盗用信息，由于减少了信息创造的动力，从而间接降低了资本市场的效率，这是有害的，并且是应该禁止的，这与盗窃行为有害并且应该禁止是同一个道理。因此，任何人盗用非公开信息，都有义务披露该信息或者戒绝交易。当然，盗用理论并不是完善的，也存在许多的局限。在盗用理论中，内幕交易被认为是一种偷窃的观点与实际情况有一定的差异，与普通人的思维也存在一定的差距。通常情况下，一个人对信息的使用对于另外一个人使用该信息的边际成本的影响是很小的，一个内幕人员在利好信息被公布前购买证券通常不会对公司造成多大的伤害。而且，盗用理论预想了信息产权对公司或者利益相关人的分配，但却并没有回答谁应当被授权使用该信息的产权。

三、市场公平理论

公平是证券监管的重要目标之一，禁止内幕交易的首要原因和价值在于维护证券交易的公平，确保公众对证券市场的信任。公平、公正、公开是证券交易必须遵循的基本原则，各国立法对此都作出了明确的规定。公平首先并自始至终体现在对投资者的保护上，它要求在证券的发行与交易中，发行人、投资者、证券公司和证券专业服务机构的法律地位平等，其合法权益受到同等的保护。公平原则强调的是机会均等、公平竞争，其目的在于保障投资者的平等投资机会及证券公司和证券专业服务机构的平等参与机会，使一切市场主体在相同的法律条件下按照公平统一的市场规则进行各种活动。参与到市场中的所有投资者都面临着交易的风险。但是，由于一些市场参与者在收集信息方面拥有较好的资源和技能，并且具有分析和处理该信息的能力，这就意味着一些投资者比其他投资者拥有一定的交易优势。市场公平理论并没有去限制一个投资者在技能、时间和承担义务上的优势，它只是要防止内幕人员基于非公开信息源获取信息上的优势。因为这种非公开信息源上的信息优势是具有价格敏感性的，可以为内幕人员在交易中带来利益。内幕交易则破坏了证券市场中的公平原则。

市场公平理论，有时也被称为平等信息获取理论。公平理论的核心主张就是，市场中的所有投资者应当拥有平等的机会获取和评估与其交易决策相关的信息。市场公平理论，实际上提供了一种比信义义务理论和盗用理论都更为宽泛的内容，其对内幕交易的规制范围也更大了。但是，市场公平理论也并非尽善尽美。市场公平理论认为，公司内部人员抢先取得了本应是长期投资者的利益，从这个层面上来说，投资者将面临两个深层次的问题。第一，只有那些已经决定抛出股票的投资者，才会输给内幕人员。内部人在做出买入决定的同时，并没有强迫任何人卖出。第二，如果内部人员在市场上被禁止交易，投资者也不一定就是赢家。站在内部人员身后的是那些市场专业人士（分析师、投资顾问等），这些专业人士会抢在普通投资者之前，运用信息获利。剥夺内部人员的资格，不准他们进行交易，实际上就是把信息优势转移给经纪人、投资银行和其他专业人士。

四、市场效率理论

证券市场的基本作用，是通过股票转让和股价变动，实现资本的优化重组，并对公司经营做出评价和对经理人员进行监督。但是，各个证券市场的效率是存在差异的。证券市场能否发挥作用，取决于市场能否反映股票的真实价值，因此，市场效率就变得非常重要了。经济学家们关心的三种效率为配置效率、交换效率和信息效率。在一个高效的证券市场上，那些市场前景好、回报率高的公司股价会上升，而那些市场前景差、回报低的公司股价就会下跌。随着公司信息的披露，投资者会对各个公司进行评估，相应地，社会资源会从低回报的公司流向高回报的公司，从而资源配置就更加合理，在长期会逐步趋向于帕累托最优状态。尽管这种最优状态在现实中难以实现，但总会向更合理的方向发展。因此，重要信息的披露可以提高市场效率，促进资源的合理配置。

当利用市场效率理论来衡量一个证券市场的优劣时，内幕交易就需要规制。市场效率理论认为内幕交易在很多方面都伤害了证券市场，我们从以下几个方面来加以阐述：第一，内幕交易会阻碍重要信息的披露，因为内幕人员会尽可能地利用内幕信息来从事内幕交易获取利益。从这点上看，公司的重大信息总是会被延迟披露，大众投资者在信息上处于绝对劣势，因此会对市场失去信心，从而减少在市场中的交易，降低市场流动性，也降低了证券市场的效率。第二，内幕交易的存在还将影响公司各层次的决策机制，降低公司的决策效率。公司下级部门将推迟向上级部门汇报重要的信息，以扩大其利用内幕信息获取资本收益的机会。如果公司存在多级决策层，每级只要有稍微的迟滞，对公司高层决策者来说，信息的延误将带来非常严重的后果。第三，内幕交易会诱使内幕人员操纵股价，使得市场扭曲，从而造成市场效率的低下。内幕人员为了获得更多的收益，期望股价的波动程度加大，当拥有内幕信息时，就可以通过操纵股价，推动股价的波动来实现获利的目的。

五、信息不对称理论

信息不对称理论是指人们在经济活动中对信息的获得和认知都是存在差异的，获得信息较多的人通常比获得信息较少的人处于有利地位，掌握信息多的一方通常可以利用向掌握信息少的一方传递可靠信息从中获利。信息不对称理论通常可以用逆向选择和道德风险来诠释，总体来说信息的不对称性导致拥有信息的一方为了自身获得更多的利益而损害另一方的利益，从理论上称为逆向选择和道德风险。

阿克尔洛夫旧车模型认为在旧车市场上买卖双方信息是不对称的，卖者比买者更清楚旧车的价值，买者在平均价格基础上买入急于出手的质量低的旧车后发现旧车的价值低于价格，从而降低买者的预期，旧车缺陷少的卖主便卖不出好价钱，导致退出二手市场，质量高于平均水平的卖者会退出市场，而留在市场的都是质量低于平均水平的卖者，出现劣币驱逐良币的结果，即逆向选择效应。道德风险是指在经济市场中人们为了使自身效用最大化而做出损害他人效用的行动。从委托代理信息不对称角度出发，道德风险是指代理人利用比委托人拥有更多信息量的优势，为了满足自己的利益而损害委托人的利益的可能性。在双方交易的过程当中一方比另一方具有信息优势，当这种情况发生的时候一般就认为经济机制中存在着信息不对称。一方面，逆向选择效应出现在证券市场的情况下，投资者可能不了解上市公司的潜在能力、不清楚管理者对公司信息披露的准确程度等，有可能对好的潜在公司产生不良影响，摧毁投资者对证券市场的信心，导致证券市场的萎缩，破坏证券市场的正常秩序。另一方面，由于只有管理者才最清楚自身情况，为了捍卫自己的利益，如绩效、为股东利益谋福利等，很有可能牺牲投资者或债权人的利益，从而投资者与管理者之间就产生了道德风险。在上市公司信息披露的过程中，上市公司经营者与投资者、证券经营机构与投资者之间都存在代理问题，都会产生道德风险。上市公司的经营者在筹资后，把筹集到的资金投向高风险的项目，而不考虑投资者的利益，使投资者承担了较大的风险，这对市场的正常运作以及经济体制的公平有效性具有重大影响。上市公司这种道德风险的行为，最终只会加大资本市场的风险，阻碍资本市场的资源的有效配置。就本质而言，证券市场中的内幕交易行为也体现出信息不对称条件下的道德风险。在所有的这些情况当中，这种信息不对称之所以能够产生是因为信息缺失者是不可能随时观测到信息拥有者各种行为的。

第三节 国内外研究现状

20世纪60年代中期的资产定价理论和市场有效理论的发展，引发了对公开信息和私有信息在资本市场中作用的研究，并由此开始了内幕交易理论研究。内幕交易的理论研究最早是1966年由Manne在研究经理人激励机制时所提出的，发现通过调整管理层补偿合同，股票投资者能够利用内幕交易获取收益。

一、国外研究现状

国外学界对证券市场内幕交易的研究始于20世纪60年代，80年代中后期以来，随着现代金融理论和行为金融学的迅猛发展，有关内幕交易的文献大量涌现，其中“内幕交易是否应该被禁止”一直是国外研究者争论不休的核心问题。从研究内容来看，国外文献对内幕交易主要从以下四个方面进行研究。

（一）内幕交易能否获得超常收益

最早的内幕交易的盈利研究者首推Jafee，Jafee（1974）通过研究1962~1968年200个美国大公司高管人员的买卖交易数据，发现内幕交易者趋向于在股价上涨前买入而在股价下跌前卖出股票以取得超常收益。之后，Finerty（1976）、Seyhun（1986，1992）、Rozeffand Zama（1988）、Lin and Howe（1990）、Metdck and Zeckhauser（1999）的研究结果都表明公司内部人员在内幕交易中具有明显的信息优势，在交易中处于非常有利的地位，能获得超常收益。Pope，Moris and Peel（1990）通过对英国市场的研究认为内部人能够而且愿意使用独占的非公开信息取得超常收益，即使是在美国和英国进一步严格执行他们的《内幕交易法》后，这一结论仍然成立。

对内幕交易者能否获得超常收益的研究还集中在公司重大事件发生前后，代表性的文献主要包括Keown and Pinkerton（1981）、Holdemees and Sheehan（1985）、Eyssell（1990）及Gao and Oler（2004）针对公司购并事件进行的研究，John and Lang（1991）针对公司红利发放事件的研究，Eyssell（1991）和Gosnell，Keown and Pinkerton（1992）针对公司破产清盘事件的研究，Karpof and Lee（1991）针对公司增发新股事件的研究等。总体而言认为内部人在这些事件中能够借助独享信息获取超常收益。

（二）内幕交易对证券市场的影响

Prat and DeVere（1978）和 Lorie and Niederhofer（1968）是内幕交易与市场效率研究的先驱。Fishman and Hagerty（1992）研究结果显示，由于专业投资者要获得公司内部信息需要大量成本，而内幕人员通常不需花费或者花费很低成本即可获取内部信息，因此，专业投资人在与内幕人员的竞争中处于劣势。内幕交易对专业投资者不利，甚至可能把他们从内幕交易活跃的领域逐出，这将降低股票市场的市场效率。Leland（1992）从一个理性预期模型出发，认为内幕交易将提高股票的平均价格，同时在正常情况下会增加股票价格的波动性，从总体上认为内幕交易应该被禁止。Bhattacharya & Daouk（2002）从股权成本的角度出发，认为实施对内幕交易的起诉会导致股票价格的上升和股权成本的下降，这从一个侧面反映了内幕交易会导致价格的下降。Du and Wei（2003）认为内幕交易会导致股票价格波动性的增加。Beny（2004）通过对多个国家和地区股票市场的实证分析表明，在更严厉的内幕交易管制下，股票市场的流动性更好，这从另一个角度证明了内幕交易会降低市场流动性。另一种观点则正好相反，认为内幕交易有助于提高市场的流动性。Meulbroek（1992）考察了 1980~1989 年被美国证券交易管理委员会（SEC）起诉的 183 个内幕交易案件，发现在内幕交易事件期股价上升比无内幕交易或无任何消息日要高，这就为股价的波动是由内幕交易引起的提供了有力的证据。Chakravarty and McConnell（1997）通过对美国非法内幕交易案例的实证研究，认为通过内幕交易买进股票可以取得异常收益，因而具有推动市场向正确运动方向移动的作用。Duand Wei（2003）通过实证研究发现内幕交易对市场波动性的影响在不同国家之间存在差异，内幕交易越是严重的股票市场，价格波动性越高。

（三）内幕交易者的交易策略

Seyhun（1990）研究了美国 1987 年股市崩盘前后的内幕交易，发现内幕交易者不具有预计崩盘的能力，反而表现为在崩盘前大量买入的迹象，因而他们的购买主要是针对公司特别的内在价值的行为，即认为市价低于公司价值因而带来买进机会，内幕交易者的投资策略更多的是基于公司的特定信息而非宏观经济因素而做出的。Lin and Howe（1990）认为，内幕交易者在正的超常收益后主要采取卖出行动，而在负的超常收益后主要从事买进活动，实际上是反向交易者。Lakonishok and Lee（2001）认为内幕交易者总体而言是反向投资者，但比简单的反向策略能更好地预计市场运动方向。Huddart and Petronib（2003）对内幕交易者在信息公布期间的交易行为进行分析，发现内幕交易者提前完成内幕交易，临近信息公布时交易减少，增加了监管的难度。

（四）内幕交易的监管

尽管法律、经济学和金融学的文献中关于是否应该禁止内幕交易还在争吵不休，目前，大多数学者都认同内幕交易的监管观点，并从不同角度提出了各种监管措施。Fisherman and Hagerty（1991）提出了分辨内幕交易者和市场专家的模型，指出在一定条件下禁止内幕交易可以提高股价有效性。Maug（1998，1999）从公司治理的角度考虑了公司管理层与控股大股东串谋的可能，指出强制性披露和禁止内幕交易是小股东利益和公司价值最大化的保证。Werhane（1991）认为内幕交易是不道德的和非有效的，内幕人员在买卖本公司股票时能够利用股票持有人的特点获取利益。Shin（1996）提出了一个度量监管力度的指标，认为可以通过增加股票市场专家的数量，在监管能够导致市场专家信息精度提高的条件下，最佳的监管政策是容许少量的内幕交易。Bemardo（2001）从社会福利的角度，比较全面地分析了在契约约束条件下的内幕交易成本，提出应该禁止公司管理人员进行内幕交易。Durnev and Nain（2005）对多个国家的内幕交易监管效果进行了比较研究，发现内幕交易监管制度严格可以降低基于内幕信息的交易程度。代理成本比较高的上市公司，内幕交易程度比较严重，而在严格执行内幕交易监管的国家，盈余披露透明度会有所提高。Anand and Beny（2007）对在不同交易所同时挂牌的上市公司趋向非法内幕交易行为，公司规模越大与控股股东越强势，就越容易发生内幕交易。Femandes and Ferreira（2009）研究认为各国在实施内幕交易监管法规前后，股价信息含量会发生变化，上市公司代理成本高的国家，对内幕交易的监管效果不佳。

二、国内文献

由于资本市场起步较晚，国内对内幕交易的研究是从20世纪90年代才开始的。在2000年以前，研究内容主要集中于法律和制度方面，如白建军（1996，2000）、顾肖荣（1998）、吴志攀和唐浩莽（2000）等。2000年后，国内从经济学视角对内幕交易的研究正在逐渐起步，主要包含以下几个方面。

（一）内幕交易的存在性和存在形式方面

何佳、何基报（2001）对1999~2000年5类重大消息报告前后股价和换手率的分析，得出中国证券市场可能存在比较严重利用消息操纵股价进行内幕交易的结论。施东晖、傅浩（2002）对中国证券市场的公司并购事件进行研究，得出并购事件和内幕交易、股价交易密切相关的结论，并且提出概率模型来对内幕交易进行监控。张新、祝红梅（2003）运用事件分析法研究了中国上市公司过程中股票价格的波动，得出内幕交易存在且较成熟市场严重的结论。李心丹等（2008）选取相应影响因素的度量指标，架构内幕交易行为动机模型，运用结构方程模型对影响内幕交易行为动机模型中各个变量之间的逻辑关系和内在影响机制进行实证研究，提出加大违规成本，严惩内幕交易，健全完善上市公司和中介机构的内部控制机制等富有价值的政策建议。李香丽、孙绍荣（2015）随机选取2013年在上海证券交易所控制权发生转移的100名中国上市公司作为研究对象，用ARIMA模型分析主要指标在信息公告日前后的事件期和估计期间的特点，分析在控制权转移过程中，中国上市公司所存在内幕交易行为。张大勇、王卫锋（2017）基于Logistic分析构建了内幕交易行为的识别体系与识别模型，并以2007年1月1日~2016年10月31日证监会公开处罚的沪深A股发生内幕交易行为上市公司为样本，对内幕交易行为的识别进行了实证研究。得出了管理层应审时度势地根据不同的市场环境采用不同的临界值来对内幕交易行为进行识别等较有实际应用价值的结论。

（二）内幕交易者是否能够获得超常收益方面

史永东、蒋贤锋（2003）和王春峰等（2003）分别基于简单的市场模型和GARCH修正的市场模型，使用事件研究法研究中国股市的情况，都得到内幕交易者能够获得超常收益的结论。张学功（2006）提出了基于控制证券和EGARCH的修正模型，运用该模型计算的内幕交易者和跟风者的超常收益仍然显著。史永东、蒋贤锋（2004）使用潜在概率法（PPD）测量超常收益，结论与上述研究一致。韩岚岚（2015）利用2008~2013年被中国证监会查处的内幕交易案件中101个内幕交易人作为研究对象，对内幕交易人获取收益情况进行实证研究。研究结果表明，内幕交易人可以获得超额收益，公司内部内幕交易人获取的超额收益高于公司外部内幕交易人，在公司内部，总经理获得的超额收益最多。同时还证实了上市公司治理结构越完善，内幕交易人获取的超额收益越少。

（三）内幕交易者的交易策略方面

唐齐鸣、张学功（2005）发现内幕交易股票存在由收益到成交量的单向非线性因果关系，进而指出内幕交易者以低的成本通过信息传播影响股价，操纵市场交易来获得利润。缪新琼、邹恒甫（2004）以Kyle（1985）的单期模型为基础，发现在弱式有效市场中且价值信号扭曲的条件下，内幕交易者的投资行为复杂化。蔡宁（2012）以上市公司业绩预告前后的减持事件为研究对象，考察大股东利用信息优势的内幕交易问题。在交易时点上，大股东倾向于在业绩预告披露

“坏消息”之前、“好消息”之后出售股票；在交易规模上，在业绩预告之前（后）出售股票时，业绩预告的利空（利好）程度越高，交易的规模也越大；在业绩预告前减持时，正式业绩相对预告业绩的利空程度要大于在业绩预告后减持的情况，这在业绩预告为“好消息”的情况下尤为突出。这进一步证明了股东的信息优势，即股东的择时行为不仅基于业绩预告这一重大信息，还充分考虑了公司的业绩前景。

（四）内幕交易对证券市场的影响方面

谢志华、肖泽忠（2000）认为当内幕信息被公开披露时，对所有投资人的影响是公平的；当内幕信息被私下披露时，有可能造成内幕交易，导致市场不公平，对内幕人员有利，而对外部交易者不利。祝红梅（2002）认为内幕交易会加剧公司层面的信息不对称，造成交易量的大幅波动，内幕交易者能够获取超额收益，对其他投资者产生不利影响。汪贵浦（2002）基于内幕信息的市场操纵，对内幕交易过程中的信息含量进行了测量。史永东、蒋贤锋（2004）发现内幕交易使股票的平均价格上升并增加了价格的波动性，但是能使价格的波动性增加，同时，内幕交易从总体上加剧了交易过程中的信息不对称，破坏了市场的公平性。唐齐鸣、张学功（2006）发现内幕交易会降低证券价格的有效性，提出监管的关键在于促使信息在市场参与者之间均匀分布。俞绍文、张磊（2015）对大股东内幕交易行为所造成的股票市场变量的波动进行了实证和检验。结果表明：上市公司的平均超额收益率在重大信息公告日前有所上升，公告日后则会显著下降；平均异常波动率在重大信息公告日前的较长时间内比较平稳在公告日前几天则会小幅增加，在信息公告前日或后日更会急剧放大，随后就急剧下降；日均换手率在信息公告日前急速放大，而在公告日后急速下降且在公告日前某一段时间比其他时间段都要大。

（五）对内幕交易进行监管方面

汪贵甫（2002）较早地研究了国内上市公司的内幕交易行为，率先建立了基于换手率的 Logistic 内幕操纵判别模型，对提高监管效率具有积极的作用。张新、祝红梅（2003）分析了交易量异动、公告效应等指标在识别潜在内幕交易中的作用，并提出相应的监管措施。郑海磊（2004）从加强市场监控和交易机制，完善市场法律法规，完善信息披露制度等方面，提出了防范内幕交易的措施。王展翔（2007）认为可以从完善上市公司的信息披露制度，降低投资者之间的信息不对称程度，加强对异常交易活动的监控，加大对市场操纵行为的打击力度等方面，来防范内幕交易的发生。姜华东（2009）从内幕交易法律的实施和国际监管的角度入手，对内幕交易监管的有效性进行分析，认为内幕交易监管是相对有效的。汪君毅（2015）在整理和统计分析2010~2014年证监会监管处罚数据资料的基础上，探析我国内幕交易的监管所存在问题，并分别从投资者、监管者和上市公司三个角度提出包括法治建设、监测机制和内控机制建设等治理内幕交易的建议。鲁小兰（2016）通过对2008~2015年我国证监会公开查处的内幕交易案件的分析，发现我国股票市场内幕交易呈现出涉案人员以内幕信息知情人为主、交易方式隐蔽且伴随重大事件发生等特征。有针对性地提出了规范市场参与者行为和完善内幕交易相关法律法规等监管对策。

（六）内幕交易的实时监控技术方面

张学功（2006）首次从信息流的角度对内幕交易进行研究，将Maheu and McCurdy（2004）提出的GARJI模型引入内幕交易的研究中，提出从信息抵达、动态跳跃特征的角度对内幕交易进行实时监控。张俊瑞、白雪莲和孟祥展（2016）通过对融资融券可能引发的内幕交易行为进行检验，发现融资融券启动后标的公司中发生内幕交易的可能性显著上升，且这种现象在规模较小、机构持股比例较高的公司中更加明显，而较好的外部法治环境能够约束上述行为，在法治水平较高的地区，融资融券对内幕交易的刺激效果减弱。研究结果表明，融资融券业务开展助长了内幕交易者的套利行为，但有效的法治治理能够起到一定的遏制作用。沈冰、赵小康（2016）选取了从2000~2015年被中国证监会或司法机关查处的内幕交易案例作为研究样本，利用支持向量机模型对内幕交易进行识别。研究结果表明：累积超额收益率、股价波动持久性、超额换手率、股价信息含量以及股权制衡度是有效识别内幕交易的重要指标，总体识别准确率达到了86.18%，该模型的识别效果比较理想。

（七）公司治理结构与内幕交易的关系

公司治理结构与内幕交易的关系近年来开始受到国内外学者的关注。如何选取适合的公司治理指标，综合考虑股票价量特征、市场微观结构以及公司治理结构等因素，进而建立一套全面且稳健的内幕交易甄别体系将是一件非常有意义而具有创新的工作。朱伟骅（2009）从公司治理角度分析内幕交易监管效率的影响因素以及国内监管能否有效遏制内幕交易行为，并从公司价值角度探讨了特定公司治理背景下内幕交易行为能否受到市场自然的惩戒。唐齐鸣、张云（2009）立足于公司治理视角，对我国股票市场上的内幕交易行为进行了实证结果研究，认为公司治理不善是内幕交易发生的根本原因之一。公司治理较好的公司，内幕交易发生的概率较低；不同交易主体的内幕交易存在差异，公司治理对内幕交易程度的影响有所不同；在目前的外部法制环境还不能阻止内幕交易的发生，改善企业层面的公司治理才是防范内幕交易发生的根本。凌玲、方军雄（2014）从我国上市公司治理角度和市场环境出发，选取2006~2010年期间因内幕交易被证监会处罚的上市公司为样本，对内幕交易受到哪些公司治理因素的影响及市场化进程是否会抑制内幕交易的发生问题进行了实证检验，认为公司治理是影响内幕交易发生的重要因素，董事会规模越大的上市公司越可能发生内幕交易，不过企业所面临的外部治理环境没有显著影响内幕交易发生的概率。

综上所述，国内外文献在内幕交易的存在性和存在形式、内幕交易者能否获得超常收益及内幕交易对证券市场的影响方面做了大量的研究工作，但是对内幕交易的行为识别和监管机制方面的问题，特别是对行为甄别及最优监管策略的研究还相当地欠缺，多数文献都只在实证分析的后面简单地给出一些防范内幕交易的政策建议，而关于内幕交易的行为识别及实时监控技术及监管机制方面的探讨使得本书获得了较大的研究和创新空间。

第四节 研究内容和研究方法

上市公司内幕交易之所以为政府管理部门、企业界、理论界等重视，主要在于其造成的损害异常惊人，给投资者带来了巨大的损失，进而严重动摇了投资者对资本市场发展的信心。本书在消化吸收国内外现有研究成果的基础上，采用信义义务理论、泄密与盗用理论、市场公平理论、市场效率理论、信息不对称理论等，力图将上市公司内幕交易和投资者保护制度、公司治理、信息披露制度、政府监督机制结合起来，实现对上市公司内幕交易抑制的系统把握，并以此为依据，对我国上市公司内幕交易的行为识别和监管机制进行探索。

一、基本思路

本书以金融学、法学、管理学和统计学为主要分析工具，探寻上市公司内幕交易的内在机理；以上市公司的监督运行机制为主要线索，探讨上市公司的内在机制；通过对上市公司发展态势的考察和分析，找寻内幕交易和其外部影响因素的不同关系。在上述研究的基础上，结合我国上市公司的具体发展状况和条件，形成防控我国上市公司内幕交易的具体路径和对策思路。

二、研究的内容与结构

全书共分八章，主要研究内容如下：

第一章，绪论。主要概括本书研究的问题及背景，研究的目标及思路，研究的内容和方法，研究的特色与创新等相关内容，为全书的研究提供分析的前提和研究框架。

第二章，上市公司内幕交易的行为动机。重点论述内幕交易的内涵，内幕交易的形成过程分析，我国上市公司内幕交易的特征及上市公司内幕交易形成的动因。

第三章，上市公司内幕交易与公司治理关系的影响研究。主要论述上市公司治理结构的缺陷，通过经验数据，对上市公司治理结构等因素和内幕交易进行了实证研究，并揭示了上市公司管理层控制与内幕交易抑制的策略。

第四章，上市公司内幕交易与信息披露机制关系的效应分析。主要分析上市公司信息披露制度，在梳理上市公司信息披露的制度设计与规范建设的基础上，提出上市公司信息披露制度的完善与体系构建。

第五章，上市公司内幕交易与法律制度环境建设。重点研究反内幕交易法律体系架构，分析内幕交易法律完备度的影响因素，探寻内幕交易规制的立法框架构建。

第六章，美欧日抑制上市公司内幕交易经验借鉴。全面介绍了美国证券市场内幕交易监管体系，剖析了欧盟规制内幕交易的监管框架和日本抑制内幕交易的发展思路，系统归纳了美欧日反内幕交易执法对我国的借鉴思考。

第七章，我国上市公司内幕交易的防范和监管机制。提出通过立法加强内幕交易规制，建立和健全内幕交易法律法规体系，落实民事赔偿制度，完善上市公司信息披露制度及公司内部治理结构。结合中国股票市场的实际运营，有针对性地提出我国上市公司内幕交易的防控路径及建议。

第八章，研究结论与后续研究展望。在对前面各章进行分析的基础上，总结出本书的主要研究结论，对本书的不足之处提出自己的看法，并对本书的后续研究指出方向。

三、研究方法

本书主要采用规范的理论分析与实证研究相结合，定性分析与定量研究相结合的研究方法，并在不同的研究方面各有侧重。全书把规范研究和实证研究相结合，以达到理论研究结果和实证分析结论的统一。同时，利用案例分析和博弈论的研究方法对内幕交易人员与监管部门之间进行博弈分析。

四、本书的创新点

本书的创新之处在于：从多维角度揭示上市公司内幕交易的影响因素，将信义义务理论、泄密与盗用理论、市场公平理论、市场效率理论和信息不对称理论等与中国证券市场的实际相结合，并利用相关上市公司数据，研究我国上市公司内幕交易的行为识别和监管机制。

五、研究资料及来源

本书的研究资料以国家法定或权威的资料和数据为主，主要来自中国证券监督管理委员会的官方网站、《中国统计年鉴》、《中国金融年鉴》、上海证券交易所和深圳证券交易所的官方网站、东方财富网站及 WIND 金融数据库公布的数据。

第二章　上市公司内幕交易的行为动机

上市公司内幕交易在证券市场是一种常态化的违法违规行为，它的存在极大地破坏了证券市场“公开、公平、公正”的“三公”原则，严重影响了证券市场的法制秩序，侵害了中小投资者的合法权益，因此，研究上市公司内幕交易的行为识别和监管机制，首先必须分析内幕交易的基本内涵及内幕交易的行为动机，这些问题是研究内幕交易的基础。

第一节　内幕交易的概念界定

所谓内幕交易，指的是利用职务或关系上的便利而能掌握内幕信息的人，直接或间接利用该信息进行股票交易，或泄露该信息使个人或他人获得不当经济利益的行为。诚然，内幕交易与下述几个重要概念有着密不可分的关系，主要包括内幕信息、内幕人员及内幕交易行为等。因此，本节首先对内幕交易的基本内涵予以界定。

一、内幕信息

在内幕交易行为中，信息不对称是内幕交易人员获取超额利益的前提条件，各种消息充斥着证券市场，交易者的信息是否为内幕信息，对如何分辨内幕交易有着重要价值。一般而言，内幕交易信息的判定尺度是信息的重要性和私有性。信息的重要性是指该信息可能会对公司股票价格的表现产生较为重要的影响，通常是指影响公司基本面变化，如公司的资产重组、重要人事变更、重大投资、利润分配等方面的信息所带来股票价格的大幅波动。在未公开的信息中，并不是所有的信息都能成为内幕信息，内幕信息必须同时满足以下两个条件。

（一）信息的非公开性

内幕信息产生的根本原因就是该信息的非公开性。如果信息透明公开，那么内部人员也就很难运用该信息在股票市场上谋利。而非公开信息，就是一般投资者通过公开正规的渠道无法获取的信息。这样，只要投资者在交易时所依据的信息，尚未在证监会指定的传播媒体或者尚未通过证券交易所认可的其他信息披露方式向社会公开披露，即可认定其所采用的信息是非公开信息。

如何判定信息的公开，国际上有两种具体做法：第一是在现有的法律条文中明确规定应当使用何种方式进行信息披露，或规定具体的何种信息属于公开信息；第二是通过判例来确定，要具体问题做具体分析。第一种做法主要以英国为代表，第二种做法则主要以美国为代表。这两种做法虽然各有利弊，但国际上也并没有确切的证据来证明哪种做法更合理合法。

英国的法律将“已经公开的信息”分为两大类：一类是“应当视为已经公开的信息”，其主要包括：（1）该信息已经根据信息披露规则予以公布；（2）该信息均可被公众投资者查阅；（3）该信息较易被投资者获得，且该信息与证券发行人相关；（4）该信息源于已经公开的信息。另一类是“可以视为已经公开的信息”，主要包括：（1）该信息只能被敏锐的投资者或者专业人士获得；（2）该信息已经部分但非全部向社会大众投资者公布；（3）该信息除非特殊的观察力才能获取；（4）该信息需要支付一定费用才能获取；（5）该信息仅在国外发布。

美国对于信息公开性的认定，也有两种不同的观点。一种观点认为，只有当信息已经公开对外公告并为大众投资者所消化后，才能认定信息公开。因为信息在市场上需要一个逐步吸收的过程，在信息被其他投资者接受和消化以前，内部人仍然不得从事证券交易。另一种观点则认为，从有效市场假说理论出发，只要有一定数量的先知投资者已经知道了该信息，即使一般的投资者不知道该信息，但该信息就已经从其股票价格的波动上得到了反映，使信息拥有者难以利用该信息来获取超额收益。

信息在公布后多久能被大众投资者消化，各国法律规定中并没有统一的时限，多数认为应该视具体情况而定。一种观点认为，如信息对于一般投资者具有可得性，该信息就应当有效地公开披露。另一种观点则认为，即使没有向一般投资者公告，只要事实上一般投资者已经知道该信息，导致该信息已经在公司股票价格上得到反映，就符合法律的公开要求。这些观点的最大贡献是为信息公开提供了具体标准。在确定内幕信息的标准中，出现了从形式公开到实质公开的趋势，许多国家在具体的司法实践中都采用形式公开和实质公开相结合的标准。对于形式公开的效力和范围，各国的规定略有不同。

美国在实务中执行的信息公开方式是：道琼斯信息系统、美联社、公众国际社、路透社经济信息网络等，如果该公司的营业范围或股东分布具有较强的地域性，还需加上该地区的主要新闻媒介。

而英国在实务中执行的信息公开方式是：（1）依据信息披露制度的规定予以公开信息。任何依规在伦敦交易所公告的信息均为公开信息。如果在英国以外的其他市场公开信息，不确定是法律意义上的公开。（2）如信息公告是为了通知普通投资者，该信息就被认为是公开的信息。

我国相关的证券法律法规对信息公开并没有严格的标准。从信息披露的相关法规来看，我国对信息的形式公开要重于实质意义上的公开。中国证监会指定上市公司信息披露的新闻媒体包括中国证券报、上海证券报、证券时报等和上海证券交易所网站、深圳证券交易所网站等。按照惯例，在上海证券交易所和深圳证券交易所上市的上市公司有重大信息公告时，该公司股票要暂停交易一段时间，以使公众消化。

（二）信息的重大性

在实务操作中，并非所有非公开信息都认定是内幕信息，还需要同时考量该信息是否具有重大性。拥有该信息的公司是否有公开披露的义务，取决于该信息对投资者公开后是否对公司股票价格波动产生重大影响。如果该信息不重要，那么就不需要公开披露该信息。但依据什么来判断信息的重要性呢？纵观国际上主要国家和地区的证券法律法规来看，对于重大性的认定，一般有三种模式：列举式、抽象式和综合式。

（1）列举式。英国法律详细规定了内幕信息必须具备的基本要件，伦敦证交所的上市规则也列举了许多有可能影响股票价格变动而需要上市公司及时披露的重大信息，包括股利公告、利润预盈或预亏、董事的任命与辞职、董事或大股东的证券买入与卖出、年度和中期报告、增资扩股等。在英国，信息越具体，其被认定为重大信息的可能性就越大。除英国外，还有不少国家和地区采用这种列举法来认定内幕信息，日本和中国香港、中国台湾地区也均采用类似的方法。

我国《证券法》第 75 条对内幕信息进行了具体的规定：认定在证券交易活动中的涉及公司经营、投资、财务或对该公司股票价格有重大影响的尚未公开的信息均为内幕信息。在此基础上，吸收了国外的许多经验，具体详尽列举了 19 条包括公司内部经营信息、财务信息以及其他对公司证券价格具有重要影响的重大事件。

（2）抽象式。美国是抽象式方面的典型代表。如果一个理性的投资者有相当大的可能认为一项遗漏的信息，对其做出如何投资的决策是重要的，则该遗漏的信息就是重要的。将一定量的信息归入“重要信息”的范畴，将使公司管理层向投资者提供较多的无关紧要的信息，对决策机制产生不利的影响。如公开遗漏的信息，有较大可能性使理性的投资者认为该信息改变了信息的整体，即满足了“重要性”的要求。此外，并不要求该信息重要到导致理性的投资者改变其投资结果的程度。

（3）综合式。它是列举式和抽象式整合后的综合体，现在很多国家开始逐步引入综合式判断法，欧盟的一些成员国，如德国，就是采用抽象判例加上列举的方法。在一些采取列举式方法的国家，为了保证法律更为完善，也开始引入抽象式认定内幕信息的方法。综合式本质上就是将两种方法有机地结合起来，最终的效果还需要时间的检验。

我国认定的内幕信息主要包括：上市公司的经营方针及经营范围的重大变化；上市公司重大的资产重组和投资、收购及兼并行为；影响上市公司资产、负债、权益和经营成果的重要合同；上市公司的外部经营环境发生重大变化；上市公司的利润分配方案；上市公司发生重大亏损等21种类型。

在信息重要性的鉴别方法上，一般是对所有可能为内幕消息的种类、形式进行分类列举，凡在列举范围内的信息即认定为内幕信息；另一种方式是确定大的判定标准或准则，在具体案例的判定时，以此标准或准则来判定是否适用。世界较多国家法律的规定，则可能选择一种标准或准则，也可能两种标准同时采用，我国《证券法》对内幕信息采用的是在总的判断原则标准进行规定的情况下，再列举重要的信息形式。总之，我国的内幕信息的标准认定是较为科学和规范的。

在世界各国的证券市场管理中，对上市公司的信息披露都有一套严格的规章制度，即一切与上市公司相关，有可能会对公司未来股票价格产生影响的信息都应通过合法的传播渠道发布。如投资者决策所利用的信息尚未在合规的渠道上发布，即可认定其利用的信息具有私有性。对私有性的判定，目前存在一个难题，即市场传闻是否构成信息公开。特别是在一些新兴股票市场上，一些上市公司的重大信息会在正式公开前出现在市场上，此类信息是否构成实质信息公开存在争议。我国法律规定上市公司信息披露必须通过全国性的新闻媒体公开，但从实际市场效果来看，信息的形式公开实质上难以遏制内幕信息的存在。我国法律对内幕信息的“私有性”没有具体的规定，这对我国内幕信息的认定带来不利影响。

从世界各国对内幕信息的定义来看，内幕信息通常有两种定义方法。第一种认为内幕信息是来自于上市公司内部的非公开的影响股票价格波动的敏感信息，称为狭义的定义方法。另一种是广义的定义方法，认为内幕信息是任何影响股票价格波动的非公开的敏感信息，而不管该信息的来源。不同的定义方法适用不同的内幕信息的内涵。在狭义的定义方法下，信息是由上市公司的内部产生传播的，而在广义定义方法下，信息则可能源于公司的内部或外部。由于内幕信息的广义定义方法具有很多的优点，全球包括美国、欧盟、澳大利亚等国都采用了广义定义方法，英国虽然也属于广义定义的体系，但是对信息来源的规定更为明确，排除了那些仅仅对上市公司在总体上有一定关系的信息。虽然各个国家对于内幕信息的规定不同，但都具有最基本的相同之处。具体来讲就是：一个信息要认定为内幕信息，一般需要具备两个基本特征：一是信息的非公开性，二是信息的重大性。

二、内幕人员

内幕人员或内幕交易主体，是从事内幕交易的行为人，指掌握了上市公司内幕信息并根据内幕信息进行股票交易或者从事其他法律禁止的行为人。严格意义上来说，内幕人员（或称内部人）与内幕交易主体是有着一定区别的，内幕交易主体除了内部人以外，还包括使用内幕信息的外部人，但人们一般用内幕人员来泛指内幕交易主体。

美国、欧洲、日本以及中国港台地区在内的绝大多数国家和地区认为，内幕人员不只是一个独立的集合体，真正意义上的内幕人员是掌握上市公司内幕信息的人，而外部人员则是只能从公开媒体渠道获取信息的人。从各国法律对内幕交易主体的认定来看，其对内幕交易主体的范围界定的趋向宽泛。如美国对内幕人员的范围界定较为严格，主要包括三大类：（1）经典的内幕人员，指因其在上市公司中的职务、职位而获知内幕信息的人员，主要包含上市公司的董事、经理、财务负责人和公司内具有控制权的大股东；（2）推定的内幕人员，指那些与上市公司关系足够密切的自然人和法人，因其职责或工作业务的原因与上市公司具有特殊关系而获得内幕信息的人，其特点是内幕人员不是上市公司的内部职员，而是与上市公司有一定业务往来的外部人员，如上市公司聘请的律师事务所的律师、会计师事务所人员、投资银行人员等；（3）内幕信息的知悉者，即从经典内幕人员和推定内幕人员那里获取有关内幕信息的人员，包括各种获得内幕信息的人员，其范围较广，法律的追查力度也较严格。在世界各国的法律实践中，多是将是否获得内幕信息作为判定内幕人员的标准，而不是看是否具有特定职务和身份。不论采取何种形式，只要知道内幕信息就被认定为内幕人员，体现了重实质、轻形式的原则。

我国《证券法》第 74 条规定，证券交易内幕信息的知情人包括：（1）发行人的董事、监事、高级管理人员；（2）持有公司 5%以上股份的股东及其董事、监事、高级管理人员，公司的实际控制人及其董事、监事、高级管理人员；（3）发行人控股的公司及其董事、监事、高级管理人员；（4）由于所任公司职务可以获取公司有关内幕信息的人员；（5）证券监督管理机构工作人员以及由于法定职责对证券的发行、交易进行管理的其他人员；（6）保荐人、承销的证券公司、证券交易所、证券登记结算机构、证券服务机构的有关人员；（7）国务院证券监督管理机构规定的其他人。

从价值关系的角度来看，不论采用什么样的方法对内幕交易的主体进行划分，内幕交易行为造成的后果都是一致的。但对内幕人员的科学限定划分，将会有利于对内幕人员承担的职责进行比较和分析。按照世界大多数国家的划分标准，我们可把内幕人员的标准界定为传统内幕人员、推定内幕人员和其他内幕人员三类。

传统内幕人员即所谓的公司内部人员，主要包括：（1）公司董事、监事和高级管理人员；（2）公司实际控制人；（3）公司职员；（4）上述内部人的配偶或直系亲属；（5）购买自己股票的发行人。公司内部人员由于其在公司的特殊地位或其职务关系，可以获得其他人得不到的公司内幕信息。世界各国对于传统内幕人员的界定是大致相同的，但对持有公司股份的比例上，有一定的不同。美国、日本、我国港台地区及多数国家和地区都将持有超过10%公司股份的股东判定为公司内部人员，而我国则将这个比例设定为5%。相比较而言，我国对内幕人员的规定更加严格。

推定内幕人员是对传统内幕人员的一种扩展，各个国家对于推定内幕人员都有着具体的规定。美国认为推定内幕人员包括上市公司的投行人员、财务审计人员、律师和顾问，还包括其他通过职责、业务关系能够获取公司信息的人员。有时甚至还包含给予公司贷款的银行工作人员和可以利用公司基础设施的水、电、气等工作人员。欧盟规定由于职责和业务关系而可能接触内幕信息的人，均归属于禁止证券交易的内幕人员。我国对推定内幕人员也做出了较为详细的规定，包括因为公司职务可以获得相关内幕信息的人员、证券监管人员、证券承销商、保荐人等相关人员。

其他内幕人员涵盖的范围较广，主要包括信息泄密者、信息接受者和信息盗用者。上市公司的内部人员在掌握一定具体的内幕信息后，可能会把信息泄密给其他人员，信息接受者就可能通过股票价格的波动来获取利益。因此，信息泄密者和信息接受者都归属于内幕人员的范围之内，应该受到管制。同时，内幕信息的盗用者，无疑也应归属于内幕人员范畴，应受到法律的监管。

三、内幕交易行为

内幕交易行为是指内幕人员利用内幕信息，通过在证券市场上操作公司股票，获取超额收益的行为。具体方式包括：第一是内幕人员运用内幕信息以个人或借他人之名操作上市公司股票；第二是内幕人员将内幕信息泄露给其他人员，其他人员利用该内幕信息买卖公司股票；第三是内幕人员直接指导他人或向他人推荐购买其拥有内幕信息公司的股票。确定内幕交易行为的必要条件就是：在主观上存在内幕人员获取了内幕信息，客观上实施了自己或他人利用该内幕信息买卖股票，从而获取超额利润的行为。同时需强调的是所有内幕交易行为的基础均是内部人员运用所掌握的内幕信息进行证券交易并获取超额利润的行为，其无论采用何种方式，都被认定为内幕交易行为。

由于各国的国情不同，对内幕交易的规定也不尽相同。英国对内幕交易行为的认定有三种：第一是利用内幕信息进行证券买卖，第二是利用内幕信息为他人提供便利服务，第三是利用媒体传播内幕信息。美国对内幕交易的认定主要有两种，第一是利用内幕信息进行证券交易，第二是利用媒体传播内幕信息给第三人进行证券交易。我国对内幕交易的认定主要有四种：第一是内幕人员利用所获取的内幕信息进行证券买卖，这也是我国内幕交易的主要形式；第二是内幕人员利用内幕信息建议第三人进行证券买卖；第三是内幕人员向他人泄露内幕信息；第四是非法获得内幕信息的人员依据该内幕信息进行证券交易、向他人泄露该信息，或者依据该信息向他人推荐进行证券交易。

内幕交易形态是指内幕交易行为的表现形式，参考国外的相关规定，结合我国证券市场发展的实际状况，本书把内幕交易的形态归结为四类：

第一类是利用内幕信息进行证券交易。内幕人员利用内幕信息进行证券买卖是内幕交易行为的主要方式，在已被查处的内幕交易案例中，这种内幕交易方式数量最多。这种方式包括内幕人员利用内幕信息直接进行证券买卖的行为、借助第三人名义或账户进行证券交易的行为。随着监管机构和交易所对内幕交易监管力度的加大，内幕人员一般不会直接使用个人的证券账户进行相关证券的买卖，多数内幕人员通常会借助他人的名义或账户进行证券交易。这类形式的特点是内幕人员须拥有内幕信息并在证券买卖过程中使用了内幕信息。

第二类是依据内幕信息向他人建议或推荐进行证券交易。这类形式是指内幕人员运用内幕信息，向他人提供建议或推荐相关证券，并促使他人完成相关证券买卖的行为。这种形式的特点是内幕人员自己不直接参与证券交易，而是利用内幕信息向他人建议买卖股票或向他人推荐证券交易。这种形式是内幕人员在利用内幕信息基础上，建议或推荐他人参与相关证券的买卖，如使用所获取的内幕信息向他人推荐、暗示或建议买卖何种股票及买卖时机和买卖价格等。当然，接受建议的第三人如果没有进行相关证券的买卖，这类形式的内幕交易行为就不成立。

第三类是泄露内幕信息。这类形式是指内幕人员在上市公司的正式公告之前将内幕信息透露给第三人，使其根据内幕信息进行证券交易的决策或者再传递给其他人的行为。内幕人员向他人泄露内幕信息的目的可能是为了与他人串通一致而获取超额利益，也有可能是为了直接或间接帮助他人，也有可能为了提高个人的声望等。这类形式的特点是内幕人员没有依照相关规定对内幕信息进行保密，而是把内幕信息有意或蓄意透露给他人，使其利用内幕信息进行证券交易或再次传递给第三人。这类形式属于内幕人员对内幕信息的扩散，在内幕信息对外扩散的过程中，内幕信息传递的范围通常会越来越广泛，也可能使内幕交易行为越来越严重。

第四类是非法获取内幕信息的人员，利用该内幕信息从事证券交易、对外泄露该信息，或建议、推荐他人进行股票买卖。这类形式的特点是通过骗取、偷听、监听、套取或私下交易等非法手段，来获得内幕信息，并直接或间接利用该内幕信息从事证券交易的行为。

对内幕交易的对象，世界各国的规定并不完全相同。市场经济比较发达的国家，所限定的范围一般较为宽泛，以保证一些别有用心的人不能恶意运用法律的漏洞来逃避法律的惩处。而在一些新兴市场经济国家，大多对内幕交易限定的范围相对较为具体。总体来说，世界各国多是以本国证券市场的现行交易品种为基础来予以确定，并考虑到证券市场未来发展的前瞻性，授权证券市场监管机构以较为灵活的自由裁量权，并可适时依法调整内幕交易对象的范围。通常证券交易的对象包括：股票、债券、基金、期货、期权、权证、存托凭证、差价合约等。随着证券市场的不断发展，各种金融衍生工具也在不断地创新和使用，证券交易的范围也会不断地扩大。如果法律法规不能够与时俱进修订和完善，就必定会给内部人员进行内幕交易以可乘之机。如在 1934 年，美国的《证券交易法》中没有规定期权交易方面的条款，因此就给了内部人员进行内幕交易的时机，却难以依法进行惩处。之后，美国在 1984 年颁布了《内幕交易制裁法案》，并增加和修正了《证券交易法》的相关条款，及时修补了期权方面的漏洞。

第二节　内幕交易的形成过程分析

一、我国上市公司内幕交易的特征

（一）内幕人员以直接内幕人员为主

通过对近年来典型内幕交易案例的研究，我国上市公司内幕交易中内幕人员类型主要是以直接内幕人员为主导，即可以通过直接渠道来获取上市公司重大信息并进行内幕交易的人。在这类直接内幕人员中，上市公司内部人员占比最大，其中最主要是在上市公司控股股东和在上市公司任职的高级管理人员等。上市公司内部人员是最为接近上市公司核心信息源的人，他们可以利用职务上的便利，进行隐蔽内幕交易的行为或强化内幕交易的效果，如延期信息披露时间、披露一些虚假的重大消息等。这类人如果从事内幕交易，对上市公司自身、社会公众投资者的伤害都是最大的，同时，上市公司内部人员除自身直接进行内幕交易外，还会对外泄露内幕信息、暗示他人进行证券买卖的内幕交易行为，这就相应扩大了内幕交易参与人范围，使得内幕交易变得更加多元化、复杂化。除了上市公司内部人员外，与上市公司重大信息相关联的利益方也是最容易产生内幕交易的地方，如和上市公司有资产重组关联的公司、与上市公司有重大合同往来的公司、有共同股权投资项目的公司等。这些利益相关方公司的内部人员可以直接接触合作的相关资料，一旦时机成熟，就会对上市公司股票进行内幕交易，以获取超额收益。他们的行为特征与进行内幕交易的上市公司内部人员有很大的共性，都是上市公司最新信息源的得到人，都有可能成为上市公司内幕信息泄露的源头等。

另外，由于内幕交易高收益的驱动，中国上市公司内幕交易的内幕人员类型还呈现多元化、复杂化的发展趋势。主要包括：有直接消息知情人的亲属朋友向直接内幕人员打探消息进行内幕交易；审计事务所等中介机构利用职务便利获取内幕消息进行内幕交易；证券公司、投行人员、证券报业记者等金融从业人员通过调研或参与项目获取、传播内幕消息等。内幕人员类型多元化、复杂化的发展，加上内幕人员相互包庇的行为，以及信息传播多层次局面的出现，都给证券监管部门对内幕交易的取证、调查带来前所未有的困难。

（二）内幕交易利用的内幕信息多以资产重组消息为主

内幕交易所涉及的内幕信息有很多种形式，主要包括上市公司的重大资产重组、重大投资项目的开工建设、利润的预盈或预亏、股份的定向增发或配股等，其中，内幕交易所利用的内幕信息大多是在重大资产重组这类事件中。资产重组是上市公司快速提高公司内在质量，迅速改善经营效果的最有效手段，经营效果好的上市公司通过收购兼并其他相关公司可迅速提升公司经营能力，优化公司结构。经营效益差的上市公司可以寻求优质公司兼并、股权转让等形式来快速提高企业的经营状况，其经营利润在短期内通常会发生较大的改观，伴随着股价也会出现大幅度的上涨，内幕人员可以提前利用尚未公布的资产重组信息买入大量的公司股票，以待信息公告后，获取超额的收益，这就使得资产重组信息尤其受内幕人员的青睐。

因此，上市公司资产重组的消息对于证券市场中的投资者而言，是较为重大的利好消息，如果有上市公司对外公告重大资产重组筹备的消息，都很容易会受到社会公众投资者的追捧，使得该公司股价在短期内急速拉升，所以，内幕人员可以在信息正式公布之前，提前埋伏于股市中，而大量建仓该种股票，信息一旦公布股价急速上涨，他们会卖出股票，尽快兑现即可获取丰厚的超额利益。

另外，上市公司资产重组的前期筹备工作一般时间较长，内幕人员通常能够在较早的时期就获取内幕消息，并适时潜伏于股票市场购买该只股票。一旦内幕人员将购买股票的建仓时间拉长到一个较长的周期，且单次买卖的股票数量较少，潜伏期的内幕交易就很难从股价的变动中得到反映，这样就很难以被证券监管部门和证券交易所捕捉到。因此，上市公司的资产重组信息为内幕人员进行股票的内幕交易提供了较好的隐蔽性。

（三）内幕交易多与其他违法违规行为并行发生

内幕交易的发生往往是并非完全独立的，通常会与其他违法违规行为并行发生。这些违法违规行为归纳为以下几种：第一是上市公司内部人员利用职务便利制造发布虚假消息以从内幕交易中获取超额利润。典型的案例如“创兴科技”，公司直接控制人陈某借口对公司进行资产重组，让公司准备项目筹划，同时他利用多个证券账户提前大量买入自己公司的股票。待重组信息公开后，股票受到市场追捧致使股价一飞冲天，陈某借机抛售股票获利，而后公司即发布“实施条件不具备”公告，宣布取消原筹划的资产重组方案。第二是上市公司内部人员操纵上市公司信息披露的时间或不如实披露公司信息的主要事实。第三是内幕交易与市场操纵相结合的手法。即内幕人在知悉内幕信息后，分批建仓来搜集股票筹码，同时，逐步对外释放股票的重大消息，从而导致股票价格的剧烈波动，最终保证其买入和卖出价格的最优化，达到获取最大超额收益的目的。

内幕交易除以上违法违规行为外，还存在着上市公司挪用他人资金和买卖本公司股票的行为，法人以自然人名义开立证券账户，大股东开设其他证券账户对本公司股票进行买卖等违规行为。这些违法违规行为与内幕交易行为相结合，使内幕交易更具有隐蔽性，同时也严重损害了证券市场的“公开、公正、公平”原则，加大了对中小投资者的利益伤害程度。

单一内幕交易案件中的内幕交易行为呈现越来越多样化的状态。前述内幕交易行为的三种界定形式：内幕人员直接进行内幕交易的股票买卖，内幕人员泄露内幕信息给他人进行股票买卖，内幕人员向他人暗示并指导他人进行证券交易。第一种是最为常见的内幕交易行为，但其在内幕交易行为中也并非是独立出现的，通常还伴随着另外两种内幕交易行为共同出现的行为。内幕人员除自己会进行证券交易外，还可能把信息泄露给亲朋好友，构成“内幕人员泄露内幕信息”行为，获知消息的亲朋好友进而将信息泄露给他的关系网，这些间接获取内幕信息的人，都会进行内幕交易，最终导致内幕交易参与人员群体的数量庞大和结构复杂化。

二、内幕交易形成的动机分析

早在18世纪，现代经济学之父亚当·斯密在其《国民财富的性质和原因的研究》一书中指出，在经济事务中从事经济活动的主体都是受利己心驱动的追求自身经济利益最大化的“经济人”。即参与经济活动的主体，无论是法人或者是自然人，都自身存在着不断逐利的本性，也就是说，在其经济活动中尽可能地追求自身经济利益最大化。

随着市场经济的发展、产业结构的不断调整和产品分工的深化细分，相对近年来高速发展的资本市场，尤其是证券市场，由于其自身所具有的高效率、高风险和高收益的特点，使得“经济人”有了一个追逐高额利益的平台。证券投资者进行证券交易都是以收益最大化作为自己的交易目的，为了达到这一目标，证券投资者都会尽可能地调动和创造一切有利条件来完成。而其中，除了运用专业的证券知识进行基本面分析和技术分析外，一些证券投资者会千方百计，甚至铤而走险从事一些违法行为为自己制造一切可能获取最大收益的机会，上市公司内幕人员利用内幕信息进行内幕交易就是这种行为之一。上市公司内幕人员通常能够比其他社会公众投资者较早获得相关公司的重大信息，如财务发展状况和投资经营发展战略等，他们一旦受到利益驱使，难免会利用这类内幕信息进行证券交易。如果内幕人员知悉上市公司的信息是特大利好消息，他们即可先知先觉埋伏于股价相对低位的时候，一旦公司信息正式对外公告，市场会立即得到反映，股价会视利好消息的情况有一定幅度的拉升，内幕人员在股价拉升之后即可获取比其他社会公众投资者更多的超额收益。如果内幕人员知悉的上市公司信息是利空消息，他们可以先于市场卖出他们所持有的股票，避免因公司信息正式对外披露之后使得股价下跌而造成收益损失。内幕人员可以利用利好的内幕消息大量提前购进股票以进行套利获得收益，或利用利空消息先于市场卖出股票而规避损失。因此，内幕人员获取超额收益以及规避损失是内幕交易形成的主要动机。

证券市场中最主要参与主体是证券投资者，作为证券市场中典型的市场“经济人”，获取最大收益是每一个证券投资者进行证券交易的终极目的。在证券市场并非是完善的有效市场下，信息在证券市场中是处于不均衡分散分布的状况，获取先于他人所得到的信息即处于信息不对称优势地位的证券投资者能够获取他们所期望的收益最大化。和市场其他投资者相比较，专业的投资人士会充分利用上市公司公开发布的信息资料来进行搜集、分析和整理、专业定性和定量分析等手段所获得合法的信息是一种较为有效的方法，但由于其专业性、数据整理分析和时间精力等方面的限制，普通证券投资者很难有这样的便利条件获取这类信息，这样，获取先于市场一般投资者的信息就是被一些证券投资者认为是获得最大收益的捷径，亦即利用上市公司内幕信息从事内幕交易。而在我国证券市场的发展过程中，证券市场监管力度和上市公司治理水平还存在一些缺陷，这就为内幕交易的产生和发展提供了滋生的土壤。同时，上市公司重大信息的对外披露更为内幕交易提供了一个现实条件和获取超额收益的契机。因为与一般企业相比，上市公司一旦有重大信息对外披露，这类信息的公告通常都会对其在二级市场中的股票价格产生较大的影响，先知先觉获取这类信息的内幕人员，可以通过证券买卖先于其他投资者进行操作交易，以获取巨大的超额资本收益。

三、内幕交易形成过程解析

内幕人员在获得内幕信息后，会最大限度地利用这一信息价值，尽可能获取更多的“信息收益”，以获取信息价值利润率的最大化。而作为不知情的一般性投资者，主要为价值型投资者、趋势型投资者和“追涨杀跌”的投机者，他们会出于流动性需求动机、趋势形成动机和利好消息动机等，而择机参与其中。“追涨杀跌”的投机者，往往在股价上涨时买入，在股价下跌时卖出。

按照信息空间理论的学说，内幕人员的信息交流空间非常狭窄。内幕信息的传播渠道和公开信息的传播渠道不同，内幕信息的传播渠道是一个相对不透明的通道，一般是以隐蔽的电子或口口相传形式进行传播交流，同时会在一个很小的范围内进行扩散。正是由于内幕信息编码和信息抽象的程度较低，致使内幕信息对外扩散的能力较弱，内幕信息获得者不需要很高深的解码能力，就可以精准地解读内幕信息内涵，同时对其背后隐藏的巨大获利潜力而进行内幕交易行为。

通常来说，内幕人员通过各种途径知悉利好的内幕信息后，如估算其所获取的内幕信息的股票价值被低估，在该公司股票的价格中没有反映或充分反映，内幕人员就会竭力去挖掘该公司股票的潜在价值，在该内幕信息被公司正式公布前，利用个人的信息优势提前大量买进或卖出该股票。在交易过程中，有的内幕人员会把内幕信息逐级传导给部分亲朋好友，按照信息空间理论，获取该信息的投资者可能会击鼓传花般把该信息传递出去，使得信息不断对外扩散。由于内幕信息的扩散，使得通过各种渠道直接或间接获知内幕信息的人员数量不断增加。当内幕人员不断买进或卖出该股票时，通常会推动该公司股票价格的不断上涨或下跌及成交量的逐步增加，该股票的技术走势图和技术指标会逐步向好或走坏，这样就会吸引大量的投资交易者的跟风参与，他们从内幕交易者的买卖轨迹中推测并判断相关内幕信息的利好或利空，并据此调整个人的投资决策，纷纷买进或卖出该股票。而随着参与交易的投资者数量不断增多，该股票交易成交量也会变得逐步活跃起来，使其股票价格进一步上涨或下跌，形成知情效应。

上市公司的股票价格经过一段时间的上涨或下跌之后，该公司才正式对外公告已经被内幕交易人员提前知悉的利多或利空信息。如在中国证券市场，有很多上市公司在正式披露收购兼并、资产重组、高送转、利润大幅提高或大额亏损、签订重大投资项目合同等重大的信息之前一段时间，其股价通常会已经大幅上涨或下跌。根据信息空间理论，上市公司对外公开披露的信息，其信息编码和信息抽象的程度一般都比较高，信息扩散的能力也很强，信息在传播扩散中的失真程度较低，但要求信息接收的一般投资者的解码能力较强。而不知情的交易者通常是中小投资者，其多数都没有接受过系统的专业培训，解码能力多数较弱，对上市公司对外公开披露的信息很难正确地进行解读，使得众多不知情的中小投资者看到利好或利空信息公布后才开始介入。但股市中的谚语“利好兑现是利空，利空出尽是利好”会很大程度上杀伤中小投资者，因为该利好信息或利多消息已被内幕交易者提前获知而提前消化，其股价已反映甚至过度反映了该利好或利空信息。而内幕交易者正好在借机出货获利了结或大量吃货以大肆建仓。随着内幕交易者的大量卖出或买入，该股成交量通常会大量增加，而股价却常常会上涨后下跌乏力。趋势投资者或追涨杀跌的投资者发现股价下跌或上涨以后也会卖出或买入该股票，这样会加剧该股价的进一步下跌或上涨，最终的结果通常是套牢在高位买进的不知情交易者或低位斩仓的投资者。

需要强调的是，很多时候会出现一些特殊情况，即在公布特别重大的利好或利空信息时，由于股价还没有完全充分反映该利好或利空信息，股价往往会出现“一字”涨停板或跌停板，甚至连续出现多个“一字”涨停板或跌停板。在这种情况下，当股价出现“一字”涨停板或跌停板时，内幕交易者预期股价还会继续上涨而惜售或持续下跌而沽空，不知情交易者由于该股票涨停而无法购买或跌停无法卖出。当股价经过大幅上涨或下跌，涨停板或跌停板被打开后，内幕交易者开始大量出货或吃货，由于一些不知情交易者对公开信息的错误解读，就会有越来越多的大众投资者改变其原来的预期和投资决策，加入到追涨杀跌的队伍之中，导致股价振幅的剧烈波动和交易量的大幅度增加。最终结果就是导致内幕交易者获利出局，不知情交易的一般大众投资者高位套牢或低位平仓。

第三节　我国证券市场的制度发展

中国证券市场是根据我国社会主义市场经济的特点来发展的，其各种制度的构建在不断的发展中得以完善，我国证券市场交易制度的发展历程真实地反映了我国证券市场的成长历史。分析内幕交易的行为动因，必须首先对我国证券市场发展过程及其交易制度进行回顾。

一、中国证券市场的发展状况

我国证券市场是在坚持以改革开放为中心，从社会主义计划经济向市场经济转轨发展过程中，为提高公司治理水平，拓宽企业尤其是国有企业的直接融资渠道，在借鉴欧美日及我国港台地区证券市场发展经验和教训的基础上，逐步从一穷二白，循序渐进慢慢发展起来的。沪深证券市场现在已形成在上市公司数量、融资规模、投资者数量、成交金额等方面都位于世界前列的大型证券交易市场，并成为国际金融市场不可缺少的重要组成部分。我国证券市场对全球证券市场的贡献度和影响力日益加大，市场交易品种不断增多，从最初单一的柜台买卖和纸质股票买卖，到现在的包含 A 股、B 股、债券、回购、权证、期权、基金等交易品种，且交易品种和数量都在不断地增加和创新，中国金融期货交易所推出的股指期货等品种，进一步增加了投资者投资产品的选择，可有效平抑股票市场价格的大幅度波动。同时，上市公司的上市选择也在不断拓宽，从最初的以大型国有企业为主导的单一的 A 股市场，到沪深主板、深圳中小板、创业板和现在新三板的多层次证券市场的推出，小微企业、民营企业、外资企业也通过证券市场融资渠道而不断发展壮大，对我国国民经济的持续、协调、稳定的发展起到了至关重要的作用。

我国证券市场分为上海证券交易所和深圳证券交易所，分别成立于 1990 年 12 月 19 日和 1991 年 7 月 3 日。截至 2016 年底沪深两市共有境内上市公司（A 股、B 股）3052 家，境内上市公司外资股（B 股）100 家，境外上市公司数量 241 家，股票发行总股本 55820.50 亿股，其中流通股本 48206.26 亿股，上市公司股票总市值（A 股、B 股）508245.11 亿元，股票流通总市值 393256.27 亿元，2016 年沪深两市全年成交金额 127.8 万亿元，同比 2015 年下降 50.01%。至 2016 年 12 月 30 日，投资者开户数为 11811.04 万户，期末持有 A 股的投资者户数为 4946.33 万户，期间参与投资 A 股的投资者户数为 1300 万户。虽然经历了 2015 年的历史上罕见的大股灾，但我国上市公司股票总市值仍占到 2016 年全年 GDP（2016 年全国 GDP 为 744127 亿元）的 68.30%，其中流通股市值占到全年 GDP 的 52.85%。

我国证券市场在借鉴欧美国家股票市场发展的先进经验和教训的基础上，中央政府宏观经济政策的强势介入，使得我国股票市场具有浓厚的“政策市”的中国特有国情，在我国证券市场的发展历史中，期间经过“8.10”事件、“5.19”行情、网络股泡沫、国有股减持、股权分置改革、熔断机制等重大历史政策事件的冲刷，亦步亦趋地不断发展起来，同国外成熟市场的发展历程类似，其成长发展的过程也比较曲折。从德隆系事件到蓝田神话破灭，从银广夏到徐翔股票内幕交易操纵案，从 2015 年上半年的“疯牛”到下半年的股灾，中国股市历经无数次牛市和熊市间轮回，无数的社会公众投资者经历了“过山车”式的大悲大喜，其最根本的原因都归咎于我国证券市场的制度缺陷，主要表现在以下几个方面。

第一，股市运行过度倚重行政手段。我国股票市场具有明显的“政策市”特征，行政手段对市场的影响力远远超越了其市场本身所固有的运作规律。从上市公司的股票发行到股票上市交易，行政手段涵盖了所有过程，从股票的上市资格审核审批、限定股票发行价格，到各种经济政策对上市股票价格的影响，政府行政手段无处不在影响着股票市场的运行，典型的如 2007 年 5 月 30 日股市的千股跌停，2016 年 1 月 4 日新年首个交易日沪深股市遭遇熔断机制，最终在 1 月 7 日再次触碰熔断后被叫停。每当股票市场行情陷入长期低迷不振时期，投资者便自然产生强烈的政策预期，期待政府能够出台利好政策来支持和推动股票价格上涨，而政策措施的一次次的兑现和实施又进一步加剧了这种投资者和证券监管机构之间的政策博弈效应，最终而形成我国特有的“政策市”现象。

第二，股权结构亟待优化。我国上市公司股权结构较为混乱，虽然经过国有股减持和股权分置改革等多种形式的改革，但我国上市公司股权结构中依然存在国有股比例偏高，流通股的比例偏低的特点。上市公司的最大特点是让每个股东都能充分享有公司所创造的利润，同时对公司的重大经营管理事务表达自己的观点，但由于我国很多上市公司中国有股或国有法人股的持股比例过大，这样，社会流通股股东很难充分行使自己应有的权利，完全由国有股大股东来决定公司的各项重大具体事务，从而，可能会带来有损社会流通股东利益的种种决策，并带来可能的关联交易和内幕交易，导致上市公司质量的降低。

第三，上市公司信息披露方面存在问题。从“万福生科”事件可以发现，上市公司在信息披露方面存在较多的弄虚作假现象，上市公司为了达到和满足证监会上市条件和日常经营的需要，采用多种非法手段对公司资产状况、经营绩效、投资规划等信息造假，隐瞒不利信息，使得监管机构和投资者难以对公司股票的真实价值和未来发展前景进行正确的判定和估算。同时由于缺乏强有力的市场监管制度和惩罚措施，使得上市公司的相关信息在正式对外披露之前，就已经被少数公司内幕人员操纵利用，从而极大地侵害社会公众投资者的利益，助长我国证券市场内幕交易现象的发生和蔓延。

第四，投资者结构的不合理，导致其投资交易行为的不规范。成熟证券市场的投资者应该是以理性的机构投资者为主，而在我国证券市场的投资结构中，个人投资者数量占据了绝对的数量比例，从而导致易发生两类问题：一是个人投资者多属于非理性投资，以短期投机买卖为主，尤其对市场股价波动、市场各种信息的传闻非常敏感，在操作中喜欢“追高杀跌”，易造成我国股票市场的振幅加大；二是机构投资者数量虽然较少，但其掌握的资源和资金量都比较大，对市场的操控力和掌控力也都较强，能够利用自身所掌握的资金优势和信息优势引导个人投资者，并采取一些违法违规方式，获取一定的超额资本收益，进一步加剧证券市场波幅的加大。

我国证券市场其他方面还存在上市公司强制分红制度、IPO 发行制度、上市公司的强制退出机制等相关制度的不健全，中国证券市场虽经历了二十多年的发展，并在实际运作中取得了长足的进步，但仍有很多关键性问题没有得到根本性的解决，需要在今后的发展中不断强化。

二、中国证券市场交易制度的发展历程

我国证券市场交易制度的发展过程可分为市场组建和制度完善两个阶段。

（一）市场组建阶段（1990 年 9 月至 1999 年 8 月）

1990 年 12 月 19 日和 1991 年 7 月 3 日，上海证券交易所和深圳证券交易分别在上海和深圳正式挂牌成立，这是我国证券市场发展历史上的里程碑。在沪深证券交易所成立之初，各种设备和制度都很欠缺也很不完善，当时的交易制度采用的是国外传统的做市商制度，即订单驱动交易制度，交易方式上，深交所是手

工竞价，上交所是电脑自动撮合竞价，直至 1992 年，深交所才开始采用电脑自动撮合交易。沪深证券交易所早期出于维护市场稳定考虑，对股票交易价格做了较为严格的限制，1992 年 5 月，沪深证券交易所正式解除价格管制，实现股票自由竞价，中国证券交易市场驶入了高速发展的新阶段，各种交易制度也在不断的尝试和探索中行进，沪深交易所先后尝试并实施了 T+0 和 T+1 交易制度、正负 10%涨跌幅限制、ST 制度、沪深两市交易时间统一等制度，有些制度在实施过一段时间内就进行了调整，也有些制度实施效果比较好，一直使用到现在。虽然在证券市场组建阶段，存在实践经验缺乏、法律法规制度不完善、市场化程度低等困难因素，但还是做了许多尝试性革命，使我国证券市场保持了较高速度的成长，为后期的证券市场持续、稳定发展打下坚实的基础。

（二）制度完善阶段（1999 年 8 月至今）

1999 年 7 月 1 日，《中华人民共和国证券法》正式实施，这是中国证券市场规范化、法制化制度建设的里程碑。中国证监会和沪深证券交易所在这一时期继续完善各项制度，包括上市公司信息披露制度的完善、违法违规交易的监管和处罚、证券投资者账户清理、ST 公司退市制度的建立等措施的实施，进一步规范投资者的交易行为，大大提升了证券市场交易的效率。中小板和创业板的推出、股指期货多种交易品种的推出，使得我国证券市场的稳定性和全面性得到较大提升。现在，我国证券交易制度的规范化、科学化、电子化、法制化建设仍在不断推进和深化中，这种变革必将对国民经济和社会的发展及人们投资理财观念的提升产生重要而深远的影响。

三、我国证券市场微观结构

中国证券市场经过二十多年的高速发展，其各项管理制度都得到了完善和创新，目前我国证券市场的主要运营制度是：

（1）证券市场交易时间：每周一至周五的上午 9：30~11：30，下午 1：00~3：00，公共假期除外。

（2）证券订单委托形式。投资者可以提交限价指令和市价指令，但证券交易所只接受限价指令。

（3）证券市场价格形成机制。交易所每天上午开盘时价格形成方式采用在 9：15~9：25 的集合竞价方式，下午 3：00 收盘时价格是计算所有交易的加权平均价格作为收盘价，其他交易期间则采用的是连续竞价，根据价格优先、时间优先、数量优先的原则进行匹配交易，我国证券交易所采用的是指令驱动形式，即市场上买卖双方各自报价，通过市场交易系统以匹配的价格直接进行交易。其交易手段采用电脑自动撮合交易的方式进行无纸化交易。

(4) 价格稳定机制。我国证券市场对股票的上涨或下跌幅度实施的是涨跌幅限制制度，规定在正常交易日的股票，其上涨和下跌的幅度最高不能超过前一个交易日收盘价的10%。对于实施特别处理（ST）的股票，其单日上涨和下跌幅度最高不能超过上一交易日收盘价的5%。对新上市股票和重组股票上市当天又有专门的规定。

(5) 信息披露机制。信息披露主要包括行情信息披露和公司信息披露两个部分，在行情披露方面，证券交易所能够准确提供即时的证券市场成交价、每笔成交数量、每笔成交金额、最高和最低五个价位的买入指令价格和数量、个股涨跌幅度和涨跌金额、个股涨跌的振幅、换手率、总成交量、总成交金额、委比、个股市盈率、当日最高价、当日最低价、个股的公司资料等信息。在公司信息披露方面，包括定期和不定期披露的信息，定期披露的信息包括反映公司经营的年报、半年报、季报，不定期披露信息主要是对上市公司现在和未来发展有重大影响的经营、投资、财务、融资、担保、资产重组等方面的信息。

(6) 交易离散构件。我国证券市场规定，买入或卖出股票时，其最小报价档位是100股或100个单位，即每笔订单的申报数量为100股或其整数倍，A股最小报价档位为0.01元人民币，B股最小报价档位为0.01元美元。

四、我国证券市场微观结构及其交易机制的不足

我国证券市场微观结构的不足主要表现在以下几个方面：

(1) 交易指令类型单一。投资者提交买卖交易指令是根据其对股票未来价值和指令成交概率提交的，能充分反映投资者的交易策略和市场判断力。但我国目前实施的交易指令类型较为单一，虽然交易规则允许提交市价指令和限价指令，但目前交易所的交易系统一般只受理限价订单，这与国际上多数国家证券市场均可以接受多种形式订单的情况存在一定距离，这在一定程度上束缚了我国证券市场投资者的交易策略和交易行为。另外，在现有单一指令提交下，投资者更多会选择在市场成交价附近提交交易指令，而无法利用多形式的指令来实现其交易策略和交易行为，从而导致投资者提交的交易指令减少，难以为市场提供更多的流动性。

(2) 价格形成机制亟待完善。我国现在实施的价格形成机制是采用集合竞价和连续竞价相结合的方式，核心问题是上午开盘、收盘及午间休市后下午开盘、收盘的竞价方式。参照国际经验和目前的实际运行效果，每天股市上午开盘采用集合竞价方式能够充分地体现和消化市场信息，可以保持股票价格的稳定。但和许多国际市场下午开盘也采用集合竞价方式相比较，我国中午休市后下午1：00开市的竞价方式依然是连续竞价，不利于体现中午休市期间市场信息的发现。另外，在我国证券市场上，部分内幕交易人员或市场操控者会采取在尾盘阶

段违规违法操作，可以较低的资金成本来控制股价的波动，以此来做K线图，亦即我们经常看到的股市临近收盘时，个股价格突然大幅拉升或巨幅下跌，易给其他投资者带来虚假信息，影响其投资决策行为。

（3）价格稳定机制有待商榷。我国交易所目前对股票价格实施的是正负10%涨跌幅限制，这样虽可以避免出现股价单日的巨幅震荡，保证股票市场的稳定，但采取这种行政手段，人为地设定涨跌幅限制，实质上是对股票价格信息传递渠道和传导机制的强行阻隔。股票价格是反映上市公司运营信息的主要体现，也是上市公司资产变动未来发展的真实表现，人为限制上市公司股票价格的波幅，必然会带来和造成信息传递渠道的梗阻，并给上市公司内幕人员更多的操控时间来掩藏真实信息，反而会导致股票价格和股票市场的更大波动。对于价格稳定机制应借鉴国际经验，采取更多的市场调控手段，如股指期货、卖空机制、引进长期投资理念的机构投资者等来稳定市场价格，降低证券市场波动幅度。

（4）中小投资者信息来源狭窄。虽然我国的上市公司信息披露制度在不断完善，但对于中小投资者而言，其信息来源依然处于劣势，因为中小投资者的信息渠道主要就是上市公司对外披露和市场价格变化所折射出的信息。目前的股票交易盘面上信息只显示从买一到买五和卖一到卖五的指令信息，市场成交量也不能精确到每笔成交量由几个投资者组成及每个投资者的具体交易数量，从而相应增加了中小投资者的分析难度。再者，机构投资者的信息时效性和精准性都大大优于中小投资者，特别是一些私密信息在上市公司正式公告前就已被机构投资者所获取并消化吸收。

第四节 上市公司内幕交易形成的前置要素分析

由于内幕交易行为的复杂性，在目前证券市场法制环境下，尽管国家不断出台严惩内幕交易的法律法规，证券监管部门也持续进行高效的重点打击，但我国上市公司内幕交易行为仍然屡禁不止。如何在内幕交易事发之前进行科学的防范和规避，在事后进行有效的甄别和监管，从而从根本上杜绝和铲除上市公司的内幕交易行为，需要系统地研究分析内幕交易形成的前置要素，梳理清楚内幕交易的各种影响因素，从源头上对其进行对症下药以提出相应对策。

一、内幕交易形成的前提条件分析

内幕交易是内幕人员获取上市公司内幕信息，并进行证券交易获取超额收益或者规避损失的行为。内幕交易之所以存在，其先决条件就是内幕人员能够通过一定的通道获取内幕信息，而这种内幕信息使得内幕人员占据一定时间优势和信息优势的地位。因此，可以认为，内幕交易形成的前提条件主要是两个方面：第一是证券市场环境中的信息不均衡分布，即信息不对称事件的存在；第二是在信息不对称状况下，内幕人员能够较为容易地获得重大消息。

（一）证券市场中的信息不对称环境

我国证券市场是非有效市场，在非有效市场运行中，市场的一个最重要特性就是信息的不均衡分布，即存在信息不对称的情况。在证券市场中，这种信息不对称主要表现在四个方面：第一是信息在来源空间上的不对称；第二是信息在时间顺序上的不对称；第三是信息在数量方面的不对称；第四是信息在质量保证上的不对称。另外，证券市场中存在的信息不对称又可以根据信息影响层面的不同而分为宏观和微观两个层面。宏观信息的不对称影响的是整体证券市场的走势，微观信息的不对称受到影响的是单体上市公司的股票价格。

在宏观信息的不对称中，信息主要是指会对证券市场未来走势带来影响的系统性信息，其会引起证券市场整体股票价格走势水平的波动，主要包含有国家政策信息、宏观经济信息、产业布局和区域规划、其他宏观非经济信息。信息不对称情况的产生主要是由于部分市场参与主体，如证券监管机构、证券交易所、证券公司、基金公司、上市公司、银行等金融专业机构利用非正常的渠道提前获知宏观信息动向，先于市场一般投资者进行证券买卖交易，获取超额利益或规避、转嫁系统风险。

在微观信息的不对称中，信息主要是指对单体上市公司股票价格造成影响的信息，主要包含有上市公司经营绩效、重大资产重组、重大投资活动、重大人事更迭、公司利润分配和公司的突发情况。微观层面上信息不对称主要反映在两个方面：第一是上市公司与股东投资者间的信息不对称。上市公司作为股票发行者，其掌握着大量的公司内部信息，如公司的经营绩效和财务发展状况、未来发展战略规划等，而一般社会公众投资者只能通过上市公司公开披露的信息获取信息资料，在数量方面和时间方面都完全存在着不对称的情况。第二是大的机构投资者和中小投资者间的信息不对称。大的机构投资者通常有专业化的投资团队，有强大的数据分析能力、精准高超的调研能力及雄厚的资金实力，他们可以主动发现市场中的有用信息，并对有效信息进行科学的分析、归类、处理、处理和研究。而一般社会公众投资者综合分析能力相对有限，只能获取到上市公司公开披露的相关信息，且更偏向于被动获取。因此机构投资者相对于一般社会公众投资者在信息获取上具有数量、质量、空间和时间上的明显优势。

当证券市场存在着宏观和微观两方面信息不对称的情况下，内幕交易者可获得的内幕信息面将更为广泛和更加容易，如果内幕交易者利用自己的信息优势进行内幕交易，就可以相对轻松地获得超额收益或者将市场交易中的风险转嫁给证券市场的其他投资者。因此，证券市场信息不对称的环境是上市公司内幕交易存在的重要前提条件。

（二）上市公司非定期重大事件的公告

在非有效市场环境之下，证券投资者间拥有的市场信息是处于完全不对称的情况，部分投资者利用先进的技术和市场分析等占优方法来抢先获取市场信息，这在证券市场规则中属于合规合法的行为。另一部分投资者则依据内幕信息进行内幕交易。认定内幕交易的重要因素和关键性环节就是内幕人员是否利用内幕信息进行获取超额利益的行为。内幕人员所利用的内幕信息涉及面非常广泛，包括宏观信息和微观信息，如 2011 年国家统计局有关人员泄露国家宏观经济数据并指导相关证券机构从业人员进行股票买卖就是典型的宏观信息内幕交易案件；而诸如上市公司重大资产重组信息、重大投资项目规划、重要合同签订、重要的人事更迭等非定期重大事件的泄露是微观信息内幕交易的典型事件。上市公司非定期重大事件信息泄露是内幕交易消息的最主要来源，也成为内幕人员利用的重要信息，这主要是由于这类信息在正式对外公告后通常会导致股票价格的剧烈波动。上市公司一旦对外公告非定期的重要事件信息，通常就预示着上市公司在经营绩效、资产重组、控制权更迭、资产构成等方面发生较大变动。一般而言，特大利好消息的重要事件信息，会使得一些业绩不佳的上市公司在基本面上发生根本性的质地的变化，股价自然直线飙升或“一字”涨停；而利空消息的重要事件信息，会直接打击低投资者信心，使公司股价在二级市场上暴跌直至跌停板，上市公司的非定期重要事件消息的内幕交易可以使得内幕人员获取较大的超额收益以及规避巨大的资本损失。因此，非定期重大事件是上市公司内幕交易现象存在的重要前提条件和原因。

二、内幕交易形成的环境影响因素分析

我国证券市场经过 20 多年的飞速发展，已俨然成为我国资本市场中重要的组成部分，亦是现代企业进行资金融通的重要市场。但证券市场并非是尽善尽美的，内幕交易的频频发生暴露了其在运行机制和市场环境建设方面仍存在着诸多问题。因此，有必要对证券市场的环境建设问题进行分析，认清证券市场运行机制问题和环境影响因素所在，才能对上市公司内幕交易的行为识别和监管做到有的放矢。

（一）我国证券市场的市场环境有待改善

我国证券市场是从计划经济向市场经济转轨过程中逐步发展起来的，一直以来都不同程度地存在着政府指导和政府干预行为。我国证券市场中的上市公司，大部分上市公司的股权结构上都是“国有股”占据主导地位，而政府作为国有

股权的持有者，其在对公司经营决策方面有着较大的控制权限。而政府作为证券市场的参与者，必然会与其作为社会协调发展的制度设计者和法制环境监管者的角色形成冲突，这就很容易为上市公司内幕交易提供一个监管环境的漏洞。另外，国有股对上市公司的控股，还容易使得上市公司为迎合地方政府经济建设作出一些有悖于经济规律的经营决策，或者是地方政府为当地上市公司提供诸如责令经营效益相对良好的公司对经营不善的上市公司进行债务免除，或以资产重组的方式进行扶持等来改善上市公司的经营绩效。这种政府与国企之间、国企与国企之间、国企与上市公司之间、上市公司与上市公司之间在证券市场上的相互合作，很容易形成一个信息互通网络，使内幕交易事件容易发生。而且这种信息网络的建立，也更容易扩大内幕人员的范围，加剧内幕交易行为的复杂性。

我国证券市场的参与者和投资者存在整体素质低下和专业知识水平缺乏的情况，上市公司、中介机构及投资者对证券市场都缺乏足够的认识。证券市场投资者结构也存在很多问题，相对于机构投资者，个人投资者直接参与股票投资的热情和积极性都比较高，这与西方发达国家证券市场投资者呈现相反的态势，在成熟的证券市场中，个人投资者主要是通过投资买卖基金的方式来间接参与股票市场。大量个体散户投资者的存在，他们容易误听市场传闻及小道消息，采用追涨杀跌、跟风炒作、短线交易等投资方式，造成了证券市场的波动，为证券市场带来了极大的不稳定性。这种情况较为容易为上市公司内幕人员提供一种内幕交易的造势环境，如当上市公司对外披露的信息为重大利好时，内幕人员可以首先通过造谣声势制造上市公司的坏消息以拉低公司的股价，为内幕人员能够在事前以较低价格买入股票做准备；另外，散户个人投资者容易依据股票运行的K线图进行追涨杀跌行为，当内幕人员实施内幕交易进行股票买卖时容易使得股票先一步出现羊群效应，散户会跟风操作，使得股价进一步引起连锁反应，最终在上市公司的正式信息披露之前，信息就已经无形地消化于股价行为中。

（二）内幕交易的法律法规建设仍需完善

我国证券市场处于一个快速发展的过程，法律法规的建设随着证券市场的发展需要不断进行补充、完善、修复，在内幕交易方面，我国的法律法规制度建设仍处于相对较为落后的状况。现在虽出台了许多禁止内幕交易的法律法规，但是存在着法律依据较为分散等问题，未能形成一套系统的、独立的法律法规制度，另外，在具体的实际操作层面，能够依据的法律法规细则也不完善。当证券市场初创之时，对内幕交易的规制就已经在相关法律法规中有所体现，如在1991年颁布的《深圳市股票发行与交易管理暂行办法》和《上海市证券交易管理办法》都明确提出要禁止内幕交易行为，但这仅是停留在“禁止”这一层面。直至1993年颁布的《股票发行与交易管理暂行条例》和《禁止证券欺诈行为暂行办法》才对内幕交易做出了较为详细的规定，具体界定了内幕交易主要因素。1997年新修订的《刑法》把内幕交易罪入刑，并第一次提出了为内幕交易罪量刑的依据。1999年的《证券法》相对完善了对内幕人员、内幕信息和内幕交易行为方式的界定，并对未达到《刑法》规定处罚程度的内幕交易行为提供一定的行政处罚依据。2012年最高人民法院和最高人民检察院颁布实施了《最高人民法院、最高人民检察院关于办理内幕交易、泄露内幕信息刑事案件具体法律若干问题的解释》，较为系统详细地归纳了所有有关禁止内幕交易的法律法规内容，形成了一个相对系统的司法依据。从这些法律法规建设的发展历程可以看出，我国在对内幕交易相关因素界定上比较明确，初步形成了以《刑法》《证券法》为核心，其他法律法规为依托的多层次法律体系，在量刑和行政处罚上形成了明确的法律明文依据。但同时可以看出这些法律法规的原则性较强，对复杂多变的内幕交易仅仅给出了相对笼统的界定，在对内幕交易具体的行为方面和违法收入方面并没有给出详细的细化方案。这容易导致一些形式复杂多变的内幕交易行为难以进行全部量刑，以及对表现形式不易定性的内幕交易以其他方式定罪，如证券市场操纵罪、信息披露不规范而给予的行政处罚等。此外，在证券市场所涉及的一些领域中，其他法律法规并未对内幕交易予以相应规定，如《信托法》《基金法》《公司法》《保险法》等，这些涉及证券市场具体参与者领域的法律法规细则应当和《刑法》《证券法》等进一步协同完善，促使加大对内幕交易的打击力度。

（三）证券监管部门执法力度弱化

我国证券监管部门在对内幕交易行为的管理方面上明显实施的是“立法严执法松”的制度。虽然构建的法律法规制度有一定的缺失，但是也具有相对有效的处罚力度和配套政策，可是自证券市场创立以来，中国证监会查处和法院宣判的内幕交易案件仅仅是众多内幕交易案件中的很少一部分。仅以2010年度有线索的内幕交易案件就高达295起，但最终惩罚的仅有14起。从最初大量的疑是案件的追查到最终只有极少量的处罚决定，查处数量的锐减表明了证监会、交易所对内幕交易行为查处的力度不足，以及说明了证监会、交易所缺乏一套对内幕交易进行有效监管的机制。另外，证监会对内幕交易的行政处罚力度也较轻，对内幕交易者的处罚措施大多是以没收违法所得和罚款为主，而罚款的数量是以其内幕交易的违法所得为评估依据，进行1~3倍的处罚。这种较轻的处罚力度给潜在的内幕交易者一种错觉，使其抱有一种侥幸的心理：如果被监管部门查处仅仅是没收所得，且罚款力度也不是很大，而如果侥幸没有被发现，将收获到超额的资本收益。这种温柔的惩治措施会极大地降低内幕交易的犯罪成本，在一定程度上也会助长内幕交易行为的发生。

（四）上市公司的治理结构存在缺陷

公司治理是现代公司制企业中调剂所有利益相关方利益关系的最有效制度，它能够保证公司重大决策的规范化、科学化及实施的程序化，最终使与公司相关的所有利益主体获得各自应获得的相关利益。一家上市公司如果拥有比较先进科学的公司治理结构，就可以较为高效地降低内幕人员获利动机以及约束其内幕交易行为。但是，我国上市公司的治理结构还存在一些较为明显的缺陷，主要有以下两点：

一是上市公司中的部分传统国有企业存在着所有者缺失以及内部人管理控制问题。我国的部分传统国有企业名义上是国家所有，但是在具体的经营管理中，其代理人均是由政府任命或直接由政府负责人兼任。这些管理者通常没有其他民营上市公司常用的股权激励和期权制度，因此在经济利益的驱使下，一旦出现合适的机会，这些管理者往往会利用自己的职权进行内幕交易，从而获取不正当的超额资本利益。

二是部分上市公司的公司治理结构流于形式。在这些公司的治理结构层面，股东会、董事会和监事会的议事制度形同虚设，难以做到三会相互制约的作用。中小股东对参加股东会积极性不高，不少股东会即变为“大股东会”：部分公司董事兼任上市公司经营管理层的职务，董事会决策职能和对经营管理层的监督、考核职能难以有效发挥。还有部分控股股东绕过董事会和管理层，直接干预上市公司日常的经营管理事务。这样，在上市公司内部控制制度缺失，缺乏有效监管以及无法监管情况下，上市公司内部人员就可能利用公司的内幕信息进行内幕交易来获取超额的资本收益。

三、上市公司内幕交易形成原因分析

（一）中小投资者投资理念低下

1. 投资者短期投机性较强

我国证券市场普遍存在着“政策市”“投机市”现象，投资者进行股票买卖多依赖各种市场传言和内幕消息，特别是数量庞大的中小投资者群体，其非理性的追涨杀跌短期投机行为远甚于长线稳健的价值投资行为。著名经济学家吴敬琏曾提出过“股市赌场论”，他认为中国股市频频涌现的各种违法违规行为使中小投资者难以得到相应的投资回报，股市已变成投机者的天堂。我国多数中小投资者很少关注上市公司的经营绩效和未来的业绩成长性及给股东的分红回报，反而博取短线价差实现的资本利得。伴随着近年来证监会、交易所对上市公司内幕交易监管力度的加大，中小投资者在纷纷谴责内幕交易行为的同时，却又到处探听证券市场的内幕信息，试图成为内幕信息的受益者。

2. 通过“关系网”传递内幕消息

我国有着与其他国家不同的以“家”为中心的关系网，这种传统的关系网络为内幕消息的传播创造了条件。人际关系网建立之初虽是以血缘为纽带，有着远近亲疏之别，但随着社会关系网的不断发展延伸，关系疏远的两个个体亦可通过关系网产生联系。在这样的关系网络中，若某一个体获得关于某个上市公司的内幕信息，则该内幕信息即可能通过他的关系网络迅速向相关人群扩散，内幕信息就这样被不断外延式传播，这即是我国内幕交易案中“窝案”频发的原因。我国上市公司内部人员亲属的股票交易行为中，亲属交易的股票明显集中于内部人员所在的上市公司的股票，且大部分处于重大信息的敏感期，大多为短线交易并以此获得超额收益。由于这种关系网通常是以“家天下”为核心思想，内幕信息通过这种方式的传导不仅不会受到指责，反而在中国被广泛认可。内幕交易案件中非法获取内幕信息的主要渠道就是内幕信息知情人的配偶、亲属、同事和朋友等，在这种根深蒂固的关系网络影响下，投资者逐渐养成了通过内幕信息进行股票投资的习惯心理，彼此间相互提供并利用内幕信息，再通过所获利益来建立更大的关系网，从而使内幕交易利益链更加错综复杂。

（二）上市公司信息披露质量欠佳

上市公司信息披露质量差、重大事件披露不及时，是我国上市公司内幕交易频发的另一原因。部分上市公司信息披露质量以及存在的操纵市场甚至披露虚假信息的情况，难免使投资者对上市公司公开的信息存疑，更乐意四处探听所谓的内幕消息。投资者很难形成基于上市公司公开信息进行投资分析和操作的理念，也使得公司内部人员的信息优势更为凸显，加剧了证券市场中的信息不对称。此外，上市公司信息披露时效性较差。中国证监会对上市公司信息披露的时限要求较为宽泛，上市公司的各项报告经常在会计周期结束后几个月才公布，重大事项的披露更是严重滞后，有些直至消息传遍整个股票市场，上市公司才予以澄清。

（三）上市公司内部监督机制不完善

目前我国查处的内幕交易案件中，内幕信息90%来源于上市公司内部人员，其深层原因在于上市公司内部对管理层和内部人员的监督机制不完善，难以从源头上预防内幕信息的泄露，从而遏制内幕交易的产生。首先，我国上市公司中“一股独大”或家族控股的现象仍较普遍，大股东能直接参与企业经营管理的各个环节，对业绩变化、股利分配以及兼并重组等重大信息，具有无可比拟的信息优势。这些掌握了内幕信息的大股东，在公司内部监督机制不完善的情况下，容易产生道德风险，或亲自参与内幕交易，或将内幕信息泄露给其亲属或他人，甚至通过与某些机构联手炒作内幕信息来牟取暴利。其次，部分上市公司缺乏对内部人员的有效制衡和良好的问责机制，主要表现在股东大会、董事会和监事会均难以充分发挥其应有的制衡和监督作用。股东大会名为上市公司的最高权力机构，但若上市公司股权结构不合理，中小投资者的权益无法得到法律的有效保护，则上市公司实际上被大股东或管理层所操纵；董事会亦由大股东操纵或由内部人控制，难以形成独立的董事会来保证健全的经营与决策机制；独立董事、监事会的作用更显微弱，甚至形同虚设。较为严重的内部人控制现象，导致“三会”的决策权和监督权缺失，即股东无法监督董事会、董事会无法监督高管人员。

（四）其他参与主体行为不规范

股票市场除上市公司、中小投资者，还包括机构投资者、证券分析师、审计师等其他参与主体，其均与上市公司间保持着较为紧密的联系，为投资者提供分析报告，本应发挥从外部监督上市公司，降低市场信息不对称程度的作用，但实际却不尽如人意。在我国内幕交易案件涉案主体中，不难发现机构投资者和证券分析师的身影。尽管近年来我国大力培育和发展各类机构投资者，旨在以其理性投资来转变市场投机氛围。但由于法律约束机制不完善，部分机构投资者为牟取暴利而参与内幕交易，或公布虚假消息，或与公司内部人合谋。与机构投资者同样遭受质疑的还有证券分析师。证券分析师作为证券经营机构中对市场宏微观因素进行分析，为投资者提供关于股票投资相关信息的专职服务人员，其本应为市场提供最可信、最公允的信息产品，但实际上部分职业素质较差的分析师往往利用对市场和公司的关注和了解，利用虚假信息误导投资者，甚至与上市公司、机构投资者勾结，泄露内幕消息以操纵股价。

（五）内幕交易法律法规存在缺失

1. 内幕交易监管法律不完备

目前我国涉及证券内幕交易规制相关的法律主要有《证券法》《刑法 》以及相关部门规章。现有的法律对内幕交易的监管范围过于宽泛，如《证券法》中列举的信息大多属于上市公司层面的微观信息，但实际上，宏观政策的公布同样会影响股票价格的波动，这使得有机会接触宏观经济政策的内幕交易人员心存侥幸，在宏观政策信息公告前进行内幕交易。我国目前的“政策市”就是属于这种情况。宏观政策公布前，就有内幕交易人员提前进行股票买卖，而且越临近公告日，市场中获知内幕信息的投资者就越多，导致经常出现宏观政策出台前已被股票市场“充分消化”或信息公布当日“见光死”的现象。

2. 对中小投资者利益的法律保护严重不足

从目前看，尽管公开查处的内幕交易案件数量逐年增加，但在内幕交易赔偿案件中，利益受损的投资者普遍面临着举证困难以及内幕交易民事诉讼程序不清晰等现实问题。2009 年 10 月，我国首起正式判决的陈祖灵诉潘海深内幕交易民事赔偿案件，以原告的败诉而告终。败诉的原因在于，法院认为原告与被告并不相识，虽然已查实被告进行了内幕交易，但原告的股票交易行为完全出于自愿，并没有受到被告的误导，同时被告的内幕交易行为对股票价格也未产生明显影响，因此被告内幕交易行为并不是致原告投资受损的直接原因。同样因投资者损失与内幕交易不存在因果关系而败诉的还有投资者起诉黄光裕内幕交易民事赔偿案，该民事赔偿案于 2012 年 12 月作出一审判决，驳回原告的诉讼请求。2015 年 9 月 30 日，上海市第二中院开庭审理光大证券内幕交易民事赔偿案件，8 名涉及维权的投资者中 6 名胜诉，2 名诉讼请求被驳回，6 位投资者获得总计 30 万元赔偿金。而据《每日经济新闻》估算，光大证券“乌龙指”事件导致散户损失约 27 亿元，可见还有大量的中小投资者未得到赔偿。民事责任认定和诉讼机制的不健全，使中小投资者即使在内幕交易案件公开后，甚至已查实自身投资损失与内幕交易者相关，也很难通过诉讼维护其合法权益，客观上更加助长了内幕交易行为。

（六）内幕交易案件查处力度较小

1. 查处内幕交易案件数量相对较少

近年来，中国证监会虽然强化打击内幕交易执法，但内幕交易的行为方式也在不断变化，隐蔽性日益增强。内幕交易者通常具备专业的知识背景，了解股票市场的运行规则，传递信息的手段也渐趋多样化，使内幕交易案件的调查涉及金融、法律、网络通信技术等多个领域，内幕交易查处的难度不断加大，导致实施查办的内幕交易犯罪案件数与实际立案数相差甚远。中国证监会通报的内幕交易案件的执法情况显示，2015 年立案数量为 85 件，而实际上公开查处的案件数则少得多。

2. 内幕交易处罚程度较轻

根据我国《证券法》《刑法》对内幕交易处罚标准的规定，个人违法收入以 3 万元为分界点，违法所得 3 万元以下的，根据情节轻重，罚款 3 万~60 万元；违法所得在 3 万元以上的，没收违法所得并罚款 1~5 倍。单位参与内幕交易，给予 3 万~30 万元的罚款，并对直接负责的主管人员和其他直接责任人员给予警告。证券监督管理机构工作人员参与内幕交易的，从重处罚；情节严重的，处 5 年以下有期徒刑或者拘役，并罚款 1~5 倍；情节特别严重的，处以 5~10 年有期徒刑，并给予违法所得 1~5 倍的罚款。2008~2015 年中国证监会对内幕交易案件的处罚结果显示，对 243 个涉案主体中的大部分内幕交易者，都是予以警告、没收非法所得、罚款和市场禁入等处罚。其中，罚款金额在 10 万元以下的有 54

人，占总案件数的47%，罚款金额为100万元及以上的案件有5件，主要是针对涉案机构。内幕交易违法收益高、成本低的现状，助长了内幕交易人员的侥幸心理，使得违法犯罪分子愿意铤而走险，同时打击了中小投资者对监管机构的信心，不利于证券市场长期健康发展。

3. 内幕交易查处周期较长

鉴于内幕交易行为的隐蔽性，调查取证需要花费较长的时间，很难在内幕交易行为实施过程中及时锁定。尽管有些上市公司涉嫌内幕交易被调查，但往往几年后才会有确切的处罚结果，尤其是涉案人数较多的案件，调查周期通常更长。目前证券监管部门的监测手段主要是根据内幕交易线索或市场中的异常交易，锁定相关股票的内幕信息知情人，并在股票停牌后对内幕信息知情人的交易账户进行核查，或对信息敏感期的交易状况进行调查。现实中，内幕交易者更多地利用关系网中与自己不相关的人员进行内幕交易，而监管机构对这部分人很难迅速予以排查，因此内幕交易行为就难以及时被监管机构查处。在2000~2016年中国证监会查处的内幕交易案件中，内幕信息敏感期至行政处罚决定书的披露日间隔时间最短的为光大证券内幕交易案，耗时77天，其他大多查处时间间隔在1~3年。

第三章　上市公司内幕交易与公司治理关系的影响研究

上市公司内幕交易的发生不是偶然的，是众多影响因素共同作用叠加引起共振的结果，这不仅有上市公司方面的因素，还有投资者的因素及证券市场环境建设方面的因素。

第一节　上市公司治理结构的缺陷

据有关调查数据显示，中国逾80%以上的内幕交易事件都有公司的董事、监事或者高管等内幕人员的身影参与其中，究其原因，就是由于这些上市公司的内部治理结构不完善，没有能够及时发现和有效阻止内幕交易事件的发生，这不仅仅是因为制度漏洞和执行机制问题所引发的董事会治理弱化，更表现为内部监督缺位所导致的监管失灵。可见，上市公司治理结构的缺陷是影响内幕交易行为的重要因素之一，公司治理结构越优秀的上市公司，发生内幕交易的概率越小；而公司治理结构越差的公司，其发生内幕交易的概率越大。

一、上市公司治理体系及其构成

规范的上市公司治理体系由上市公司的内部治理和外部治理两部分构成，内部治理通过股东大会、董事会和经理层等发挥作用，外部治理则主要通过产品市场、资本市场、经理市场和劳动力市场等发挥作用。

（一）内部治理

内部治理是股东及其他参与者利用公司的内设机构和工作程序参与公司治理的一系列法律、法规和制度安排，它由公司的股东大会、董事会、监事会、经理执行层等机构间的权力、责任及制衡关系组成。其基本关系是股东通过股东大会决定公司的重大决策、选举董监事会成员，董事会进行公司的宏观战略管理、聘任和解聘经理和副经理及财务负责人等，经理层负责公司日常管理，并由董事会对经理层进行监督、考核和激励。在权责及制衡关系方面，董事会对股东会负责，经理层对董事会负责。同时，我国还规定在公司内部设立监事会，其成员由股东大会推举产生，其主要职责是对公司的董事及高层管理人员的行为进行监督。

1. 股东大会

股东是指持有公司股权的出资者或投资者，所有入股的投资人自然成为上市公司的股东。股东的权力以向公司入股的资本为基础，股东权力的大小由投资份额的多少来决定。由于股东包括法人和自然人，其人数众多，所处地域行业较广，所受教育程度差距较大，股东要行使个人的职权，实现自己的意志，必须通过合法的合法合规的程序来实现。而公司作为独立的法人，公司治理所采取的形式就是由股东大会来实现股东意志、行使股东职权。

股东大会是公司法定的最高权力机构，对公司的重大问题做出决策。股东大会分为例行的年度股东大会和临时股东大会两种，例行的年度股东大会是公司一年一度必须召开的股东大会，会议通常由董事会组织召开。主要内容有：讨论和批准公司年度报告和公司年度财务报表；修改公司章程；决定公司的合并和解散；选举公司董事；讨论和通过董事会关于增减公司资本的建议；讨论和批准董事会提出的股利分配方案等。临时股东大会是指两次年会之间不定期召开的股东大会。股东大会会议由董事会召集，董事长主持；董事会不能履行或者不履行召集股东大会会议职责的，监事会应当及时召集和主持；监事会不召集和主持的，连续 90 天以上单独或者合计持有公司 10%以上股份的股东可以自行召集和主持。

全体股东作为股权所有者拥有对公司重大事务的最终裁量权和决定权，个体股东对公司拥有的权力和责任由其持有公司股份的比例多少而定。股东在追求公司利润最大化、股价持续上升、股份市值增长以及企业价值最大化上虽然具有整体目标上的一致性，但每个个体股东由于其身份、受教育程度、持有股份数量以及与企业的利害关系紧密程度有差异，在如何实现及实现路径和实现方式这一目标上则会存在较大分歧，这样，全体股东的整体意向只能通过股东大会的投票表决来决定，并对大股东有可能损害小股东权益的行为加以规避限制。

2. 董事会

股东大会通常每年仅定期召开一次，在此期间公司的运营决策便由董事会负责实施，董事会是由全体股东推举出的能够代表全体股东利益的、值得信赖的、有一定能力的代表所组成的用以管理公司日常运营的组织管理机构。上市公司的董事会组成人数一般为 5~19 人，是公司的常设权力机构，向股东大会负责。董事人选由股东大会选举产生，可以由股东和非股东人员担任，任期不得超过 3 年，可以连选连任。董事会应当遵照国家法律、法规、公司章程及股东大会决议履行职责，董事会职权主要有：召集股东会会议，并向股东会报告工作；执行股东会的决议；决定公司的经营计划和投资方案；制订公司的年度财务预算方案、决算方案；制订公司的利润分配方案和弥补亏损方案；制订公司增加或者减少注册资本以及发行公司债券的方案；制订公司合并、分立、解散或者变更公司形式的方案；决定公司内部管理机构的设置；决定聘任或者解聘公司经理及其报酬事项，并根据经理的提名决定聘任或者解聘公司副经理、财务负责人及其报酬事项；制定公司的基本管理制度；公司章程规定的其他职权。

3. 监事会

监事会是对公司日常事务进行监督的法定机构，由全体监事组成。监事会对股东大会和公司全体职工负责，代表股东大会和公司全体职工执行监督职能。我国公司法规定，监事会一般应当包括股东代表和一定比例的公司职工代表，其中职工代表的比例不得低于1/3，具体比例由公司章程规定。监事会的成员不得少于3人，并在其成员中推选一名为召集人。监事任期每届为3年，可连选连任。监事会至少每六个月召开一次会议，监事可以提议召开临时监事会会议。监事会可以行使的职权主要有：检查公司财务；对董事、高级管理人员执行公司职务的行为进行监督，对违反法律、行政法规、公司章程或者股东会决议的董事、高级管理人员提出罢免的建议；当董事、高级管理人员的行为损害公司的利益时，要求董事、高级管理人员予以纠正；提议召开临时股东会会议，在董事会不履行本法规定的召集和主持股东会会议职责时召集和主持股东会会议；向股东会会议提出提案；依照公司法相关规定，对董事、高级管理人员提起诉讼。监事可以列席董事会会议，并对董事会决议事项提出质询或者建议。

4. 执行机构

公司执行机构由公司高层执行官员，即高层经理人员组成。这些高层经理人员由董事会聘任，在董事会授权范围内拥有对公司事务的决策权，负责处理公司的日常经营管理事务。执行机构的负责人通常为总经理担任，有时也由董事长担任。执行机构的组成人员通常包括：总经理，副总经理，各职能、业务部门经理，总会计师和总工程师等。执行机构的核心是公司经理，公司经理对董事会负责并行使下列职权：主持公司的生产经营管理工作，组织实施董事会决议；组织实施公司年度经营计划和投资方案；拟订公司内部管理机构设置方案；拟订公司的基本管理制度；制定公司的具体规章；提请聘任或者解聘公司副经理、财务负责人；决定聘任或者解聘除应由董事会决定聘任或者解聘以外的负责管理人员；董事会授予的其他职权。公司章程对经理职权另有规定的，从其规定。我国现行公司法规定，经理列席董事会会议。

（二）外部治理

公司的外部治理主要包括产品市场、资本市场、经理人市场、人才市场、购并市场、劳动力市场等，除此之外还包括政府和社区。每一个市场都是企业运营中不同参与者对企业治理行使权力的场所。这些市场的激烈残酷竞争，会给经理人员带来很大压力，如若公司经营出现问题，则公司在产品市场上的市场占有率会下滑，资本市场上公司股价会下跌，引起连锁反应的是公司融资也会发生困难，购并市场上还可能被其他公司接管兼并，而经理人市场则更是提供了一个成本较为低廉的对经营者的惩罚机制。

1. 产品市场

在市场经济条件下，市场的评判是监督和约束经理人员的主要依据，竞争机制为监督和约束经理人员进行奠定了基础。在一个完全开放的完全竞争的产品市场上，市场价格由产品各自的稀缺程度决定，不同的产品在市场价格的引导下，在不同的产业和企业之间自由流动，在不同的企业、行业、产业之间甚至整个社会的范围内形成一个趋向平均的成本水平和利润水平。企业的运作效率在很大程度上通过产品市场来实现，产品市场是企业获得收入和利润的场所，是企业生产经营成果的最终体现场所。企业的经营状况在竞争的市场条件下又和管理人员的能力、责任心和经营行为有着密切的关系，出资者只要把单个企业的盈利水平与该行业的平均利润水平相比较，就可以判断管理层是否称职。产品市场是对企业整体的治理，对企业的所有参与者特别是所有者和经营者提供约束和激励。只要产品市场的竞争很充分，即生产同类产品的企业数量上足够多，替代产品多，消费者有较大的选择余地，竞争对手和消费者对企业所施加的约束力就很强。在这种很强的竞争压力下，即使由于两权分离经营者不想追求利润最大化，但为了不被激烈的竞争所淘汰，保住自己的职位，他们也必须付出必要的努力，取得让投资者满意的利润。

2. 资本市场

企业为了满足其自身成长需要，在生产经营过程中，经常需要从外部融资，其中一个重要的途径就是借债，这样就必然要进入借贷市场。在这样的市场上，银行、公众以及其他金融机构是供给方和债权人，企业通常是需求方和债务人，两者通过借贷市场签订债务合同，明确规定双方的权利和责任。由于企业的借债行为通常不是一次性的，借贷市场就迫使企业要建立良好的信用，按借贷契约规定还本付息。为此，企业就必须努力经营以保持其良好的财务状况和还款能力。

资本市场除了借贷市场还包括股票市场，而股票市场在公司治理中的地位和作用更为重要。根据新古典资本市场理论，股价反映企业的价值，当企业经营不善、利润下滑时，其股价就会下降。股价下降到一定程度时，企业的价值就会被低估，即低于潜在价值或实际价值，此时收购该企业就有利可图。收购者在市场上购买该企业股票达到控股份额后从而取得企业的控制权后，就会改组董事会，任命新的经营者，实施新的战略，使企业重新回到利润最大化的轨道，股价上升，接管者即可从中获益。因此，股票价格变动及由此引发的接管行为，对经营者的职业安全构成很大威胁，使其必须努力地经营企业。

3. 经理市场

尽管经理人员有时也被看成是广义劳动力市场的一个组成部分，但是经理人员拥有的经营管理企业所需的特殊素质、胆识、洞察力、悟性和敏感性使得他们是更加稀缺的人力资本。在拥有这种稀缺资源的经理人员职业化后就会形成经理市场。竞争的经理市场意味着经理人员能够在不同岗位和企业间根据自身的条件自由流动，并且他们的薪金水平由市场决定。经理职务的升降取决于他们的经营能力和经营绩效。在市场竞争中经营效果好、被证明对出资者负责任、有经营能力的经理人员，就能在经理市场上树立起良好的声誉并被高薪雇佣，其自身的人力资本价值也便得到提高；相反，那些经营业绩不好的经理人员在经理市场上的声誉就会下降甚至名誉扫地、薪金报酬水平会被降低，职位甚至会被替换，他们的人力资本价值就会贬值。由于经理人员所经营管理的企业业绩的高低好坏决定了他们在经理市场上的价格和发展空间，因而经营管理人员会采取对股东有利的经营和管理策略，以提高企业的获利水平和企业价值。如果说产品市场主要是通过对企业整体的治理来对经营者进行约束，那么经理市场则是直接对准经理人，对其形成直接的激励和约束。

二、上市公司治理结构存在的主要问题

（一）股权结构不合理

由于我国特殊的经济环境，许多上市公司都是由国有企业改制而成的，国有股“一股独大”现象十分明显。从表面上看，我国上市公司股权的高度集中似乎能够避免内部人控制问题，但实际情况是，处于控股地位的国有股权的实际所有者是“全体国民”这一抽象的主体，缺乏真正为其负责的人格化代表。国有资产管理机构作为国家股的“代理人”，在公司治理结构中并不是积极的监督者，难以对管理者进行有效的监督和约束，往往导致所有者“缺位”的情况出现。而作为国有资本出资人代表的政府官员并不具有对上市公司的剩余索取权，而只能得到固定的工资以及与其他行政人员类似的福利，这种没有剩余收益索取权的控制权是缺乏激励的控制权，所以无法从制度上保证其拥有充分的监督动机和积极性。此外，由于控股股东可以轻易通过财务报表之外的其他渠道获取有关上市公司实际经营情况的内部信息，因此对内幕交易行为同样缺乏监督的动力。就中小股东而言，其掌握的社会流通股比例较低，难以通过“用手投票”的方式体现监督权，虽然上市公司的内幕交易行为可能给他们带来较大的损失，但侥幸心理使流通股东没有激励去承担信息收集和分析成本以监督管理者，于是就产生了“搭便车”的现象。我国证券市场长期以来中小投资者较多、机构投资者较少，短期投资者较多、长期投资者较少的特点也造成了证券市场投机气氛浓

厚，投资者缺乏监督上市公司高管行为的动力。控股股东和中小股东同时“所有者缺位”为我国上市公司的内幕交易行为提供了外部条件。

（二）股东大会成为“一言堂”

股东大会是全体股东行使控制权的主要方式，但由于我国上市公司股权过于集中，大股东凭借其自身的控股地位，能够完全操控股东大会，中小股东的利益无法通过“用手投票”的方式得到保护，因此上市公司中小股东参加股东大会的比例极低。相关的调查结果显示，80%的公司年度股东大会出席人数在 100 人以下。另据《中国证券报》的调查，只有 16%的投资者曾经参加过股东大会。由此可见，股东大会成为大股东演唱独角戏的场所，这使得股东大会从一个民主投票决策机构沦为仅仅体现大股东意志和利益的“一言堂”，完全丧失了在公司治理结构中应有的制衡作用。

（三）董事会成为“大股东委员会”

董事会的独立性对其运行效率及效果有着决定性的作用。然而，我国上市公司中的内部人控制现象导致董事会的独立性受到严重侵蚀，为上市公司内幕交易提供了有利的机会。首先，由于股东大会基本被大股东所控制，因此大股东可以轻易地将自己的代表安插进董事会，使得自己在董事会中的投票权比例大大超过自己拥有的股权比例，形成“超股权比例控制现象”，实现对上市公司具体经营业务以及信息披露的实际控制。其次，我国上市公司中董事长与总经理“两职合一”的现象较为常见。董事长和总经理两职合一必然会降低董事会对经理人员的监督有效性，甚至导致董事会实际上成为总经理手中的“橡皮图章”。最后，引入外部董事是提高董事会独立性的重要举措。许多实证研究均表明，外部董事比例较低的公司更容易发生内幕交易行为。但我国的外部董事制度建立较晚，虽然上市公司独立董事在“量”上显著增加，基本上满足了占董事会人数 1/3 的要求，但独立董事的“质”仍有待提高。一方面，多数上市公司的独立董事是由管理层负责提名，其选举过程决定了对其独立性的怀疑。另一方面，许多独立董事并不太“懂事”，他们既缺乏对自身职责的明确认识，也没有行使相应职责的充分权力。因此，我国上市公司外部董事在公司治理中起到的作用十分有限。

（四）监事会成为“临时会”

我国上市公司治理结构是一种典型的双层监控模式，股东大会将对董事会和经理人员的监督权委托给监事会，由其承担监督职责。但在实际运行过程中，监事会存在严重的边缘化趋势，由于监事会成员大多由公司的内部人员担任，在行政上处于公司高管人员的领导下，完全无独立性可言，因此仅具备名义上的监督权，成为只是在程序需要时临时走走过场的“临时会”，难以对董事会和经理人员实施有效的监控。据深交所的一份研究报告表明，我国上市公司中52.9%的监事会没有检查过公司的财务活动，94.11%的监事会没有明示过董事会的违规行为。总而言之，我国上市公司中存在严重的内部人控制现象，导致股东大会、董事会、监事会等公司治理制度安排失效，管理层在经营管理和信息披露方面“一手遮天”，能够轻而易举地实施内幕交易行为。

三、公司治理结构与内幕交易的关系研究

（一）股权结构与内幕交易

在流动性较强的资本市场中，高度分散的股权结构，便于收购和兼并，可以形成很强的外部接管压力，因而可以有效约束上市公司的经营管理，使其努力提升经营业绩从而降低其被收购的风险。但在股权高度分散，所有权与经营权高度分离的情形下，由于信息不对称和监督成本过高，大量的小股东难以形成对董事会或管理层的有效约束，“搭便车”现象普遍存在。董事长或总经理作为公司决策者或管理者，在公司治理中的地位特别突出，容易造成管理层的“内部人控制”，股东和管理者之间存在很高的代理成本，不利于从公司内部减少管理层的内幕交易行为。而相对集中的股权结构使股东对管理层的约束更具有动力，其监管收益也会大于监管成本，可以减少上市公司的内幕交易行为。但是，股权高度集中，或是存在绝对控股的情形下，控股股东就有可能为了自身的利益，利用其绝对控股地位而损害中小股东利益，从而产生另一层代理问题，即控股股东和中小股东之间的代理问题。大股东利用关联方交易，转移上市公司资产和利润，占用上市公司资金的违法违规行为发生概率就会增加。

从股权性质的角度来讲，我国上市公司按照投资主体不同，股份可分为国有股、法人股、机构投资者和其他中小股东持有的社会公众股。股权结构的性质对公司内幕交易会产生很大的影响。

（1）国有股比例。国有股指国家股和国有法人股的总和，对于国有股，产权不明晰，国有资产管理局作为代理人不享有剩余索取权，这导致缺乏足够的利益驱动和有效的监督评价机制，形成内部人控制。公司财务报告很可能成为内部人滥用控制权、掩盖其经营管理不善的工具。

（2）法人股比例。我国上市公司中，存在国有股股东严重缺位、流通股股东过于分散、难以参与公司决策等现象，这样直接导致法人股股东在董事会中具有更多的控制能力，成为事实上的内部人，从而关心所持的股权套现问题而不是企业的财务经营成果，容易侵害其他股东的利益。不能否认法人股比例上升在一定程度上有助于公司绩效的改善，但也增加了内幕交易的可能性。

（3）社会公众股比例。上市公司的流通股比例较低，主要分散在许多社会

股东之间，流通股股东的收益主要来自于直接收益，他们通过抛售或拒绝购买股票，在一定程度上对内部人控制产生制约，进而约束内幕交易行为。

（4）第一大股东持股比例。上市公司中，如果第一大股东持股所占比例越高，公司越有可能形成控股股东控制，大股东利用其控制上市公司管理层的优势，操纵上市公司的利润，在获取自身利益的同时损害中小股东的利益。

（5）股权集中度。股权的适度集中，能在一定程度上使大股东与中小股东的利益趋于一致即利益趋同效益，有利于公司治理效率和经营业绩的提高。但如果再进一步升高，会产生利益侵占效应，控股股东可能以小股东利益为代价来追求自身利益。

（二）董事会特征与内幕交易

董事会是财务报告的监督主体，管理层编制的财务报告需要经过董事会审核批准，并由董事会提交给股东大会，股东对董事存在信任和依赖，董事会应对财务报告的质量承担责任，董事会的特征对公司内幕交易有着不同影响。

（1）董事会规模。我国公司法规定，股份有限公司的董事会人数应为5~19人。目前上市公司的董事会在上市时的平均人数是10.3人，近年来呈现逐渐减少的趋势。董事会规模的精简，便于内部的协调，有利于提高董事会的效率。公司董事会规模过大，会限制董事对关键问题讨论的参与程度，决策效率低下，董事会作用的发挥受到限制，容易产生经理层操纵，给公司内幕交易带来影响。

（2）内部董事比例。内部董事指既是公司的董事，又是公司的高级管理人员。董事会中的内部董事所占比例，反映了上市公司的内部人的控制程度。内部董事虽然在公司担任行政职务且拥有限制经理人不法行为的信息优势，但也可能与经理人合谋，放任内幕交易，侵害投资者的利益。

（3）董事长与总经理是否同一人兼任。董事会和经营班子之间是决策与执行、监督与被监督的关系。从代理理论的角度分析，董事长与总经理的担任者应分离，以相互制衡，降低公司内幕交易的可能性。而两职合一会使得总经理在经营决策、会计政策选择、利润分配、政策制定等方面拥有独断权，从而导致公司内幕交易的可能性增大。但现代管家理论认为，总经理对自身尊严、信仰以及内在工作满足和职业发展的追求，会促使他们努力经营公司，成为公司资产的好“管家”。而权变思想产生的环境依赖理论认为，两职合一的合理性要依据所处的具体环境来进行分析，在比较稳定的环境中，两职分离可以制约CEO的权力。在高度不确定的环境中，两职合一的制度安排可以使公司做出更快、更一致的决策来应对环境变化。

（4）独立董事比例。独立董事制度可以有效制约内部人控制现象，提高董事会决策质量，独立董事比例的高低可能会有效影响内幕交易的可能性，独立董事的独立性使其不会与经营者串通，侵害其他利害关系人的利益。

（三）监事会特征与内幕交易

我国现行公司法规定，股份有限公司设监事会，其成员不得少于3人。监事会行使下列职权：检查公司财务；对董事、高级管理人员执行公司职务的行为进行监督，对违反法律、行政法规、公司章程或者股东会决议的董事、高级管理人员提出罢免的建议；当董事、高级管理人员的行为损害公司的利益时，要求董事、高级管理人员予以纠正；提议召开临时股东会会议，在董事会不履行本法规定的召集和主持股东会会议职责时召集和主持股东会会议；向股东会会议提出提案；依照公司法相关规定，对董事、高级管理人员提起诉讼。监事可以列席董事会会议，并对董事会决议事项提出质询或者建议。

从监事会的职能来看，如果监事会监督权能够得到有效行使，便可以减少董事会和管理层的内幕交易行为，保护股东和其他利益相关者的权益。但是，监事会的成员又是从上市公司的各个部门抽调组成的，主要来自上市公司内部，在行政上要受管理层的领导，因此其独立性就要受到很大怀疑。监事要履行好自己的监督职权就必须具备相应的财务、会计、营销、法律等企业管理知识和实践经验，否则就无法及时、准确地获取和评价公司经营管理状况和管理者行为是否具备合法性的信息。我国上市公司监事会没有发挥其应有功能，在一定程度上助长了上市公司的内幕交易行为。

（四）公司管理层持股与内幕交易

公司管理层包括董事会成员、总经理及副总经理、财务负责人、监事会成员。公司管理层持股对内幕交易行为的影响是双向的。管理层持股有助于使管理者和外部股东的利益相一致，减少管理者在职消费、剥夺股东财富和进行其他非价值化行为的动机。管理者持股的增加减少了由所有权和控制权分离所引起的代理成本，可以被看做是控制代理成本的替代机制。但是在我国目前的上市公司中，管理层持股无论从比例上还是绝对数量上都较低，管理层持股能否起到真正的遏制内幕交易的作用，还需要进一步的考察和研究。

第二节　上市公司治理结构和内幕交易关系的实证研究

本节在已有学者研究成果基础上，结合中国上市公司内幕交易的实际来分析影响内幕交易的主要因素，选取一些具有代表性的上市公司加以分析，主要从上市公司治理结构的缺陷、上市公司信息透明度较低、机构持股和公司高管持股比例以及法律制度环境不佳等方面，来收集上市公司的数据，采用配对样本 T 检验，描述性统计、线性回归等统计方法来对上市公司治理结构等因素和内幕交易的关系进行实证研究。

一、实证研究设计

（一）研究假设

上市公司治理结构是公司内幕交易的最重要因素之一，但影响上市公司内幕交易的因素比较复杂，既有上市公司的因素，也有投资者的因素，还有法制环境等方面的因素的互相影响。本节构建了对上市公司内幕交易具有一定影响的公司治理特征体系，形成了包括股东特征、董事会特征、监事会特征、高层持股比例及可能影响公司治理与内幕交易关系的控制变量的一个模型体系，提出如下 4 个研究假设：

中国上市公司治理结构普遍存在着不完善，其具体表现为：股权结构的安排不合理，公司高管高度集权，这就难以进行有效的约束；董事会结构失调，股东或者高层控制的董事会的代表难以承担受托责任；独立董事制度不完善，独立董事在董事会中没有权利，导致了外部人难以对内部人进行有效的制衡，同时缺乏与市场接轨的激励约束机制，对公司高管既缺乏合理有效的激励，又缺乏严格规范的约束，内幕信息的保密制度也不完善等方面。分析其原因，就是这些公司的内部治理结构还不够完善，不能对内幕交易行为的发生具有一定的约束力。由此可见，上市公司治理的缺陷是影响内幕交易行为的重要因素之一。所以本书提出如下假设。

假设 1：公司治理状况越差，内幕交易可能性越高，即公司治理状况与内幕交易发生的可能性负相关。

信息透明度一般是指公司相关信息的公开程度，它主要取决于公司强制信息披露和自愿信息披露的程度。信息透明度在现在的市场经济中是非常重要的，他不仅能把本公司的一些信息及时地传递下去，同时信息透明度还影响股票的价格，内幕人员发生内幕交易的行为。内幕交易的发生主要取决于内幕人员是否具有一定的信息优势，而内幕人员信息优势的获得在一定程度上正是由于上市公司信息透明度较低，使得部分内幕人员能够提前获得内幕消息。在一些信息透明度比较低的上市公司，内幕人员利用时间差来进行内幕交易，这个时间差指的是公司重要信息的形成与正式公布之间的时间，内幕人员既可以从中获得收益或者规避风险。而不知情交易者因为无法掌握充足的信息而处在交易中的劣势地位，从而在交易中遭受一定的损失。中国上市公司关于信息透明度低的问题已经很严重了，也因为信息透明度的程度低使公司内部人员能够掌握内幕信息，从而发生内幕交易行为，信息透明度也是内幕交易频繁发生的一个重要因素。于是，我们提出以下假设。

假设 2：上市公司信息透明度越低，内幕交易发生的概率越大，即上市公司信息透明度与内幕交易发生的可能性负相关。

上市公司投资者结构也会对内幕交易产生影响，机构投资者和高管持股会对股票的内幕交易程度产生显著影响，会加剧知情性交易，导致内幕交易频发。金融机构从业人员（包括基金经理和证券分析师）的“老鼠仓”交易行为更是“前仆后继”，市场操纵和上市公司高管违规交易案呈现高发态势。基金公司“老鼠仓”一直是证监会执法的一个重点领域。尤其是近几年来，依托大数据，证监会相继查处了大批涉嫌“老鼠仓”的基金经理，因此而身陷囹圄者大有人在。证监会大批量地对相关涉嫌“老鼠仓”的基金公司开出超级罚单，或成为新常态。

基金公司存在市场信息优势、资金规模优势和交易技术优势，通过对上市公司密集调研能够掌握一些未公布的信息，基金持股水平的高低往往对内幕交易发生概率产生重大影响。公司高管持股往往在近年股权激励制度的实施下越来越常见，这样，上市公司高管既有股东的身份又有管理者的身份，从发生的案例来看，大多数内幕交易违法主体都是上市公司高管。

相比国外发达资本市场，我国股票市场还是以散户为主体的市场，机构化程度相对较低，在未来居民可支配财富期望保值增值的趋势下，机构投资者比例会逐级提高。相比较而言，机构投资者交易纪律更严格，技术手段更先进，具有中小股民所不具有的优势。机构投资者往往能及时获取上市公司重大信息，对信息的解读能力也较强，进而形成有效的投资决策。机构投资者和公司高管在市场交易中居于有利地位。这两类市场主体由于自身地位，往往能够掌握公司非公开重大信息，可以推测基金持股和高管持股水平对内幕交易发生概率产生较为重要的影响。上市公司基金持股与高管持股是内幕交易的重要影响因素，机构持股和公司高管持股比例较大，发生知情交易的概率就越大。故提出以下假设。

假设 3：上市公司基金持股与高管持股是内幕交易的重要影响因素，机构持股和公司高管持股比例越大，发生内幕交易的概率越大，即机构持股和公司高管持股与内幕交易发生的可能性正相关。

公司治理指数从各个机制评价了公司治理状况，但还有些因素不被包括在指数之中，也可能影响内幕交易行为，如法律制度环境因素、规模效应等。本节中作者关注的是法律制度环境改善，法律制度环境的改善能够从国家层面改善公司治理，然后防范内幕交易行为。在证券市场中，不同的法律制度环境会影响到投资者利益的保护程度，对内幕交易行为也会产生一定的影响。一般来说，法律制度环境越完善，投资者的投资行为越规范，越有利于保护投资者的合法权益，对抑制内幕交易行为具有促进作用；反之，法律制度环境越不完善，违规成本越低，难以保护投资者的利益，越容易发生内幕交易行为。

近年来，尽管中国证券市场的法律制度环境在不断改善，但在惩罚内幕交易者、保护中小投资者权益方面还存在不少缺陷。专门针对内幕交易的《内幕交易法》《中小投资者保护法》等相关配套的法律法规还没有建立起来，没有建立惩处内幕交易行为的民事赔偿制度，即使有民事赔偿的规定，也因缺乏有效的民事诉讼手段而无法真正执行。因此，法律制度环境不佳，没有强大的法律约束和威慑，掌握信息优势的内幕人员通过内幕交易来获取非法利益将是理性的选择，这必然会助长内幕交易行为的发生。

一般而言，小规模的公司容易被操纵，亦即容易形成内幕信息，所以内幕交易的可能性较高。上市公司所在地区的法律制度越完善，那么对于中小投资者的合法权益就越有保障，完善的法律制度又能对企业内部人员具有一定的约束力，致使该公司发生内幕交易的概率越低。而在法律制度环境较差的地区，由于没有对公司内部人员进行一定的约束力，所以内幕人员在发生内幕交易的时候根本不用考虑违规成本，导致内幕交易发生的可能性加大。由此提出第四个假设。

假设4：法律制度环境对内幕交易有一定的关系，良好的法律环境下，发生内幕交易的可能性也越少，即法律环境与内幕交易发生的可能性负相关。

（二）模型构建与数据来源

1. 样本选取

本文以中国证监会网站公布的2010~2016年的136个内幕交易处罚案例为样本，试图探究上市公司内幕交易的主要影响因素。知情性交易概率值在重大事件公告前最大，公告前知情交易概率（PIN）均大于控制期和公告后，所以以样本事件公告前的PIN作为被解释变量。从上述的分析中，本文得出了内幕交易主要发生在上市公司信息公告前期的结论，并借鉴已有的研究方法，选取信息公告前期来研究内幕交易行为。因而，在实证分析中，经过深入分析，我们认为公司治理不善是发生内幕交易的主要原因之一，所以基于公司治理的角度来分析内幕交易行为。

2. 模型建立

本文认为内幕交易主要发生在上市公司发布信息公告之前，主要研究在上市公司信息公告前期影响内幕交易行为的因素。为了实证检验前面提出的研究假设，通过参考以前学者的研究成果，本文建立多元回归模型如下：

$$PIN=\alpha_1+\alpha_2 Gov+\alpha_3 Tran+\alpha_4 Hold+\alpha_5 Law+\alpha_6 Size+\alpha_7 ROE+\varepsilon$$

在模型中，选取知情交易概率（PIN）作为度量内幕交易程度的指标；Gov代表公司治理结构，具体包括：股权集中度（Herf）、董事会会议（Meet）和独立董事占比（Indr）三个指标；选取交易所的信息披露考评结果作为信息透明度指标

（Tran）；机构和高管持股（Hold）包括基金持股（Fund）和公司高管持股（Senior）；选取法律制度环境指数（Law）代表法律制度环境；控制变量选取了公司规模（Size）和净资产收益率（ROE）。模型中各变量预计 Herf 与 PIN 负相关，Indr、Meet 与 PIN 负相关，预计 Gov 的系数符号为负，Hold（基金持股、高管持股）的系数符号为正，Law 系数符号为负，Size 系数符号为负，ROE 系数符号为正。本研究变量的具体说明见表 3-1。

表 3-1 解释变量定义

项目	变量名称	变量符号	定　义
因变量	知情交易概率	PIN	利用 EKOP 模型方法度量，这里指信息公告前期的 PIN 值，用以度量基于内幕交易的程度
解释变量	股权集中度	Herf	赫菲达尔指数（Herfindahl10）表示信息公告前期前 10 大股东持股比例的平方和，指数越高，表明上市公司股权越集中
	董事会会议	Meet	表示样本公司当年召开董事会会议的次数，用来表示公司内部的治理结构
	独立董事占比	Indr	独立董事人数占董事会成员的比例，表示外部人对内部人的制约程度
	基金持股	Fund	样本公司所有基金持股占流通股比例
	高管持股	Senior	样本公司高管持股占流通股比例
	信息透明度	Tran	深交所的公司利用当年的信息披露考评结果作为衡量基准，该考评以公司的信息披露为依据；上交所的公司参考深交所的考评指标进行评估。优秀为 0，良好为 1，合格为 2，不合格为 3
	法律制度环境	Law	用樊纲等提供的各省、市、自治区市场中介组织发育和法律制度环境指数来代替
控制变量	公司规模	Size	样本公司当年总资产的自然对数，表示公司规模状况
	净资产收益率	ROE	样本公司当年的净资产收益率，表示公司业绩状况

3. 数据来源

本文所采用的数据来源包括中国证监会网站、上海证券交易所网站、深圳证券交易所网站、WIND 数据库、国泰安数据库、同花顺数据库及东方财富数据库。本文使用的计量软件包括：SPSS19.0 及 EVIEWS6.0。股票交易软件为同花顺。为了计算出 PIN，需要估计知情交易概率模型中的参数，这就要利用股票在交易时间内的高频数据，包括每笔交易的时间、成交量、成交价及买卖方向。EKOP 模型的运用需要掌握交易日内有多少主动性买单（B）和卖单（S），然而在实际中，许多分笔高频数据并没有直接显示买卖方向，所以需要对其进行判断。由于国泰安高频数据库的分笔高频数据已进行了买卖标识（B 为买进标识、

S为卖出标识），这样就可以直接根据买卖标识数据判断一笔交易是由买方还是卖方发起的。

（三）变量定义

被解释变量及解释变量。被解释变量是公司是否发生内幕交易，取值为0或1，公司样本发生内幕交易，取值为1，配对公司样本没有发生内幕交易，则取值为0。解释变量是指公司治理结构的相关变量，具体见表3-1。

二、实证结果与分析

（一）描述性统计

本文从沪深两市中选取了2011~2016年的136个行政处罚案例为有效样本，表3-2显示了136个样本的知情交易概率（PIN）、股权集中度（Herf）等10个变量在信息公告前30个交易日的描述性统计结果。从表3-2可以看出，PIN的均值为0.117，与沈冰、郭粤等（2013）研究的结果0.1167比较接近；PIN的最大值为0.371，最小值为0.004，说明不同上市公司股票的知情交易概率差异比较明显。

表3-2 描述性统计

变量	最大值	最小值	均值	标准差
PIN	0.371	0.004	0.117	0.038
Herf	0.390	0.005	0.161	0.116
Meet	18.000	6.000	8.667	2.886
Indr	0.610	0.215	0.368	0.076
Fund	0.588	0.000	0.124	0.087
Senior	2.884	0.000	0.265	0.587
Tran	0.736	0.311	0.610	1.385
Law	14.355	2.836	8.864	4.401
Size	23.811	11.202	20.301	1.608
ROE	2.783	-11.327	0.079	0.802

（二）变量间的相关性分析

为了分析各变量之间的相关性，检验前面的研究假设，本文对各变量进行Pearson相关系数分析，结果见表3-3。从表3-3中可以看出，因变量知情交易概率与各解释变量在1%的置信水平下都存在显著相关，与控制变量净资产收益率在5%的置信水平下存在显著相关，与另一个控制变量公司规模在5%的置信水平下不相关，说明用这些自变量来解释因变量是比较合理的。此外，自变量之间的相关性普遍较弱，大部分自变量之间的相关性在5% 的置信水平下都不显著。相关性最强的两个自变量股权集中度和法律制度环境之间的相关系数仅为-0. 3。

表 3-3　变量间相关系数

变量	PIN	Herf	Indr	Meet	Tran	Fund	Senior	Law	Size	ROE
PIN	1									
Herf	0. 404 ***	1								
Indr	-0. 427 **	-0. 236 **	1							
Meet	-0. 349 **	-0. 257 **	0. 293 ***	1						
Tran	0. 371 **	-0. 026	-0. 233 ***	-0. 241 **	1					
Fund	0. 241 ***	0. 167 **	-0. 023	-0. 114 *	0. 026	1				
Senior	0. 273 ***	0. 160 *	-0. 078 *	0. 069	-0. 123 **	0. 151 *	1			
Law	-0. 445 ***	-0. 300 **	0. 211 **	0. 146 *	-0. 262 **	0. 172	0. 114 *	1		
Size	-0. 075	0. 282 ***	0. 081	0. 063	0. 111	0. 193 *	0. 184 **	-0. 021	1	
ROE	0. 203 **	0. 041	0. 031	-0. 079	-0. 141 *	0. 164	0. 182 *	-0. 181 **	0. 156	1

注：*** 号表示在 1% 的置信水平下显著相关，** 号表示在 5%的置信水平下显著相关，* 号表示在 10% 的置信水平下显著相关，以下同，均为双边检验。

（三）多元回归模型

把三个公司治理变量与其他变量一起进行多元回归分析，回归结果见表 3-4，实证结果显示，模型 4 的 F 值为 16. 463，R2 为 0. 601，拟合效果和整体效果高于前面三个模型。

说明把股权集中度、董事会会议和独立董事占比这三个公司治理变量同时纳入模型中，其整体效果优于把单个公司治理变量纳入模型中。

回归系数的符号与预测符号也全部一致，在解释变量中，除了信息不对称的系数在 10%的置信水平下显著外，其他解释变量的系数在 5%的置信水平下都显著。而控制变量公司规模在 10%的置信水平下显著，净资产收益率在 1%的置信水平下显著。

表 3-4　回归结果

变量	预测符号	模型 1	模型 2	模型 3	模型 4
β_0	?	0. 167 *** （4. 02）	0. 181 *** （4. 34）	0. 211 *** （4. 96）	0. 231 *** （5. 76）
Herf	+	0. 129 *** （4. 36）			0. 091 （3. 68）
Indr	-			-0. 169 *** （-3. 76）	-0. 121 *** （-2. 90）
Meet	-	-0. 004 *** （-3. 26）			-0. 003 *** （-2. 06）

续表 3-4

变量	预测符号	模型 1	模型 2	模型 3	模型 4
Tran	-	0.017*** (3.91)	0.012*** (3.21)	-0.013*** (3.06)	0.019*** (3.87)
Fund	+	0.001*** (2.05)	0.002*** (2.74)	0.002*** (2.75)	0.003** (3.06)
Senior	+	0.003*** (2.11)	0.002*** (2.09)	0.002*** (2.07)	0.004*** (2.18)
Law	-	-0.002** (-2.48)	-0.003** (-3.86)	-0.001*** (-3.36)	-0.002*** (-2.97)
Size	-	-0.041*** (-0.86)	-0.016** (-1.78)	-0.021*** (-0.89)	-0.028*** (-1.86)
ROE	+	0.005*** (2.82)	0.001*** (2.02)	0.005*** (3.02)	0.002*** (2.93)
F-Value		16.863***	15.336***	15.162***	16.463***
R_2		0.583	0.563	0.554	0.601

注：＊＊＊号表示在 1% 的置信水平下显著相关，＊＊号表示在 5%的置信水平下显著相关，＊ 号表示在 10% 的置信水平下显著相关。

从表 3-4 的四个模型的实证结果可以看出，知情交易概率（PIN）与代表公司治理的股权集中度（Herf）在 1%的置信水平下存在显著的正相关关系。说明股权集中度越高，公司的市场控制力越强，其受到外部投资者的监管越弱，容易形成内部人控制，意味着内幕信息保留度越高，内幕人员利用内幕信息进行内幕交易的动机越强，发生内幕交易的概率越大。而知情交易概率（PIN）与董事会会议（Meet）、独立董事占比（Indr）在 1%的置信水平下存在显著的负相关关系。说明上市公司董事会召开的会议越多，越能发挥董事会成员的作用，形成监督和制衡机制，意味着公司内部治理结构越规范，有利于降低内幕交易发生的概率。另外，独立董事在董事会成员中所占比例越高，即外部人对内部人的制约程度越高，意味着公司外部治理结构越规范，有利于降低内部人进行内幕交易行为的概率。因此，从上述三个代表公司治理的指标可以看出，上市公司的治理结构越差，发生内幕交易的概率越大，与本节假设 1 相一致。

在上述四个模型中，知情交易概率（PIN）与信息透明度（Tran）在 1%的置信水平下都存在显著的正相关关系，与本节假设 2 相一致，说明上市公司信息披露考评结果越差，即上市公司的信息透明度越低，信息环境越差，信息的传播与扩散速度越慢，这样就有利于内幕人员充分地利用内幕信息进行内幕交易，内幕交易发生的概率越大。

在模型 1、模型 2 和模型 3 中，知情交易概率（PIN）与基金持股（Fund）、高管持股（Senior）在 5%的置信水平下都存在显著的正相关关系，在模型 4 中，知情交易概率与基金持股（Fund）、高管持股（Senior）在 10%的置信水平下存在显著的正相关关系，与本文假设 3 相一致，意味着机构持股和公司高管持股比例越大，发生内幕交易的概率越大。

知情交易概率（PIN）与法律制度环境（Law）四个模型中，在5%的置信水平下存在显著的正相关关系。说明在法律制度环境较差的地区，上市公司在信息披露等方面缺乏约束力，对投资者合法利益的保护程度较弱，内幕人员更容易利用或泄露各种内幕信息以进行内幕交易，导致内幕交易发生的概率增加，与本节假设4相一致。

在模型1中，知情交易概率（PIN）与控制变量公司规模（Size）在5%的置信水平下存在显著的关系，在模型4中，知情交易概率与公司规模在10%的置信水平下存在显著的关系，而在其他两个模型中都不显著，且符号都为负。说明规模越大的公司，越容易被市场所关注，有关的内幕信息越容易被投资者获取和传播，有利于降低知情交易概率，但显著性不高。知情交易概率（PIN）与控制变量净资产收益率（ROE）在四个模型中都在5%的置信水平显著，且符号都为正。这意味着净资产收益率越高的公司，经营业绩和成长性越好，为内幕人员进行内幕交易提供了良好的条件，越容易被内幕人员所发掘和利用，使得内幕交易发生的概率越大。

（四）稳定性检验

为了检验研究结果是否可靠，本文对之前的模型进行了一些改良，改变了一些变量。用信息不对称程度（C_2）来代替知情交易概率（PIN），然后对新模型重新进行多元回归，回归的结果与表3-4十分相似，所以上述结论仍然成立。这更进一步说明了公司治理越好，发生内幕交易的可能性就越少；信息透明度越好的企业，发生内幕交易的可能性也就越小；法律环境越好，公司发生内幕交易的可能性也是越小。

（五）结论

本节从沪深两市中选取136家A股上市公司作为研究样本，建立多元回归模型。实证结果表明，股权集中度越高、信息透明度越差、基金持股与高管持股越严重，发生内幕交易的概率越大；而董事会会议越多、独立董事占比越高、法律制度环境越好，发生内幕交易的概率越小。可见，上市公司治理结构、上市公司信息透明度、基金持股与高管持股比例以及法律制度环境是影响中国股票市场内幕交易的主要因素。同时，对研究结果进行了稳定性检验，结果表明，模型设定的稳定性较好，研究结果比较可信、有效。此外，还证实了在缺乏卖空机制的中国股票市场中，内幕人员利用利多信息进行内幕交易的概率大于利空信息。建议证券监管部门对上述影响因素进行重点跟踪，以采取切实有效的对策来防范内幕交易行为。

第三节　上市公司管理层控制与内幕交易的抑制

上市公司的大股东、董事会、监事会和高管人员四者之间形成一种相互联系、相互制约的多维关系。其中，董事会是公司的最高决策和权力机构，在内部治理结构中处于核心地位，其受托于大股东，又与公司的管理层形成一种委托关系，拥有对高管人员的任免权和奖惩权。因此，完善上市公司内部管理机制的重点在于增强对管理层实际控制权的监督和约束，建立健全决策权、执行权、监督权既相互制约、又相互协调的权力架构。

一、从股权结构层面完善上市公司的治理结构

（一）加快建立现代企业制度，改变政企不分的不良局面

我国大多数上市公司是由原国有企业改制而来的，存在着国有股比重居高不下及国有股“一股独大”现象，大股东侵害中小股东权益的事件也频频发生。同时，公司的董事、监事和总经理主要由国有股东直接任命，导致“内部人控制”现象，监督和约束机制不能有效发挥作用。而且在委托代理理论中，委托人应该十分关注自己的资产状况和盈利状况，委托代理理论把研究核心转向“代理人”即如何激励和约束代理人，而我国以国有为主体的股份制企业，虽然也存在着代理人问题（内部人控制现象），但问题的根本却是在委托人身上，这是因为委托人本身没有足够的自我激励和自我约束的动力。国有资产由政府代表，具体负责人却不明确，国有股东并非是最终的财产所有者，只是国有资产的代理人，这样就产生了多层次的委托代理关系。因为代理人不用对具体的人负责，只是对虚化的政府负责，导致约束力更弱，国企内部人控制现象严重。这样一来，降低国有股权集中度迫在眉睫。

通过减持国有股，降低股权集中度，实现股权结构多元化和分散化，是优化上市公司的股权结构、改善上市公司治理必须解决的难题。股权多元化被视为公司治理的整个制度的产权基础，它首先决定了股权结构和股东大会，进而决定了整个内部监控机制的构成和运作，从这个意义上来说，股权多元化与公司治理中的内部监控机制直接发生作用，并通过内部监控机制对整个公司治理的效率发生作用。在控制权可竞争的股权结构下，股东、董事、监事和经理人员各司其职，形成健康的制衡约束关系，使公司治理的内部监控机制发挥应有的作用。因此，应该构造公司股权多元化结构，加大国有股减持的力度，形成不同且相互制约的利益群体。

（二）鼓励企业法人相互持股

持股比例决定了股东对公司的影响力。股票是一股一权的，只有掌握了相当数量股票的大股东才可能对公司拥有实际的控制权，从而决定公司董事会的构成，决定经理人选，并对公司生产管理和经营决策进行控制，小股东由于股权数量的微小，其对代理人产生的影响是微乎其微的。持股比例也决定了股东参与公司经营管理的愿望，股东参与公司经营管理是有成本的（包括信息的收集、管理者的监督、生产经营的考察等都需要付出成本），但是公司利润的分配却是根据股东持有股份的多少来决定的。由于持有较多的公司股份可以享有更多的公司利润，大股东与公司的利益具有较强的相关性因而有足够的动机参与到公司经营管理中去，而且大股东也有能力和意愿承担相应的成本；相反，小股东参与公司经营管理的成本与其从公司得到的利益不相称，理性的选择就是不参加公司的经营决策，成为“搭便车者”。因此和小股东相比，大股东更有动力获取公司的控制权。

在我国推行公司法人相互持股，与日本公司实施的公司法人相互持股有所不同，但是其作用和机制是相通的。日本大公司的股东数量多，但单个股东的持股率较低，因而没有哪一家能够对公司进行控制，而需要十几家乃至几十家大股东联合起来才能对公司进行控制，但我国是在原有的国有和国有控股公司的基础上推行公司法人相互持股的。法人之间相互交叉持股符合公有制原则，可以利用国有商业银行持有股份对公司进行有效的监控。但国有或国有控股公司之间相互持股也能够和日本的公司法人相互持股一样，形成稳定的合作关系，从而达到通过相互持股实现对公司相互牵制的目的，尽可能减少单个股东控股对公司生产经营决策的控制，进而达到逐步改善公司治理结构，实现公司经营目标。

（三）确保上市公司保持良好的债权结构

不当的债权结构使得公司具有较大的财务风险，可能会严重影响公司的正常经营发展甚至影响到公司的正常存续，但是债权因为其融资成本相对股权融资低且能够带来财务杠杆效应而被上市公司普遍青睐。所以在上市公司的生产经营中应该能够根据自己公司的实际经营情况和未来发展目标科学确定合理的资产负债率范围，使得既为公司带来财务杠杆效应的同时，又避免债务过大所带来的财务风险。

二、加强对上市公司管理层的有效控制

（一）规范董事会、监事会和经理人员的运作，强化权力制衡

1. 完善董事会制度，强化董事会职责，完善其决策和事前、事中监督功能

董事会所发挥的作用主要集中在决策和监督两个功能上，而有效的公司管理

机制必须以出资人积极参与董事会运作为核心。根据上市公司的现实运作状况，有必要在强调决策功能的同时，进一步强化董事会事前和事中的监督功能，与监事会共同建立事前和事后、内部和外部相结合的监督机制。完善董事会制度就是要建立一个保持高度独立性的董事会，在公司董事会成员中提高独立董事所占的比例，使其能够对经理人员实施有效的监督和激励，从而维护全体股东的利益。

2. 充分发挥独立董事的作用，完善独立董事制度

监管机构应明确独立董事的资格要求，建设一支高素质的独立董事人才队伍，加强独立董事的职业道德和专业技术素养的培育。在独立董事任用资格标准上，除了具备专业知识、技能外，还应具备对所在行业的发展形势前瞻性的能力。在法律层面，应明确独立董事对公司财务报告所具有的监督责任。如果独立董事因为没有充足的时间和精力履行监督责任，或者由于过失或故意未能及时发现内幕交易行为，那么投资者因这类内幕交易而遭受了损失，独立董事应该在其过失范围内承担相应的赔偿责任。另外，应建立独立董事的民事赔偿机制和职业保险制度，保证独立董事行使权力及履行义务。同时建立相应的独立董事综合评价体系，对评价得分达不到担任独立董事要求的人员，董事会应取消其任职资格。

3. 改进监事会运行机制

上市公司要明确监事会的职责和权限，除法律赋予监事定期检查公司财务、监督董事会、规范运作、遵守信息披露原则、监督董事及经理经济行为合法性以及监督经股东大会批准后的董事会重大决策的执行过程等方面，还应赋予监事会对公司经营业绩做出评估的权利。监事会的评估报告可以作为股东大会决策的依据，同时也可以作为考核公司经营者和管理者业绩的依据。上市公司应通过股东会、董事会等制定相关规则章程，给予其切实的权利，运用制度章程保障监事会的监督职能。通过章程的形式，明确监事会的实质性权利，以提高其在上市公司的地位，如赋予监事会建议解聘董事、经理的权利，赋予监事会建议召开股东大会的权利。同时，保证监事会运用其专业知识，经过严格的议事规则和工作程序行使监督职能，用于纠正董事、经理违规违法行为的职能。相关法律和公司章程也应给予更多的保障，如规定监事会可以复议由董事会决议通过的重大经营决策，凡直接关系到职工切身利益的收购兼并、资产重组等重大事项，均须经过有职工代表监事参加的监事会的同意。

4. 完善经营管理人员的业绩评价和激励机制选聘和退出机制

完善公司高管的激励机制需要建立更为严格的与业绩挂钩的薪酬管理和考核体系。实现高管的激励契约与企业真实业绩挂钩的功能，有效规避上市公司薪酬与业绩“倒挂”等寻租现象，避免公司高管利用控制权攫取私有收益。引入并

充分发挥各种激励工具的激励功效，是上市公司高管薪酬激励机制改革的重要发展方向。上市公司除设计有效的薪酬激励制度以外，还需建立有效的经理人选聘和淘汰制度。上市公司的高管人员应通过准入评估进行市场化选聘，全面推行契约化管理，高管人员的履职绩效根据契约进行考核，目标任务完成得好的进行奖励，并继续签约聘用；对于完不成目标的，就应该退出现职，予以淘汰，与该职务相对应的一切职位待遇应予以取消，在上市公司高管人员的市场化选聘改革中发挥经理人市场的声誉机制作用。

（二）完善公司产权制度、实行股权多元化，保护中小股东权益

（1）上市公司通过调整股权结构，使公司的股权结构达到一个合理的状态，从而可以有效地解决公司中小股东和大股东间的利益冲突，减少信息不对称，提高财务信息的透明度。国有股减持可以通过回购、配售、协议转让、股转债等途径实现。引入战略投资者作为股东进入企业，使股权结构多元化，对中小投资者的权益加强保护。战略投资者通常包括机构投资者、投资银行以及投资基金，这些投资者具有丰富的决策方式与合理的投资理念，他们的投资行为可以提高公司治理决策的科学性，既具有主动监督经营者和大股东的动力，也具有获取企业经营管理和财务信息的信息优势，因此对企业高管层形成强有力的制约。

（2）合理的股权结构是公司治理的目标，因此，对股权结构的优化就成为提高公司治理的途径。优化股权结构也就是分配公司控制权与各个投资者的过程，这一分配过程的关键是协调不同投资个体间的利益关系，同时也要注意防止出现大股东侵犯中小投资者利益的现象。国有股减持的直接结果会造成国有股比例的下降以及非国有股权比例的增加，这样上市公司控制权就会发生转移，从而就会加大对公司经理人的约束力，通过合理的制度和市场安排，就会约束经理人员的行为，确保他们的行为以公司价值最大化为目标。

三、强化对上市公司的监管力度

（一）加强政府监管和社会监督的协同管理

1. 进行监管政策的市场化改革，消除诱发内幕交易的政策因素

在比较成熟的证券市场中，企业上市与退市取决于股票市场的供求关系、企业的发展前景和盈利能力、投资者偏好等因素，政府更多的是充当服务与裁判角色，维护交易的诚信、公开、公平和公正。在我国资本市场，应付证券监管机构的监管政策也是诱发我国上市公司内幕交易屡禁不止的原因之一。

2. 理顺监管体制，提高监管力量

当前能对我国上市公司进行监管的机关有国家发展改革委、证监会、人民银

行、财政部、审计署等，虽然他们之间经常进行沟通和协调，但还是存在“政出多门”的现象，因此有必要理顺监管体制。同时，证券监管机构也要加强监管队伍建设，增加监管专业人员，提高监管人员的专业技术水平，使其能够及时发现内幕交易问题。另外，还要注意杜绝官僚主义，防止少数监管人员公权私用，实现政府监管科学化，提高政府监管工作效率，明确各监管部门之间职责，避免权利真空。

3. 加强证券市场的政府监管和社会监督

加强政府部门对内幕交易的监管是防治上市公司内幕交易的重要手段。政府与企业间应建立政企分开的关系，建立“产权清晰、权责明确、政企分开、科学管理”的现代企业制度，健全企业法人治理结构，使企业真正成为市场的竞争主体。通过政府职能的转变与分解，使资产所有权、行政管理权、宏观调控权相分离，从而为企业创造良好的公司治理环境，降低政治利益驱动内幕交易现象发生的机会。为了加大监管力度，证券监管机构要完善自身的建设，完善监管人员的招聘和培训制度，通过增加高水平的监管人员来壮大监管队伍，同时注重监管人员的专业水平考核，这样才能够及时发现上市公司内幕交易问题。

（二）重视和提高企业会计信息透明度

如何提高会计信息披露的透明度是遏制上市公司内幕交易的重要途径，同时也是上市公司管理机制有效运行的前提。上市公司财务信息的不透明可能是上市公司改革过程中高管权力自利作用下的必然结果，所以，要抑制上市公司内幕交易就必须增强其会计信息透明度。

1. 鼓励上市公司进行自愿性会计信息披露

监管部门应该进一步完善信息披露制度，在强化强制性信息披露的同时，因势利导，通过有效、可行的措施引导上市公司提高自愿性披露水平，逐步构建一个以强制性信息披露为主、自愿性披露为辅的上市公司信息披露体系，使公司的信息更加透明。

2. 完善监管和惩罚体系

结合我国的实际情况，应逐步将其他政府部门的监管权力收归证监会，使证监会成为全国唯一的最高证券监管机构。同时应扩大其对上市公司的监管权力，形成与公安部门、司法部门联合办案的高效运作机制。建立以证监会抽查复审为核心的会计信息再监督体系，在证监会下设置专门的调查、惩戒机构，并制定一套切实可行的调查、惩罚程序和措施，对上市公司年报进行抽查复审并定期公布结果。对抽查中发现的违法违规问题，在区分会计责任和审计责任的前提下，分别对上市公司高管、财务负责人和注册会计师进行严厉惩处，这样可从本质上增加会计违规行为的成本支出，促使注册会计师提高执业水平，增强审计责任意识。

3. 加强审计监督质量

注册会计师要本着客观、公正、科学、合理的态度，强化审计责任，加强内部管理，提高审计执业水平，真正履行约束上市公司及时、完整、真实披露会计信息的责任。具体可通过强化审计人员职业道德及审计责任教育、提高审计人员专业技能、加强审计过程控制、建立审计质量评价体系等措施提高审计效果和效率，并通过提升企业的财务报告质量从而达到增强信息透明度的目的。

4. 建立上市公司信息透明度评价指标体系

我国目前分为“不及格”“及格”“良好”和“优秀”四类的评级指标，在评级处理上显得较为简单、粗糙。这样，公司信息披露指标体系的缺失不仅制约了公司的信息披露质量，又影响了相关各方对会计信息透明度的衡量。因此，有必要在目前的企业会计准则和信息披露规则框架的基础上，由独立的评级机构或研究机构开发和建立一套上市公司信息透明度评价指标体系，更客观地描述和反映上市公司会计信息透明度，并且由政府和监管部门等独立机构定期公布对上市公司的信息透明度评价，并将评价结果作为经营考核的有机组成部分，以便于督促公司高管人员主动、自律地增强企业的会计信息透明度，进而约束和防范高管人员可能的权力寻租行为。

四、防范与治理相结合，建立遏制内幕交易的基础

建立健全良好的资本市场法律监管体系是规范公司内幕交易的根本，虽然我国资本市场经过 20 多年的发展，已建立了较为完善的规范内幕交易的法律法规，但从我国内幕交易的现状分析来看，我国的内幕交易现象仍较为严重，内幕交易获取了较高的超额收益，对股票市场造成了较大的冲击。法律监管的不完善在一定程度上是造成我国目前内幕交易现状的原因之一，法律监管还未实现真正的有效监管。

（一）完善证券监管体制，促进多元化监管

由于我国的证券市场起步较晚、起点低，现阶段缺乏实行自律型监管体制的基础条件，必须依靠政府的强力推动和法律的严格规范才能使其迅速发育成熟并稳定有序地运作。因此，我国在设计证券监管体制的基本框架时，应适当借鉴英美等国的先进经验，采取以法定型为主、自律型配合的证券监管模式。即从总体上采取法定型监管体制，由中国证券监督管理委员会对全国证券市场实行统一管理，并制定一整套证券法规，对证券市场及其参与者活动进行严格的规范和制

约。同时在法定监管体制中，纳入证券交易所、证券业协会等自律机构的自我管理。

（二）加强对内幕交易行为的处罚力度，加大内幕交易的法定成本

内幕交易之所以屡屡发生，关键在于现有的法律规定处罚较轻，使其收益远大于成本。因此，我国可借鉴国外先进经验，一旦发现存在内幕交易，不仅要对企业进行处罚，还要对当事方处以退还内幕交易所得及高额民事赔偿的处罚，同时承担刑事责任，使其“付出远远大于所得”，使内幕交易行为的违法成本足够补偿受害者所遭受的经济损失。这样，必须加强执法力度，提高内幕交易行为的被追究率。在内幕交易法定成本既定的情况下，内幕交易的被追究率的高低直接影响其治理效果的好坏。因此，政府部门应建立起强有力的实施保障机制，使得相关法律行为能够执行到位。我国资本市场对内幕交易的处罚率低，处罚时效性不足，处罚力度小等削弱了相应法律法规处罚的威慑力，增加了市场违规交易者的侥幸心理，降低了违规交易风险与成本，从而使得内幕违规交易成为市场默许的获利潜规则。

（三）强化诚信建设和职业道德建设

证券市场需要制度安排来约束参与者和监管者，行业规范健康有序地发展，诚信和职业道德是基础。强化诚信建设首先从诚信教育入手，要进行相应的专题培训，包括警示案例分析等形式，通过培训教育增强大股东、董事、监事和高管人员的诚信理念，建立上市公司诚信评价体系，证券监管机构对上市公司诚信状况进行定期考核。同时在行业内部建立行业公示制度，证券监管部门要及时向社会公示不讲诚信的公司，加大违规处罚力度，经过审核的诚信较差的上市公司，要进行停市整顿或坚决予以退市，对由于董事、监事及公司高管人员诚信缺失给投资者造成的损失应由其承担相应的赔偿责任。

（四）树立价值投资理念，规范大股东减持

针对我国投资者价值投资理念缺乏，投机现象较重的情况，我国应密切关注熊市行情下内部人员持有股票的减持交易行为，特别是要对熊市行情中控股股东的大规模减持及清仓式减持情况进行重点关注和实时监控。对于国有企业，由于实际控制人的缺失，应重点关注管理者的减持行为，加强对管理者减持交易行为的约束；而对于民营企业，则应重点对公司控股股东的减持交易行为进行监管，防止控股股东通过大额减持或清仓式减持交易侵害中小股东利益的行为发生。

（五）加强信息披露监管制度，规范上市公司的信息披露行为

上市公司的信息披露必须做到及时、有效和充分，各种重要的经济信息的披露也应充分、有效、及时、均匀。关于信息的及时性方面，应考虑通过强制实施上市公司电子化信息申报制度，使做出信息申报与信息生效并向公众公布等行为时间间隔缩短，使利用内幕消息获利的可能性降低。

第四章 上市公司内幕交易与信息披露机制关系的效应分析

信息披露机制的完备性对于上市公司内幕交易具有重要的影响。充分的信息披露是资本市场理性投资的基础，如果资本市场信息不充分，或者信息失真，投资者不能及时、完整、准确地了解市场信息，就会扭曲市场行为和市场功能，也为内幕交易或市场操纵带来便利的条件，因而各国证券市场现在都比较重视信息披露制度的建设。

第一节 信息披露制度及完善

信息披露现在已经是证券市场信息传递最有力的工具，同时也向投资者提供真实的公司信息，对投资者的投资决策有着十分重要的作用。高质量的信息披露是证券市场得以健康发展的基础，然而，众多的信息披露违规行为严重破坏了证券市场的生态发展秩序，同时损害了广大投资者的切身利益。我国证券市场虽然起步相对较晚，但是证券市场在我国也已有二十多年的成长历史，我国证券市场也在不断地发展壮大，现已形成了包含法律法规、规章制度在内较为完善的信息披露制度体系，为我国信息披露制度的建设提供了法律保障。

一、上市公司信息披露制度

上市公司信息披露制度的建立是证券市场发展的必然过程，在信息制度的公开披露方面是一个持续循环的过程。我国从传统的计划经济体制到现今的社会主义市场经济体制，股份制改革取得了较快的发展，为企业直接融通资金提供了良好的融资平台。上市公司作为社会公众公司，具有良好的群众基础，其发展的一举一动会直接牵动着中小投资者的敏感神经，作为上市公司的社会公众股东，有责任，有权利，也有义务知悉上市公司的真实运营情况，上市公司信息披露制度为股东提供了一个了解公司信息的渠道。

根据信息披露意愿的划分标准，上市公司信息披露可分强制性信息披露和自愿性信息披露两种。我国现在执行的主要是强制信息披露制度，信息披露也多以强制信息披露为主，辅之以自愿性信息披露，但在实际执行中自愿性披露信息较少。对上市公司来说，很多信息是相关法律法规中明确必须强制要求披露的，这样，上市公司应当必须履行法定的披露义务，而不能够自行选择是否披露，我们称之为强制性信息披露。中国证监会针对上市公司信息披露制度的规章制度《上市公司信息披露管理办法》，详细颁发了上市公司所必须披露的内容。虽然上市公司与股东形成的契约关系，要求上市公司尽职、尽责、有义务兑现招股说明书中的承诺，但相对契约关系，法律法规对其行为有着更加严格规范的约束。在证券监管部门的相关法规约束下，上市公司能够自由裁量和自行发挥的空间较小。对于所要求的强制性信息披露，上市公司所披露的信息并不是选择后的结果，而是法律规定的一种必然结果。上市公司依法依规披露相关信息，并对其真实性、完整性、合法性和准确性承担责任。

我国现在实施的上市公司信息披露制度是与我国资本市场发展的实际国情紧密相连的，它主要有以下几个方面的原因：第一，我国作为发展历史较短、成长速度较快的证券市场，可积累的实践经验有限，实施上市公司的强制信息披露不仅可以更有利于证券市场的平稳发展，而且还可以更好地保护中小投资者的合法权益。在上海证券交易所和深圳证券交易所成立之际，按照市场先行的总体指导思路，后续的监管措施通常都是在发展过程中发现问题后才逐渐进行完善的。这样，当时对上市公司信息披露的监管基本上是处于一种探索状态。1992 年中国证监会的成立，标志着我国对证券市场的监管进入一个逐步规范的阶段，但上市公司内幕交易和虚假信息披露仍然屡禁不绝，侵害投资者合法权益的行为源源不断。中国证监会借鉴国际证券市场发展经验，规范和修订相关上市公司信息披露的制度和准则，使得上市公司的信息披露形式和内容逐渐以法律、法规等具有强制性的约束手段来确定下来。第二，我国长期实行的是高度集权型的行政管理体制，在对证券市场的监督管理方面，仍然以垂直管理为主，如中国证监会对各省、市、自治区的派出机构负责管理，派出机构对其辖区内的上市公司实施监管，各派出机构需要向中国证监会负责。同时，在上市公司的信息披露方面，通过自中央到地方的行政权力来颁布相应的法律、法规制度，有利于对证券市场的整体发展进行监管。

根据信息披露制度的不同阶段，可以将上市公司信息披露分为上市前的信息披露和上市后的信息披露，具体来讲，主要有以下几个方面的内容。

（一）上市前信息披露

1. 招股说明书

招股说明书是发行人按照依法规定的格式、内容和程序，事先向社会公众投资者公开发行人的相关信息，并希望社会公众投资者认购公司股票的规范性文件，本质上属于一种要约邀请。其特点是招股说明书所记载的内容、格式等均有法律明文规定，发行人要对所记载的事项做出直接承诺，并需披露有关股票的各种信息。各个国家的发行审核机制不同，但通常是发行人的招股说明书需要在证券监管机关审核或者注册后才可对外公布。国际上一般实行的有两种发行模式：第一是以美国为代表的完全信息披露制度，即注册制或申报制；第二是以欧洲地区为代表的实质性审核制度，即核准制。而我国从中国证监会成立以来一直采用的是核准制，从证券市场的未来发展来看，实行发行注册制将是一种趋势。

2. 募集说明书

招股说明书针对的是新股发行即 IPO，而募集说明书则主要是上市公司发行的公司债券、配股、增发新股、发行可转债等再融资行为。募集说明书可视为上市公司与投资者的一种契约，上市公司所募集的资金必须依照募集说明书承诺的用途使用，不得挪作他用。

3. 上市公告书

上市公告书是指由证券交易所颁发的拟上市公司在其证券上市前应提交并向社会公众投资者公告的相关上市证券情况的报告，我国现在信息披露的内容在公司上市前需要经过中国证监会审核批准。为了获取上市资格，达到上市标准，部分拟上市公司可能会对相关需要披露的信息内容进行过度包装，甚至铤而走险，为上市进行包装，采用虚列资产、虚增收入、虚报利润等各种造假手段从而达到上市要求，如万福生科，在上市之前虚增收入 7.4 亿元，虚增净利润 1.6 亿多元，骗取上市资格，从而构成欺诈发行股票罪。在中国证券市场上，劣质公司即使采用会计造假手段而能够顺利上市，后期通常会出现重大亏损，如 2014 年登陆创业板的欣泰电气，为其审计的会计事务所 2014~2016 年连续三年拒绝出示审计意见，欣泰电气 2015 年净利润骤降 85%，2016 年出现巨额亏损，涉嫌过度夸大财务状况而被停牌直至退市。上市公告书作为上市公司初次信息披露的试金石，如果在初次信息披露中财务造假，其后续披露中财务造假或舞弊的可能性会非常之大，万福生科如此，绿大地文也是如此。

（二）上市后的持续信息披露

公司上市后的持续信息披露主要是定期报告和临时报告，定期报告包括上市公司的年报、中报和季报，临时报告包括上市公司发生的资产重组、重大投资、抵押担保、重大法律诉讼等。

1. 定期报告

定期报告的信息披露是上市公司信息披露最为重要的内容之一，也是中国证监会和证券交易所重点监管的内容。这其中最为重要的是年度报告，年度报告主要有两种监管模式：第一是美国的监管模式，规定在资产总额和股东人数达到特定数量时才需要披露年度报告；第二是日本模式，所有上市公司都必须披露年度报告。我国当前实行的是日本模式，这会更加有利于保护投资者的合法权益，保证对上市公司的持续性监督。按照中国证监会2014年最新修订的《公开发行证券的公司 信息披露内容与格式准则第2号——年度报告的内容与格式》的规定，上市公司年度报告分为十二节，主要内容为：公司简介、会计数据和财务指标、董事会报告、重要事项、股份变动及股东情况、董监事及高级管理人员和员工情况、公司治理、内部控制、财务报告等。上市公司可以根据实际情况，参照上述的基本格式，做些适当的修改。上市公司的半年报和季报，其主要内容应包括财务数据指标、经营情况、资本变动、股东变动和其他一些重大事项等。

2. 临时报告

临时报告主要是用于定期披露的补充，充分保证上市公司信息的时效性，让社会公众投资者尽早知悉公司的相关信息以做出正确的投资决策。我国对临时报告的信息披露标准主要是采用“重大性”和“及时性”两个标准，中国证监会颁布的《上市公司信息披露管理办法》对于上市公司重大事项的内容有针对性地列举了21种不同情况。

在上市公司持续性信息披露中，最重要的是上市公司的年度报告。因为年度报告反映了上市公司一年来的资产状况、经营绩效及现金流量等信息，这些信息与公司的证券价格有着密不可分的关系，财务报告及会计数据的高低会直接影响公司股票价格，为此，中国证监会发文规定上市公司的关联交易和资产重组归属于临时性公告范围，同时严禁注册会计师进行内幕交易而在上市公司审计时买卖该公司股票及在年度报告正式披露前泄露相关内容。

二、信息披露违规

信息披露违规是指上市公司在对外披露公司信息时，未按照法律法规的要求及时、准确、完整披露，或者隐瞒公司重要信息以及对信息的编制和对外提供时弄虚作假等行为。信息披露违规从根本上违反了投资者的合法权益，阻碍了证券市场的正常运行和社会资源的有效配置。

（一）信息披露原则

证券市场监管过程中最重要的一个手段便是信息披露，因此，对于信息披露的相关内容和执行过程，都必须严格遵守我国相应法律法规。信息披露制度作为法定规范体系，需要遵守以下几个方面的原则。

1. 真实性原则

在上市公司信息披露的原则要求中，最本质的要求便是所披露的信息必须真实可靠，提高信息披露的质量，为投资者的决策提供高质量的决策依据。对信息披露的真实性要求必须做到在对公司情况的描述上真实，不得扭曲客观事实描述，评价公司自身发展、经营情况时要依据事实评价，评价要遵守客观事实，评价的逻辑性必须合理，在对公司未来发展前景和经营情况进行预测时必须建立在合情、合理、科学的逻辑之上，不能盲目制定预测标准，必须从实际出发，根据公司自身情况进行规范合理的预估。

2. 充分性原则

充分披露是要求上市公司在披露信息时做到以下要求：不得有任何的隐瞒与遗漏对广大投资者决策起到重大影响的相关信息，必须无保留地向广大公众披露，既包括上市公司的正面信息也包括其负面信息。充分性的要求并不是让上市公司把所有的信息全部都向投资者披露，而是披露对投资者投资决策能够发生重大影响相关资料信息。同时，充分披露包含了以下三个特征：第一是完整性，在上市公司向投资者乃至广大公众披露信息时，对于能够影响投资者决策的信息必须要在相关的披露报表中无保留、无隐瞒地全部披露；第二是重要性，美国是这样定义重要性的：信息披露时，相关的信息遗漏或者错报可能直接对依赖这一信息的投资者的决策造成重大影响，那么，这一信息的披露必须遵守重要性原则；第三是保留空间：在一些特殊的情况下，由于上市公司的某些信息属于商业机密或者对公司的后续经营能够产生重大影响，尽管这些信息有可能会对投资者的决策起到影响作用，但是如果上市公司一旦披露，则可能会给上市公司带来严重的经济后果或者难以弥补的损失，因此，根据相关法律规章制度以及证券监管机构的规定，此类信息可以不予披露。

3. 准确性原则

不易误解、容易理解是准确性原则的核心，上市公司披露相关信息时候一定是明白确切的，不得使人产生误解的，强调所披露的信息对于披露方和信息使用方都能够准确理解，不可能存在理解差异。

4. 及时性原则

对上市公司信息披露的时间要求上，必须在法律法规规定的时间内向广大公众披露相关信息，减少上市公司延迟披露可能带来的内幕交易等违法违规行为。对于上市公司发生的重大事件必须第一时间发布公告以使得投资者能够及时了解上市公司的情况。

5. 公平性原则

在上市公司对外披露公司相关信息时，必须对所有的信息使用者披露同一质量、同一内容的信息，不得对特定投资者或者利益相关者披露特殊信息，必须保证披露信息的一致性，使广大投资者都能够公平地获得同一质量的披露信息。

（二）信息披露违规类型

跟着证券市场的逐步发展，上市公司信息披露违规的类型也越来越多，如果按照变现形式，可以把信息披露分为延迟披露和虚假陈述两大类。延迟披露是指上市公司在法定时间内没有按期披露的推迟披露的行为。虚假陈述则是指公司在披露可能对投资者决策造成重大影响的信息时，没有按照公司实际情况向投资者披露或者在披露的相关信息中故意使用具有误导性的语言进行陈述，进而迷惑投资者，甚至对一些重大事件不予披露。虚假记载主要包括在对有关信息进行陈述时采用不真实的虚假表述和对公司实际经营利润的虚假更改以及对公司内的资产进行虚假记录等。误导性陈述即上市公司信息披露的内容中，虽然遵守了信息披露制度的真实性原则，但是由于言语表达上的模糊或者歧义性，可能会使不同的投资者对这一表述产生不同的理解，进而影响投资者的决策。因为误导性陈述属于虚假记载，是虚假记载的一个特例，所以，对信息披露违法违规的类型可以概括为：虚列利润、虚列资产、虚假叙述、重大遗漏、延迟披露五种情况。

1. 虚列利润

虚列利润即上市公司利用会计舞弊手段，虚拟增加企业的净利润的行为。如万福生科通过虚增应收账款的方式虚增公司营业收入高达 7.4 亿元，于 2012 年 11 月份被公开谴责。2012 年半年报中虚增的项目有营业收入、营业成本和营业利润，分别是近 1.90 亿元、1.50 亿元和 4000 万元。紫光古汉在三年的时间内虚增公司 5000 万的利润，主要是通过降低财务成本及虚开发票等方式实施。

2. 虚列资产

虚列资产即上市公司通过运用不法手段虚增或减少企业资产的行为，一般情况下，虚列资产会引起虚列利润的同时发生。如云南绿大地在其招股说明书中虚构资产 3 亿多元。

3. 虚假叙述

虚假叙述是指除去虚列资产和虚列利润后虚假记载行为以外的其他虚假信息披露。如北大荒公司自 2011 年至 2012 年间，向房地产公司借了近十亿元资金，却没有按照信息披露原则如实向外界披露这一重大事件。

4. 重大遗漏

重大遗漏即信息披露文件中没有按照法律法规、相关文件的要求记载需要记载披露的信息。如南大光电 2012 的前三个季度，其公司的实际利润和上年同期相比下降了 40%，然而南大光电却没有如实在相关的信息披露中予以披露，同时在该公司的招股说明书中也没有提及这一事项；振东制药由于关联方占用了 3000 多万元的资产，但却没有在相关报表中进行披露；佛山照明没有按照信息披露的重要性原则披露其在 2010 年至 2011 年间通过关联交易和关联方之间的共同投资以及增资带来的 2.4 亿多元的营业收入这一重大事项。

5. 延迟披露

延迟披露是指上市公司在法定时间内没有按期披露的推迟披露的行为。如五粮液集团对在中科证券投资的披露不及时，从 2007 年中科破产到 2009 年，时隔两年五粮液集团才对这一事项进行披露。

（三）信息披露违规的危害

高质量的信息披露是证券市场得以健康发展的基本要求，大规模的信息披露违规行为，严重扰乱了证券市场的正常运行，对证券交易的安全性和公平性都造成了较大的威胁，其影响结果主要有以下几种：

1. 损害上市公司形象

一旦证券监管部门查处并公布某上市公司在信息披露方面存在的违规行为，便会严重损害上市公司的诚信形象，进而导致投资者对该上市公司后期所披露的信息都存在质疑，严重影响上市公司正常的经营活动。随着经济的不断发展，一个公司的诚信度不仅影响着这个公司的形象，更是一个公司无比重要的无形资产，在对以往存在信息披露违法违规的上市公司所进行调查研究发现，其最直接的影响就是其股票价值比同等水平的提供高质量的上市公司的股票价值低很多，诚信的缺失给上市公司带来的严重影响还有对后期的经营管理，比如在后期的配股、增发等再融资方面和银行贷款方面，都会遇到较大的困难，因此可能导致公司的经营受阻，甚至面临 ST 及退市的可能。

2. 损害投资者利益

大多数投资者都是建立在对上市公司信息披露真实信赖的基础上，进行股票投资决策。然而，当上市公司披露的相关信息存在严重的违法违规现象时，便会对投资者造成较为严重的经济损失，再加上部分信息公告时机的不对称，广大的中小股东明显在信息的取得上处于不利地位，上市公司的虚假信息很可能导致投资者产生逆向选择的行为，进而去选择那些实际情况更加糟糕的公司，最终付出惨重的代价。然而，对于某些具有信息优势的机构投资者或者其他投资主体却能通过内幕交易获得超额的违规利润。由于上市公司虚假的信息披露或者舞弊行为给投资者造成了重大损失，无疑会极大地打击广大投资者对证券市场参与的信心。如若投资者对上市公司发布的信息无法判断真伪以及难以预测其盈利或亏损的可能性，那么广大的投资者会对证券市场中的信息失去信任，甚至产生绝望，进而退出市场，证券市场也将会逐渐退化成为一个极少数人员参与的僵尸市场。

3. 产生违规交易

上市公司信息披露违规往往是因为金融欺诈、内幕交易而产生的，虚假陈述、延迟信息披露等违规披露行为都是在为上市公司违规交易争取时间。比如永安药业在相关部门对其已经下达了有关限期整改污水排放通知后的相当长的一段时间内，都没有向广大公众在相关的信息披露中披露此事项，同时，在隐瞒此事项的期间内，公司内部的部分高级管理人员提前得知内幕消息而大量抛售手中所持的股份，致使获得大额的违规收益，严重损害了中小股东的利益。永安药业延迟披露公司重大事项的违规行为主要就是为了能够有足够的时间给公司高级管理人员抛售股票。因此，必须加强对上市公司信息披露制度和内幕交易的监管，加大对信息披露违法违规和内幕交易行为的打击力度。

4. 扰乱市场秩序

虽然我国证券市场目前已取得了飞速的发展，在信息披露制度方面的律法也相对趋于完善，但是我国证券市场仍处于初步发展阶段，仍存在很多不足之处，证券市场的相关法律法规建设还有待进一步完善和提高，信息披露违法违规现象还是不断出现。诸如早期的蓝田事件、琼民源事件、银广夏事件、郑百文事件以及近期的万福生科、欣泰电气和登云股份事件等。层出不穷的上市公司违法违规行为严重侵害了广大投资者的权益，对证券市场的正常运行造成了极坏的恶劣影响，严重扰乱了我国证券市场的秩序。

三、我国上市公司信息披露监管现状

当前，我国国民经济发展势头总体良好，全面深化国有企业改革的道路还很漫长，资本市场的发展空间依然很大。我国沪深交易所上市的上市公司数量至2016年底已超过3000家，对诸如上市公司的资产重组等事项，参与方一般会比较多，且从起步到完成重组时间会较长。在上市公司资产重组过程中，内幕交易问题时有发生，随着我国资本市场的跨越式发展，各种复杂问题也会呈现出新的特点，证券监管部门需要与时俱进，解决好发展中的难题。我国证券市场初始的设立就是由政府高度参与的市场，发行人、投资者、中介机构对政府政策的依赖度较高，尽管随着市场化改革的不断深入，这种状况有一定改善，但由于我国资本市场自身的约束机制和激励机制都不健全，市场参与主体缺乏自我约束动力，处罚机制如行政处罚制度、刑责追究制度和投资者赔偿制度等缺位，社会自律组织难以对市场发挥有效监督，资本市场的日常运行主要依靠政府的行政监管来运作，这种局面已很难适应资本市场日新月异的发展需求。

（一）监管部门独立性和效率亟待提高

中国证券市场已经发展了二十多年，对证券市场的各项监管制度不断完善，监管机构的职能也更加明确，证券市场监管取得了较大进步。但在我国证券市场上各种内幕交易案如银广厦、蓝田、万福生科、绿大地等上市公司前赴后继出现在公众的视野之中，这些屡屡发生的上市公司内幕交易案件，证明我们对证券市场的监管确实还存在着缺失和不完善。如在独立性上有可能受到其他行政管理部门或高级别人员的影响，特别是中国证监会派驻在各地的证监局，在对当地上市公司执行监管的过程中可能会受到一定的限制。监管部门在监管过程中有时需要地方法院的协助，尽管中国证监会有法可依，但在具体执行时会出现执法力度的不足，造成对违法违规者难以达到预期的惩戒效果。

随着上市步伐速度的不断加快，上市公司数量迅猛增加与地方证券监管人员的缺乏形成明显对比，从辖区内公司的上市前辅导到上市后的监管，需要大量的专业监管人士。由于监管人员配比度不高，如遇到个别公司现场监管或者调查内幕交易案件，所花费的人力、物力和财力将是无法预计，一家公司从立案调查到最终的行政裁决，监管机构所花费的时间会相当长。上市公司在履行上市义务过程中介于对监管部门的威慑，很少有上市公司主动向监管部门请求予以窗口指导，同时公司对于监管的规章制度并不十分清楚，这样要提高工作效率，必须按照“三公”原则，不断加大监管力度，减少不必要的行政审批。监管机构之间不仅要相互配合，协同监管，同时要明确责权利的划分，避免职责和权利的重叠及相互推诿扯皮的现象发生。在日新月异的市场发展格局下，证券市场作为一个专业化水平要求较高的市场，对于市场参与者和监管层都有着非常高的知识要求，同时未来金融国际化和混业经营都对监管层从监管设计到监管人才培养提出了更高的要求。目前我国监管队伍的建设落后于市场要求，存在高等级人才向市场单向流动的趋势，这对于监管十分不利，需要政策的引导和配套措施的加强。

（二）监管观念有待突破

中国证券发行市场 IPO 实行的是核准制，股票发行核准制最大的一个特点就是“重审核，轻监管”，争取 IPO 犹如千军万马过独木桥，这在一定程度上助推了一些公司为 IPO 而疯狂造假，IPO 之后为了避免 ST 和退市更是无所而不为。重核准可以理解为对社会公众投资者的负责，但上市后的监管同样应引起高度重视，公司 IPO 上市必然是逐利的，如果放松对其监管必然会导致各种违法违规事情发生。另外，证券市场监管政策的制定、出台均落后于市场，许多监管政策是被市场倒逼而推出的。证券市场中，有少数投资者会根据监管部门的周末通报会及一些意向性建议来揣摩证券市场的发展趋势，并以此来指导个人的投资行为，而并非根据相关上市公司的经营业绩来决策，一旦发生账面亏损，则将责任归结为监管不力，监管部门将会受到来自各方面的压力而采取救市行为。证券市场上，绩优公司与绩差公司并存属于正常现象，投资者所期望的回报率显然是高于银行无风险利率的，这就需要投资者所承担的风险增大。对于在“公开、公正、公平”规则下所导致的投资者损失是理性的，也是可以接受的，否则，证券市场将沦为只赢不输的市场，这与投资经济理论是相悖的。监管部门对市场过多的干预指导，不利于证券市场资源配置功能的发挥。

（三）外部审计监管队伍有待加强

中介机构作为社会监管的重要力量，集独立性与专业性于一体，中介机构中的律师事务所、会计师事务所、评估事务所与上市公司日常事务紧密相关。但中介机构的服务质量和服务意识还有待提高，如对上市公司进行会计审计时，注册会计师不能够完全按照执业规范来实施规定的审计程序，或在会计审计过程中重形式而轻实质，在没有获取相应的证据链时迫于人力、财力及其他压力而给出不谨慎的审计结论。对在财务报表中虚增收入、虚列资产和虚增利润、少计成本等现象，会极大增加投资者使用上市公司财务报告而作出不恰当投资决策的风险。利安达会计师事务所在对天丰节能 IPO 审计的时候，因未能勤勉尽责，未能发现其银行对账单有误，最终因天丰节能招股说明书存在重大信息披露问题，被终止上市核查，而为其服务的中介机构利安达会计师事务所、北京竞天公诚律师事务所和光大证券也都被证监会行政处罚。对于审计机构，审计失败不仅会影响声誉，严重者可能被吊销业务许可。因财务造假影响较大的绿大地及万福生科，其审计单位深圳鹏城会计师事务所和中磊会计师事务所就被相关部门吊销了证券行业服务许可并走向合并或瓜分的厄运。

政府监管部门要加大整顿中介机构的违法秩序，只有中介机构不断做到尽职尽责，努力提高其执业质量，才能提高整个监管市场体系的威严。如果中介机构与上市公司沆瀣一气，不仅破坏证券市场的运行秩序，还会加大政府监管的监督成本，甚至影响证券市场全局性的健康发展。

（四）投资者结构和素质亟待提升

虚假信息披露屡禁不绝的原因之一是上市公司的虚假披露的预期收益大于成本，这当中，投资者对于虚假信息的辨别能力对上市公司有重要影响。虚假披露的真实意图之所以没有被拆穿，是因为多数投资者还不具备识别真实信息的能力。因此，建议提升机构投资者比例及提高投资者个人素质。国内证券市场的参与者主要是中小投资者，而国外成熟证券市场中的参与主体是机构投资者。机构投资者与中小投资者相比较，具有无法比拟的优势：在资金体量方面，机构投资者具有规模大、抗风险能力强等优势；在人才素质方面，机构投资者集中了大量的优秀专业人才，其深厚的研究分析能力是其进行价值投资的基础，也是其财富增值的保障；在投资理念方面，与中小投资者的追涨杀跌行为相比较，机构投资者的科学投资和价值投资理念更加有利于市场的稳定；在法律保障方面，机构投资者也有着足够的实力和经验通过法律来维护自身的合法权益。在我国必须大力发展机构投资者，逐步扩大基金规模，持续推进养老基金及企业年金等长线资金入市，尽快形成以机构投资者为需求主体的证券市场，这将有利于改善我国部分上市公司一股独大的局面。同时，提升投资者的专业素养，降低其投机行为，使证券市场逐步回归理性，以有效防止诸如 2015 年所发生的股市雪崩事件。

（五）中小投资者保护机制有待完善

与欧美等发达国家的证券市场相比，我国对中小投资者保护方面还存在比较多的问题。从投资者的构成上看，美国证券市场以机构投资者为主要参与者，而中国证券市场以中小投资者为主，其大部分投资理财知识匮乏，多数不知道如何分析财务报表，如何了解上市公司经营状况。没有针对投资者的法律教育和风险意识教育，甚至有专家称证券市场的“赌场论”。在证券市场上表现出极大的投机性，对于投资者自身原因导致的投资损失，可由投资者自己承担，这是理所当然的，但对于诸如信息披露、内幕交易所带来的投资者投资损失，当前仍然没有很好的投资者保护机制。我国《民事诉讼法》中实行“谁主张，谁举证”的原则，以个体投资者的力量，很难依靠个人的力量用法律维护自己的权益，对于损失不是特别大的投资者甚至可能在维护自身权益的过程中，会出现所付出的成本远远大于收益的情况。如国美电器创始人黄光裕 2010 年因内幕交易而获罪，而对于投资者来说，从 2010 年至 2012 年，历经两年多的时间，漫长的诉讼及等待，但结果却是原告败诉，黄光裕无须赔偿。因此，虽然投资者可以通过法律来维护个人的权益，但耗时长、成本高、结果不确定性、风险大等特点，使我国中小投资者在合法权益受到侵害时普遍采取默认态度，对中小投资者的保护道路还很漫长。

四、上市公司信息披露存在的主要问题

（一）上市公司信息透明度较低

信息透明度是指上市公司财务与管理信息的对外公开程度，它主要取决于上市公司强制信息披露和自愿信息披露的度量程度。上市公司的信息透明度不仅影响公司股票价格，而且还影响内部人员利用内幕信息进行内幕交易的动力，进而影响到内幕交易行为。内幕交易行为的发生主要取决于内幕人员具有的信息优势，而内幕人员信息优势的获得在很大程度上正是由于上市公司信息透明度较低，使得部分内幕人员能够提前获取内幕信息。而低的信息透明度会导致信息效率的下降，使得信息的传递和扩散速度下降，内幕人员可以利用上市公司重要信息产生和正式公布之间的时间差进行内幕交易，以获取利益或规避风险。而中小投资者由于无法及时获得真实有效的信息而处于信息劣势，在交易中处于非常不利的地位。目前，我国尚未建立起一套公开、公正、透明、公平、清晰的信息披露制度体系，上市公司信息披露的及时性、真实性、完整性有待完善，使得信息透明度不高，为内幕交易的滋生提供了沃土。由此可见，我国上市公司信息透明度低的问题为内幕交易的产生提供了良好的土壤。

（二）投资者之间的信息不对称

在中国股票市场，由于存在信息披露制度不完善、信息传导机制不畅通、监管理念滞后以及执法力度弱化等，投资者之间存在着较为严重的信息不对称现象。由于信息的传导存在着时间和空间方面的差异，投资者要优先获取信息，就必须付出一定的信息成本，主要是获取信息的时间成本和资金成本。而不同类型的投资者在人才、资金、技术、信息渠道等方面的差异，使得获取信息的途径和能力也各不相同，从而导致不同类型投资者的信息成本存在着极大差异。通常来说，信息成本低的投资者可以通过各种渠道提前获得上市公司尚未公布的内幕信息而具有信息优势。他们可以根据所获取的内幕信息进行内幕交易，即利用利好信息在公布之前买进股票而获利，利用利空信息在公布之前尽早抛出股票而规避股价下跌的风险。而信息成本高的投资者则难以提前获取相关的内幕信息，无法在合理预期的基础上作出理性的投资决策，只能依赖于市场所提供的公开信息作为投资的基础。信息劣势决定了这部分投资者在股市中的弱势地位，往往成为内幕交易的牺牲品。研究表明，投资者之间的信息不对称性越严重，内幕人员的信息优势越明显，越容易发生内幕交易行为。

（三）政府部门立法滞后

1. 信息披露的法律制度建设亟待完善

近年来，随着国民经济的快速发展，我国上市公司的数量在飞速增长，仅2017年上半年即新增上市企业247家，上市公司之间相互持股的现象也习以为常，这样，关联方也越来越多地出现在上市公司之间。同时，我国上市公司中，有一部分是通过原国有企业改制而来的，由于我国特殊的国情，决定了国有公司中股权结构、所有权缺位等现象较为明显。因此，在我国上市公司的运营中，关联关系非常繁杂，在上市公司之间、母公司与子公司之间、子公司与子公司和孙公司之间等多重的关联方存在，使得关联关系的可能性进一步扩大。同时由于关联方的数量众多，造成了关联交易的隐秘性和复杂性，使得广大投资者难以在其披露的相关报告中察觉。虽然我国在遏制关联方交易方面出台了相关法律法规，但是对上市公司的约束制约作用不明显，相关法律法规过于宽泛，且通常以形式重于实质来判断上市公司的违规行为，法律约束力难以达到预期的效果。

我国对上市公司信息披露的监管，政府监管经历了三个阶段。即第一是以市场为主导、发挥自主监督作用的自愿性披露阶段，第二是受政府严加管制、强制性要求披露的强制披露阶段，第三是政府和市场两者共同作用的综合披露阶段。当今，西方发达国家信息披露方式已处于综合披露阶段，由于其证券市场发展已经较为完善，相关法律法规和规章制度也已非常成熟，上市公司在这种背景下，通常会主动披露公司的财务发展指标、企业经营状况、内部治理结构以及企业未来的发展规划等全部详尽的信息，使得投资者能够充分了解上市公司的运营情况，做出科学、合理的决策。然而我国证券市场仅有二十多年的发展历史，各方面还处于探索的状态，对上市公司信息披露的形式还处于低效的强制性披露阶段，对于上市公司披露的本公司的相关信息，都是在政府监管部门的监督下强制要求披露的，对于中国证监会及交易所没有明确要求的相关信息，上市公司则很少披露甚至一点都不披露，这就极大降低了中小投资者对上市公司整体运营情况的了解和把握程度，带来投资者决策失误，损害投资者利益的状况发生。

近年来，我国虽不断加大资本市场的对外开放，但和发达国家相比较，我国证券市场的制度建设还相当落后，在国际上的竞争力明显不足，因此必须加快相关法律法规的建设，不断完善和提高证券市场的整体水平，促进我国上市公司在国际市场的竞争力。

2. 违规违法处置过多依赖行政处罚

我国证券监管部门在对上市公司信息披露违法违规行为给予处罚的时候，通常以行政处罚为主，对上市公司的民事责任和刑事责任处罚则很少。而且，我国对上市公司违规行为的行政处罚程度较轻，最高处罚金额只有 60 万元，这和上市公司因违法违规行为所带来的不当所得相比相差甚远，大大降低了上市公司的违规成本，同时也使得上市公司更加无所顾忌地进行违法违规行为。另外，根据最高人民法院规定，投资人在遭受经济损失后，必须要提供法院的裁判书或者证券监管部门的处罚决定，才能对上市公司提起民事诉讼，这样中小投资者很难得到相应的赔偿。因为这无疑加大了投资者保护自身利益的前提条件，使得很多上市公司的违法违规行为仅仅受到政府监管部门的行政处罚，而不能够追究其责任人的民事责任。同时也使得中小投资者在遭受严重的经济损失时，以至于在相关监管部门对违规上市公司进行立案调查时，中小投资者参与举证的积极性严重不足。

（四）中介服务机构独立性缺失

上市公司的信息披露，通常是以披露财务信息为主，对公司治理、社会责任承担状况、经营情况等非财务信息则多以辅助性信息出现在财务报表中。然而，随着经济的持续飞速发展，上市公司的数量越来越多，上市公司间的关联度也越来越繁杂，其交易活动的隐秘性和复杂性以及会计处理方法的多样性，使得一般投资者根本无法凭借自身的知识来充分了解上市公司财务信息等方面的情况，更不用说投资者对上市公司在日常经营活动中的监督和评价。因此，在上市公司披露的信息中，尤其是财务信息方面，就必须依靠具有专业技能的专职人员进行严格的把控和审核，这些具有专业技能的主体大多是注册会计师事务所、注册会计师和保荐人等，作为外部审核主体，他们对上市公司的审核结果及对投资者的决策影响非常之大，因此在整个上市公司的信息披露监管中起到举足轻重的作用。然而，在我国普遍存在的一个客观事实是，对于很多被处罚的违法违规的上市公司，几乎没有一个是因为中介服务机构发现或者举报的，通常是各大媒体走在了最前端，这无疑不显示了中介服务机构没能发挥自己应尽的职责。在证券市场上，中介市场是一个买方主导的市场，上市公司的董事会和高管决定了中介机构的效益，因此，很多中介机构为获取更多的市场占有率，得到更高的效益，往往对上市公司的监管和审核过于形式化甚至与上市公司合谋，严重丧失了中介机构应尽的职责，在我国相当一部分的上市公司信息披露违法违规的事件中，从不缺乏中介机构的影子。

2016 年 7 月 29 日，中国证监会对欣泰电气（ST 欣泰，300372）欺诈发行一案所涉及的中介机构兴业证券和兴华会计师事务所予以严惩。兴华会计师事务所作为审计机构，在对欣泰电气首次公开发行股票并在创业板上市期间财务报表及欣泰电气 2013 年、2014 年两年财务报表审计时，未按照《中国注册会计师审计准则》《中国注册会计师鉴证业务基本准则》要求，对欣泰电气财务报表中应收账款、应付账款、预付账款等科目明细账存在的大量大额异常红字冲销情况未予以关注，未对应收账款、预付账款等科目中部分客户未回函的询证函实施替代程序，未对银行账户的异常情况予以关注，未能发现欣泰电气 2011 年至 2014 年期间通过外部借款、使用自有资金或伪造银行单据的方式虚构应收款项的收回从而调整相应科目余额的财务造假行为。兴华会计师事务所作为欣泰电气上述会计期间财务报表的审计机构，未勤勉尽责，出具的相关财务报表审计报告存在虚假记载。兴华所上述行为违反了相关法律规定，因此，证监会决定对兴华所责令改正，没收业务收入 322.44 万元，并处以 967.32 万元罚款；对签字注册会计师王全洲、杨轶辉、王权生给予警告，并分别处以 10 万元罚款。此外，证监会决定对签字注册会计师王全洲、杨轶辉采取 5 年证券市场禁入措施，对签字注册会计师王权生采取 3 年证券市场禁入措施。

（五）证券市场的监管权利划分不合理

中国《证券法》规定，中国证监会作为上市公司监督管理的主管部门，这一规定明确了政府在我国证券市场监管的主体地位。不管对证券市场的监管由谁来把控，其主要目的都是促进证券市场的健康、稳定发展，规范上市公司信息披露制度，减少上市公司信息披露违法违规行为的产生，保护广大投资者的利益。然而，在我国，政府主导监管模式存在很多的不足之处，对证券市场监管的效率低下，在对上市公司进行监管的过程中，参与的部门太多，诸如证监会、司法部、国资委、商务部、财政部以及国家发展改革委等，过多的参与部门产生相互之间权利的分配不合理甚至权利重合的现象，在对上市公司的治理过程中，往往出现令出多门的情况，甚至相互争抢监管，当出现治理缺陷时又相互推诿，致使监督管理的效能低下，不利于证券市场的发展。同时证监会的监管权利过大，对证券市场的监督管理过程中往往是以行政命令的形式进行，政府完全主导了证券市场的监督管理权，严重压制了市场自律性调节的作用的发挥，证券市场本身应该按照自身的发展规律进行，受到市场自律的调节，同时在政府的宏观调控之下稳定有序地发展，而我国的模式则几乎是由政府主导，极易产生政府部门的“权力寻租”行为。

第二节　上市公司信息披露的制度设计与规范建设

我国证券市场一直非常重视上市公司的信息披露工作，并逐步确立了以强制性信息披露为核心的监管理念。信息披露的加强，也使得证券市场的透明度在逐渐地提高。

一、上市公司信息披露效果的影响

中国作为一个新兴的资本市场，发展时间比较短，因而还存在着一些不足。总体上来看，我国证券市场的信息披露制度主要存在两方面的缺陷，使得披露的效果难以达到更为理想的效果。具体表现为：信息披露的标准界定问题和信息披露的监督问题。

（一）信息披露的标准界定问题

从信息披露的实践来看，国际证券市场确定信息披露的标准主要有三种：一是重要性标准，二是股价敏感性标准，三是双重标准。重要性标准是以是否影响投资者的决策为标准，一项事件是否重要取决于该事件是否对投资者做出投资决策产生影响。重要性是世界各国信息披露通用的判断标准，但并没有一种明确的定义。大多数国家和地区在定义重要性标准时都参照美国的规定，但美国的规定是通过判例法来实现的。价格敏感性标准则以对股价的影响作为判断依据，信息或事件是否需要披露取决于其是否会影响上市公司的证券价格。如果证券市场对信息高度敏感，发行人的信息会迅速地反应到股票价格上，因而价格可以反映出理性投资者对该信息重要性的认识和判断。双重标准是指在判断信息披露标准时使用重要性或者价格敏感性双重标准。因为从实践角度看，重要性标准在内涵上存在一定的模糊性，并不明确，为操作带来了很大的困难；而价格敏感性标准则标准明确，容易操作。但重要性信息并不一定会引起股价波动，而价格敏感性标准则可能遗漏一些重要信息。

我国《证券法》第 67 条规定了信息披露的标准，主要有两个：一是可能对上市公司股票价格产生较大影响的事件，二是重大事件。我国《证券法》使用的标准实际上是非常严格的，需要同时满足价格敏感性与事件重大性，因此信息披露的内涵实际上变小了。有些重大事件可能并不具有价格敏感性，而有些价格敏感性的事件可能并非重大事件。由于我国实施的是大陆法系，因此难以像美国那样通过判例对重大性做出不断地修正与完善。而在价格敏感性上，又不如欧盟国家规定的明确。因此，在同时要求重大性和价格敏感性的披露标准下，很多公司就可以将一些实质性的信息不加披露，从而降低了信息披露的效果。

因此，我国信息披露的双重标准定义得很严格，可能并不适合我国现阶段的发展。在信息披露的要求上，既要少于美国等实施重大信息披露的国家，又会少于英国等实施价格敏感性标准的国家。这就给内部人有机可乘，将一些信息隐瞒或者延迟发布，也为内幕交易提供了机会。而且，在这个披露标准下，我国《证券法》第 67 条还列举了具体需要披露的 12 类重大事件。在我国现行的法律体系下，如果具体规定了这些条款，那么其他未作明确规定的条款就很难追究其责任。因此我国信息披露内容的外延实际上就缩小了。

我国《证券法》第 67 条规定：发生可能对上市公司股票价格产生较大影响的重大事件，投资者尚未得知时，上市公司应当立即将有关该重大事件的情况向国务院证券监督管理机构和证券交易所报送临时报告，并予公告，说明事件的起因、目前的状态和可能产生的法律后果。我国《证券法》第 67 条列举的需要披露的重大事件为：（1）公司的经营方针和经营范围的重大变化；（2）公司的重大投资行为和重大的购置财产的决定；（3）公司订立的重要合同，可能对公司的资产、负债、权益和经营成果产生重要影响；（4）公司发生重大债务和未能清偿到期重大债务的违约情况；（5）公司发生重大亏损或重大损失；（6）公司生产经营的外部条件发生的重大变化；（7）公司的董事、1/3 以上监事或者经理发生变动；（8）持有公司 5%以上股份的股东或者实际控制人，其持有股份或者控制公司的情况发生较大变化；（9）公司减资、合并、分立、解散及申请破产的决定；（10）涉及公司的重大诉讼，股东大会、董事会决议被依法撤销或者宣告无效；（11）公司涉嫌犯罪被司法机关立案调查，公司董事、监事、高管涉嫌犯罪被司法机关采取强制措施；（12）国务院证券监督机构规定的其他事项。

（二）信息披露的监督问题

我国虽然已经对信息披露做出了较为详细的规定，但是对信息披露的监督相对来说还是比较薄弱的。上市公司即使不按照规定披露信息，受到的处罚一般也很小，因而很多上市公司的违规披露已经成为了理性的选择。这就是说，如果只有信息披露制度，而缺乏相应的法律责任和监管制度，信息披露制度将会成为空洞的条文，难以产生实际的效果。

信息披露制度的目标是实现充分披露交易的经济实质，但是由于利益冲突的存在，通常情况下并不能保证信息得到充分有效的披露，上市公司通过隐瞒、发布虚假信息或者其他管理行为来操纵信息披露制度，从而影响市场定价机制。当定价机制受到影响时，投资者的权益即会受到直接的影响，因而投资者最有动力去监督公司的信息披露工作。然而，在我国证券市场，由于缺乏集团诉讼、股东诉讼及举证责任倒置等法律制度，投资者并没有合适的渠道来监督上市公司的信息披露。即使一些投资者提起诉讼，也难以得到有效的结果，而且个人诉讼的成本过高，使得普通投资者难以行使监督上市公司信息披露的权利。因此，完善信息披露的监督机制，提高上市公司违规披露的成本，才能从根本上促进上市公司信息披露的有效性。

我国证券市场的信息披露机制，一方面，由于披露标准的模糊性和双重性，使得其披露的内涵和外延都在变小，使得上市公司可以合理地减少披露；另一方面，上市公司信息披露受到的监督也较少，违规披露的成本相对也很低，使得他们减少了披露的动力。因而，信息披露标准的完善和监督机制的完善，能够使得公司更好地披露真实有效的价格敏感性信息，从而更好地保障投资者的利益。信息披露制度的不完善性，为内幕交易提供了良好的条件，也相应增加了内幕交易法律的不完备性。

二、内部人员交易信息披露模式的设计

上市公司大股东的控制权和管理者的决策权使得上市公司存在较大溢价，并购重组能带来资金优势、信息优势和内部环境优势，成为内部人进行内幕交易，获取超额收益的工具。基于追逐高额利润的心理，内部人员进行的交易使市场对并购重组等重大信息作出提前反应，二级市场的股价通常会出现异常波动。资产的注入或剥离对上市公司的整体经营能力影响较大，资产质量、市场地位和盈利能力首当其冲。我国对并购重组的管理仍存在一些漏洞，在中国证监会查处的内幕交易案中，资产兼并和收购重组所占比重最大，并购重组在我国属于重大事项，其披露和监管也有特别的要求，但统计的结果出人意料，将近1/2的内幕交易案例属于在并购重组中发生的。可见我国关于并购重组方面的信息监管存在重大漏洞或监管不力的情况。这其中大多是关联企业进行的资产重组，而国有控股企业的合并或重组则多以政府主导，秉承做大做强的原则在同一辖区的企业间发生。

根据中国证监会的处罚决议书可以看出，内幕信息以兼并收购和利润分配为主。内部人利用信息披露及并购重组的监管漏洞来进行内幕交易，进行内幕交易必须具备两个条件：一是消息必须是未公布的内幕消息；二是该人员能够获得该

消息，这样才能在利好信息公开前买入股票或是在利空信息公开前卖出股票。对这样的情况，应主要从人的角度出发，信息必须经过内部人员使用才能成为内幕信息，所以采取内部人员交易模式。该模式包括四个方面：及时报告制度、事前报告制度、交易的窗口期和交易的保障制度。

（一）建立内部人员信息及时报告模式

《证券法》第62条规定了属于“重大事件”范畴的事项，该类重大事件需及时向监管机构和证交所提交临时报告。《条例》第60、61条，《信息披露细则》第17、19条对重大事件的披露也作了详细规定，其立法意图是保护社会公众投资者，所以无论从披露内容还是时间都规定较严。但我国立法没有明确“内部人员”这一特殊主体的行为要对内幕信息进行公开披露，公开披露后才能提交“内部人员交易计划表”，未对内幕信息进行公开的，不能提交计划表，从而不能进行内部人员交易。从信息和交易两方面完全防止内幕交易的发生。内幕信息的及时披露也使得监管机构更及时地发现问题，让内幕信息公开便于实施跟踪监督。

（二）建立内部人员交易事前报告模式

《证券法》第61条和《上市公司年度报告内容与格式》第26条规定：“要求上市公司披露现任董事、监事、高级管理人员的年初和年末持股数量、年度内股份增减变动量及增减变动的原因”。社会公众投资者关于股东和高管持股比例变动只能从年报的披露中获得，与内部人得到的消息相比较存在明显的滞后性，使得社会公众投资者不能及时了解内部人员交易的情况。应当建立内部人员交易申报、登记和监管制度，建立针对内部人员交易的申报和审批体系。证券监管机构虽然对内部人员持股有详细的登记，同时在年报中我们也可以知道内部人员的持有股票情况，但不能及时获得内部人员具体交易的情况。

内部人员进行证券买卖必须在买卖前向中国证监会报备，并由证监会或交易所定期向社会公告。填写“购买本公司股票计划表”，应在公布后10日内向报备处提交实际交易的情况及交易单。这个做法借鉴了美国内部人员期权购买的过程，他们的买卖都必须经过计划书的公告，公告期结束后才能按计划进行，实施完毕后再进行报备留底。这样就建立了将内部人员交易事前与事后报告结合的报告制度。根据资本市场存在的短线交易，为防止内部人员也进行短线交易的操纵行为，减少内幕交易，内部人员在填写股票计划表时，必须注明打算长期持有或短期持有，并注明短期持有的原因。一般情况下，购买后再销售的间隔期限不能少于6个月。这是依据我国现行的期权持有期限6个月不能转让的规定来考虑的。建立内部人员交易的事先披露制度，可以让拥有内幕信息的人员不得提前进行交易，将内幕信息公布后，该信息就不是内幕信息了，社会大众对该信息能作出自己的反应，内幕交易无法继续进行。该项制度的实施能够确保内部人员交易行为是一项阳光交易，揭开其面纱，使之在有效监督之下交易。这不仅是对内幕交易的台面化，更是一项符合人性的措施，这样的一个契约能让内部人员和社会公众投资者得到双赢的结果。

（三）建立内部人员交易的“窗口”模式

我国资本市场主要参与者是散户投资者，在专业知识和时间上没有内部人员和机构投资者丰富，应规定在定期报告公布后的3~15天属于禁售期，以给社会公众投资者一个充分了解内部人员交易信息的缓冲时间。具体的禁止期和交易“窗口”期由上市公司股东大会根据董事提出的建议决定，监管机构不需要给出统一的期限。这不仅是监管机构的责任，也是上市公司应尽的义务。

（四）建立内部人员交易信息披露的监督

内部人员必须按照所提交的计划书进行交易，不得为迷惑社会公众投资者而提交特定的计划书，同时它的隐蔽性太强，要对他的交易和信息披露进行监督，以确保内部人员按照法律法规要求进行交易，这是一个系统工程，牵扯许多相关部门，三方需形成一个完整的全方位的监督体系。内部人员交易信息披露模式的建立不是独立存在的，必须结合各方的努力，同时结合上市公司期权激励和业绩报酬契约制度，才能建立符合我国资本市场的模式，有效防止内幕交易的发生。

三、构建独具特色的信用激励机制

诚信问题是内幕交易的主要原因，在完善的法律法规制度后，诚信建设是根本，信用激励机制主要是增强投资者对股票市场的信心。

（一）建立诚信档案和信用等级制度

2012年12月28日，国务院审议通过了《征信业管理条例（草案）》，证券监管机构应有效利用该资源，将银行业的记载加以整合，形成自己完整的诚信档案。由于政府各自监管的目的不同，证券监管机构的诚信档案较银行业的记录有所不同，中国证监会建立诚信档案的目的是解决信息不对称造成的各个不法事件，主要侧重于对信息披露方面的监控。全社会包括企业、中介机构、个人应建立信用档案，上市公司应当把会计信息披露情况及违规内幕交易情况记录在册，建立全方位、多角度的综合诚信机制。证券监管机构可以将违规公司列入黑名单，再根据违规程度划分等级，同时将违规的名单进行定期或不定期公布。该名单不是根据证券交易所或证监会等处罚后的名单的公布，而是上市公司在日常交易活动中，重大违约等方面的记录，让投资者对上市公司的状况有一个较为全面的了解，从而达到约束内幕交易的目的。

建立诚信档案和进行信用等级评级是对中介机构参与执法的有效补充，他们一旦拥有了对上市公司的监督权，就能充分发挥他们的作用，构建一个有效的评价机制。在让中介机构参与时，要考虑到其本身的盈利性，所以要建立相应的监督机制，防止中介机构滥用职权。在中介机构和上市公司博弈的过程中可知，中介机构监督上市公司，上市公司利用诚信档案这个方式反向对中介机构进行评价，但不好的评价必须有充分的证据，严防出现给差评而要挟中介机构的现象。

（二）建立上市公司信用担保机构

通过建立上市公司信用担保机构，一方面由专门的监管机构监管，形成行业规模，信用担保机构由专家和业内资深人士组成，对行业内的经营信息资源能充分及时地了解，同时针对重大资产并购、关联交易等易发内幕交易的事项进行全程跟踪，及时跟进事件的现状与未来走势，从而使投资者所面临的风险降低，提高市场的资源配置效率。另一方面可以降低企业搜集、整理、发布的成本。信用担保机构拥有专门人才的利用、培训、后续发展等，专门的研究与开发技术，能降低企业在这方面的成本，使银行的信贷资源向企业偏移。此外，专业中介机构为独立第三方，它的参与能够增强潜在投资者的信心，支持企业的边际生产效率回归。

（三）建立信用制度模式

信用不仅是市场活动的基础，同时也是法律法规的基本要求。在我国上市公司信息披露过程中，诸如内幕交易、关联交易以及其他信息披露违法违规行为，无不显示我国证券市场上信用的缺失。上市公司的各种违法违规行为、中介机构的包庇隐瞒等都是信用缺失的具体体现。因此，必须加强我国证券市场的信用制度建设，改善证券市场的运行模式，促进上市公司信息披露的质量以及提高中介机构的服务质量。为提高上市公司在证券市场中的信用水平，可以通过立法手段，建立一套完备的信用考核机制，通过对不同部门、不同行业、不同地域的信息进行收集，建立一个具有统一标准的信用平台，设立相关部门，专门对上市公司、中介机构和执业人员等进行调查和监督管理，通过规范化的标准，为信用机构制定严密的运作规定，提高职业人员的道德水平和职业水平。制定法律责任追究制度，对违反信用制度的信用机构或者个人依据相关法律法规给予严肃处理，增加违法成本，进而提高证券市场中的信用水平。

（四）完善绩效考核制度

在绩效考核制度上可以实施较为严谨的投资者监督和申诉制度，我国监管机构执法不严，市场无法对证券监管者给出一个较为直观的评价和监督，需要成立一个属于自律性组织的绩效考评委员会，对监管者给出一个公正与合理的评价。考评的范围包括合法合规性、目标的完成情况、重大问题的调查情况、非常规交易监管情况、内幕消息管制情况等。该考评作为人事考评、升降奖惩的重要依据，实现市场与监管者的互动，让市场投资者参与监管，信息透明度进一步得到提高。

四、完善财务和非财务信息披露制度

根据中国证监会公布的处罚公告统计可知，我国因内幕交易受处罚的公司的2/3存在于并购重组和利润分配两者中。在信息披露体系中，并购重组等重大事项要严格按照重大事件的披露进行。由于其进行过程复杂，涉及面广，需多个政府机构批复，时间长等导致内幕交易发生的频率最高。由此可以看出信息披露在该过程中占据的重要地位，我国上市公司信息一般包括历史信息、现实信息和预测性信息三个部分，其中针对历史信息即财务报告体系要进行完善，针对现实信息要实施动态监管和持续信息披露，针对预测性信息要鼓励引导上市公司资源披露。

（一）实施动态监管与持续信息披露

我国已建立多层级的信息披露监管体系，《会计法》《证券法》《公司法》对信息的披露都有明确规定，但涉及的内容仅限于披露的内容和时间，但信息持续性和动态监管不足，造成投资者之间的信息不对称，成为内幕交易发生的摇篮。从宁夏恒力、佛山照明、瀚宇投资、国信证券、远望谷等证监会公布的内幕交易案例中，如何加强上市公司的持续动态监管成为证券监管部门监管的重点。将一次性信息披露改变为连续性、动态的信息披露，结合信息披露指数和市场监管，有利于提高市场资源配置的有效性。上市公司敏感信息时常泄露，内幕信息在市场上的传播从未间断，使得信息不对称问题加剧。为保证结果信息的真实可靠，加强信息的动态监管，我国监管体系针对的是信息披露的持续披露，这样不仅可以提高市场有效性，控制信息成果的输出，同时可以减少内幕信息及信息披露违规行为的发生。

强调对上市公司并购重组等重大事件的监管。中国证监会陆续出台了《上市公司重大资产重组管理办法（征求意见稿）》《关于在发行审核委员会中设立上市公司并购重组审核委员会的决定》和《中国证券监督管理委员会上市公司并购重组审核委员会工作规程》等共同对重大事件进行监管，辅之以动态监管，引导上市公司自愿披露。持续性信息披露包括重要性信息准则、平等披露准则、法定披露渠道准则和鼓励自愿披露准则等。上市公司在处理信息外泄时，应遵循如下原则：第一是若信息已泄露，上市公司必须公布与该信息相关的所有信息；第二是若该泄露信息不确定性太大，应发布临时公告；第三是若证券市场对相关报道内容做出反应，即使公司认为信息未外泄，也应发布公告。

（二）预测性信息披露制度

预测性信息是一种自愿披露的信息，指公布的在可预期的将来要发生的对证券价格产生重大影响的事件。预测性信息的不确定性及延迟验证性，成为内幕交易实施的重要手段。为减少信息不对称，引导市场发展，应当鼓励上市公司披露预测性信息，同时为保障上市公司的权益，设立安全港，保证市场的公平公正，使其具有可操作性。上市公司自身需把握“度”和“量”的问题，过多不利于自身核心竞争力的维持，太少会使得投资者觉得没有使用价值，难以充分展现自身的优势。预测性信息不管在何种场合，不管是口头还是书面，只要有合理的依据，发布人是有权限的，都受到法律保护。这样，预测性信息的披露方式更灵活，内容更丰富，信息更加透明，投资者也能得到更多的信息，从而降低盲目投资，内幕交易无利可图，这样有利于提高上市公司进行预测性信息披露的积极性，提高公司价值。

鼓励上市公司发布预测性信息，就要对他们的合法权益进行保障，“安全港”的出现就是为鼓励预测性信息披露所做的努力，它的实施表明资本市场对契约方合理的权益维护。“安全港”制度是指，随着现实环境的变化，以前做出的预测性陈述已变得不合适，但依据当时的状况该表述是合理善意的，且能提供真实依据，那投资者依据该信息进行决策导致的损失，不能要求发布人承担，发布人也不需要为该信息承担法律责任。美国 SEC 建立的“安全港”已运用于实践，我国需建设有中国特色的“安全港”制度。该制度在以下几个方面需要明确：受保护的信息、受保护的发布人、合理依据的标准。上市公司发布的未来预测信息，对公司未来经营状况及其他对公司发展有重大影响的消息，在董事会和股东会已形成决议或已和相关合作者达成初步意向，据此发布的消息是受保护的。发布人必须是公司指定的能代表公司做出承诺的责任人。合理依据应包括相关合同、意向书、业务约定书、可行性分析报告等已经做好了前期准备工作的书面报告，这样在执行过程中可以做到有据可依。虽然设置了安全港制度，但上市公司也需要经常更新，这里的更新义务与上面的持续信息披露是一样的，我国监管体系依靠道德约束是不可能达到很好的效果，必须以明确的规定出现，让内幕交易无可乘之机。

第三节 上市公司信息披露制度的完善与体系构建

上市公司信息披露违法违规行为屡禁不止，一方面是和我国证券市场发展不完善有关，另一方面是由于我国对上市公司信息披露违规行为的处罚程度太轻，使得上市公司的违法成本太低，这样，在对上市公司的监管过程中收效甚微，致使广大社会公众投资者遭受严重的损失。为此，必须完善上市公司信息披露制度的体系。

一、完善上市公司法律制度建设

（一）提高民事追偿效率

我国相关法律法规中明确规定，投资者起诉上市公司违法违规行为时，必须提供中国证监会对上市公司的违规调查报告或者最高人民法院对违规的上市公司所开具的处罚书，这无疑限制了广大投资者对上市公司的监督和举报。根据这一情况，应该建立信赖推定制度，因为投资者对上市公司披露的信息是建立在信赖的基础上的，为此，当上市公司披露的信息存在严重失实等情况时，投资者就有权起诉上市公司，维护自身的合法权益。同时，有关投资者起诉上市公司违法违规行为时，法院只受理因上市公司虚假陈述而使投资者遭受损失的民事起诉，而对其他有损广大投资者利益的违法违规行为，投资者是无权起诉上市公司的，这便大大缩小了民事起诉的范围，减少了投资者保护自身利益的途径，不利于投资者合法权益的保护。因此，必须完善相关法律法规，裁量相关民事追偿的前置程序，扩大投资者举报和投诉上市公司违法违规行为的范围，同时可以采用股东集体诉讼制度，即当投资者因为上市公司的违法违规给其带来严重损失时，任何一个股东都有权利代表所有股东的利益向法院提起诉讼，因为上市公司的股东中，很多都是中小股东，特别是由于地域和其他因素的影响，当受到上市公司违法违规行为侵害时，可能很大一部分股东没有条件追究上市公司的责任，而集体诉讼制度则很好地解决了这个问题，同时在集体诉讼制度中，一般是投资者胜诉之后其代理律师才能得到相应的报酬，这不仅保护了广大投资者的利益，同时也激励了代理律师保护投资者的心理。同时我国在对上市公司违法违规中民事责任的承担还不够完善，应进一步加强法律建设，细化民事责任承担，诸如对投资者损害的确定、损害的程度、起诉时效和民事承担程度等，使得更好地保护投资者利益，打击上市公司违法违规行为，完善对证券市场的监管。

（二）提高行政处罚的效率

和其他发达国家相比，我国对上市公司信息披露违法违规的行政处罚效率较为低下，难以起到有效监管上市公司的作用，60 万元的罚款在我国已是最高的行政处罚标准，致使违法成本太低。而美国对信息披露违法违规行为的处罚则高达 500 万美元，处罚力度有比较大的差异。因此，增加处罚金额可以在很大程度上对上市公司起到震慑作用，促使上市公司提供更高质量的信息，减少信息披露违法违规的现象。同时，我国在对上市公司的违法违规行为处罚的执行程序和效果上也存在很大的不足之处，我国监管部门为了接收外界的监督，往往对违规上市公司采用集中处罚的方式，极大降低了行政处罚的时效性，降低了证券监管部门的成效。同时，在证券监管部门在对上市公司违规调查的执行过程中效率低下，调查时间长，有的甚至是几年之久，这不仅显示了时效性低下，同时也反映出监管部门执行能力的不足。因此，必须提高监管部门行政处罚的效率，加强监管部门和其他行政或者司法部门以及金融机构等的协调运作，使得各部门之间信息共享，协调合作，减少相关部门间的工作掣肘，这不仅可以在执行过程中降低执法成本，同时也提高了执法效率。另外，证券监管部门可以委托其他机构或市场中相应的服务组织代为收缴对违规上市公司的罚款，同时考虑到上市公司的整体情况，对于罚款无法一时上交的，可以采用分期付款的方式委托机构代收，这样不仅可以及时对违法违规的上市公司进行处罚，同时大大节省了执行过程中的成本，提高行政处罚的效率，更加有力地敦促上市公司合法合规地发展，有利于证券市场健康稳定发展。

（三）加大打击违法犯罪力度

上市公司违法违规行为的产生，往往并不是所有人员都参与进来，而是公司内部某一个或者数个高管或者大股东为了谋取私利而产生的违法犯罪行为，我国《刑法》规定了上市公司信息披露违法违规犯罪的相关刑事处罚，但是在实际对上市公司违法违规行为的处罚过程中却很少适用或者只针对上市公司整体进行，很少把刑法落实到负有犯罪行为的单个犯罪人员上。同时，在我国刑法规定中，对上市公司信息披露违法违规适用的刑法最高标准是对犯罪主体处以 10 年以下的有期徒刑，这和美国规定的最高 20 年监禁相比较，打击违法犯罪的力度明显较轻。

在对上市公司违法违规行为进行调查的过程中，由于信息披露违法违规行为的隐秘性和复杂性，很多不具备技术性和专业性的办案人员无法发现其违规行为的内在秘密，只能依据相关表象，对上市公司整体进行处罚，无法查处违法犯罪责任人。因此，在对上市公司违法违规行为的调查过程中，必须提高办案人员的综合素质和专业技能，同时加强国家司法部门、监管部门等的通力合作，一旦发现上市公司违法违规情况立刻司法介入，进行全面调查。同时，在违法犯罪刑事处罚上，可依据情节适当加大刑事处罚力度，如延长刑罚期限等，进一步震慑违法犯罪活动，保障我国证券市场的有序健康发展。

二、加大政府监管力度

（一）完善监管法规和机制，加大对上市公司管理层处罚力度

近年来，中国证监会对证券市场的违法违规行为进行严厉打击，通过整顿和

规范中国的证券市场，营造一个公平的交易环境，对于中国证券市场迈向国际化有着重要意义。将“高调严打”这一量变通过法规的形式提升到质变的层面，严防“刮风”式的监管作风。证券市场日新月异，上市公司的信息披露违规行为日益呈现多样化、手法精细化等特点，信息披露违法违规行为往往附带着上市公司管理层的意志。由于代理人问题的存在，与上市公司的利益相比，部分上市公司管理层关注更多的是个人利益。对上市公司管理层的责任机制如果没有建立健全，那么上市公司的信息披露违规将难以遏制。通过加大对上市公司管理层的处罚，使其在是否进行虚假信息披露决策时，不得不将对自身的处罚作为违规成本考虑，从而有利于减少信息披露违规行为。

（二）加强合作，明确各监管体系内部职能分工

中国证监会作为证券市场的最高监管机构，整个宏观的监管体系设计理应由其承担。对于目前由中国证监会审批核准企业发行股票，地方证监局和证券交易所负责后续的进一步监管的模式，在监管的持续性上还需要进一步改进。鉴于“谁审批、谁监管、谁担责”的原则，地方证监局和证券交易所作为中国证监会的下属机构，理应对上级进行监管是其职责所在，但如果分工合作不力，则很容易形成监管漏洞。中国证监会目前在IPO审核时，主要对拟上市公司的招股说明书及其在法律、财务等方面的报告进行审核，这个时期公司所需要披露的信息非常明确，因此证监会对拟上市公司执行严格审核有利于后续的监管。更重要的是上市之后上市公司持续信息披露所涉及的内容十分繁杂，从日常经营到重大事项都可能随时需要履行披露义务。对于派出机构各地证监局可以赋予更多的审核和决断权力，相应地承担更大的责任。证券交易所作为一线监管的前沿，负有审核上市公司信息披露的义务，具有贴近市场、熟悉交易所平台技术和业务、对市场反应迅速等优势，但目前受到行政权力的干预过多，其自律监管的职能未能充分发挥。对此针对证券交易所的这些独特优势，可以借鉴国外相关经验，增加其自由裁量权。

监管的复杂性使得各监管机构之间还必须充分展开合作。随着混业经营成为趋势，分业监管已然落后于金融市场的发展。在2016年的两会上，基本形成由分业监管向综合监管体制转变的共识，构建由“一行三会”组成的监管机构，统筹监管中国金融市场。对于目前的监管及合作中的具体事项上，需要处理好主次的关系。确定主体以避免都有监管权利，结果相互推诿都不管的境地。证券交易所在审核信息披露的过程中，需要地方证监局的协助，可以证券交易所为主要责任人。相对于在其他事项上，证券交易所也可以处于协从的地位提高监管的效率。这样，明确和细分各自的分工，不仅有助于各自展开分内工作，加快监管事务的处理速度，还可以节约监管的成本。

（三）转变监管理念，加强队伍建设

在过去的几年中，中国证监会在由“重审批，轻监管”向“宽准入，严监管”转变过程中作了不断的努力，取得了长足发展，但权力的“包袱”还略显过重。监管的面太宽导致了重点突出不够，精力集中不足，人员配给跟不上等，出现了独立性不足与权力过大并存的局面。当下，国家大力推行简政放权，取消不必要审批，证监会可以将相关权力下放至证券交易所和各地证监局，这样，一方面可以给自己减负，另一方面又能激发下属机构活力。监管是搞好市场的手段之一，具体执行需要源源不断的高素质人才，当今国际社会的竞争，是人才的竞争。在证券市场监管亦是如此，现代技术的高速发展，为监管提供了先进的技术和工具，如何利用好这些监管平台实施监管，需要充分发挥监管者的才智。监管所需要的是德才兼备的最优秀专业人才，但是，优秀的高素质专业人才，除了专业才识过人，品德更是不可忽略的。2015 年以来因为违法违纪问题被查处的证监会官员从副主席姚刚、主席助理张育军、发行监管部处长李志玲到稽查总队副队长习龙生等相继落马，对证券市场产生了极大的负面影响，同时还降低了监管部门的公信力，反映出监管部门自身队伍建设还有待加强。因此建设一支作风清廉、才识过人、严以律己的监管队伍是确保监管得以有效实施的前提。另外，通过引进国际优秀人才，不仅可以增加人才录用渠道，逐步与国际接轨，同时还可以建设一支具有良好职业道德素养的专家型队伍。

（四）完善行政监管模式

纵观欧美日等国家的证券市场监管模式，主要实施的是政府主导、自律和综合型三种模式。我国当前所采用的模式是政府主导，自律监管发挥辅助作用的综合型监管模式。我国明确规定了中国证监会是全国最高证券监督管理机构，这就奠定了政府在证券市场发展中所发挥的作用，然而，政府在对上市公司的考核机制中则往往以上市公司的股票价值来作为审核的重点，这一方式其实为上市公司的证券价值做了很好的宣传，大大干预了市场的自主运作。上市公司的证券价值并不应该由政府来衡量，而是应该由市场来自主判断。同时，政府必须转变监管的观念，对上市公司进行监督管理的本质要求是为了保障广大投资者特别是中小投资者的权益，不能把上市公司的利益放在第一位。因此，在我国证券市场中，政府不应过多地参与，应让市场自律性发挥其积极主动作用，减少政府在相关过程中的审批程序，发挥诸如证券交易所的积极作用，让市场自主调节其运作模式，提高监管的水平和效率。同时，为了更好地规范上市公司和对违法违规的处罚，证券监管部门应该多和其他部门相互联系沟通，减少在监管中出现的漏洞，及时发现上市公司违法违规的行为，同时也可以减少在监管中发生的成本，提高监管的效率和水平，完善对证券市场的监管。

三、规范上市公司的治理水平

（一）从根本上提升上市公司质量

上市公司之所以出现信息披露违规等行为，最根本的原因就是上市公司的质量难以得到提升，优质的公司没有违规的动机，因为其成本巨大，收益却甚微。需要通过违规来“包装”自己上市公司，经营状况往往不理想。正如同反腐中所说的“不敢腐，不能腐，不想腐”一样，营造“不敢违规，不能违规，不想违规”的市场环境，加大违规成本，解决的是“不敢违规”的问题，制度建设解决的是“不能违规”的问题，而企业质量提升，解决的是“不想违规”的问题。对于“不能违规”的建设，从外部上完善制度，充分发挥外部审计师的独立性，从内部方面，上市公司必须建立有效的内部控制制度，将内部控制提升到新的高度。使上市公司在违规披露或内幕交易上没有可操作的空间。对于“不想违规”这个问题，则需要国家在产业政策、企业竞争环境、资金需求上对企业给予更多的关注，创造更加公平的市场环境。形成“改善环境—提升质量—减少违规—进一步改善环境……”的良性循环，从而逐步发展和完善我国证券市场，为国民经济的持续、稳定、协调发展做出更大贡献。

（二）实施公司内部控制

在上市公司信息披露的过程中，内部治理结构是否优化会直接影响着上市公司信息披露的质量。因此，要想提高我国上市公司信息披露的质量和成效，就必须不断提高完善上市公司的内部治理结构。在上市公司的内部控制方面，主要包括控制环境、内部监督、信息与沟通、风险评估和控制活动五个方面。然而这五个方面其实归根结底还是要求上市公司必须加强自身内部监督管理，即上市公司内部董事会、监事会、独立董事以及审计委员会等的建设和完善。然而在我国，由于历史的原因使得我国现有的上市公司中很多都是以国企的形式存在的，因此，国企中的很多不合理的因素便带进了上市公司中。诸如国企中存在的董事会成员大多兼任公司高管；国家占公司股份过大造成的所有者缺失；独立董事大多由第一股东选择，且多为社会名流、不具备相关专业知识；监事会职能缺失等。针对这一情况，必须加大力度改革，努力改善上市公司内部的治理结构。同时，进一步减少国家对上市公司的股权控制。我国很多的上市公司中国有股独大的现象较为严重，在公司的经营管理中，几乎是由管理者完全控制，造成了严重的所有权缺失现象，绝对权力必然导致绝对腐败，造成公司高管为谋取私利而产生的内幕交易等行为。因此，国有股的逐步减少，不仅可以提高上市公司的经营效率和减少上市公司违法违规的行为，同时也会极大提高上市公司信息披露的质量，促进证券市场的发展。

(三) 完善董事会、监事会和独立董事的职能

在我国部分国企上市公司中，往往会出现公司经理人员兼任公司董事这一情形，严重扭曲了公司的内部治理结构。因为，董事本身的职责就是为了监督经理人员在公司的运营与发展上是否有利于股东，是否存在经理人员损害公司利益的行为，公司经理人员和董事的统一，就是将管理权和监督权进行了统一，严重制约了公司内部控制的有效性。监事会的职能本身是为了监督董事会对公司管理人员监督的有效性，然而在我国相当一部分上市公司中，监事会很多是由公司内部职工担任，这就大大降低了监事会的作用，因为监事会成员本身就要受到公司高管和董事的管理和控制，对其职能的正常发挥会起到很大的障碍作用。

对于上市公司独立董事的设立，本意是为了加强外部对公司内部的管理，进一步加强对公司经理人员的监督和检查，然而，在我国的上市公司中，独立董事的选取往往是由第一大股东指派的，且大多都是社会名流，很少有具备相关专业知识的专职人员，再加上这些社会名流往往公务缠身，无暇顾及对上市公司的监督，因此，很难起到独立董事应有的外部监督作用。在独立董事人员的选取上，可以选择和公司具有利益关系的外部人员或者机构，比如和公司存在信贷关系的银行和占有公司股份的基金组织或者机构等，这将极大加强独立董事的作用。同时，在独立董事和监事会成员的薪资待遇上可考虑由国家从公司的经营状况中扣除代为发放给独立董事和监事会成员，这样就减少了高管对独立董事特别是监事会成员的控制，进而能够充分发挥内部监督的作用，提高公司治理的结构和公司信息披露的质量。

四、加强中介机构的常态化监督管理

中介机构在我国上市公司信息披露活动中起着举足轻重的作用，其独立性是保证上市公司提供合法合规披露信息的前提条件，因此，为了保证中介服务机构能够提供高质量和高效率的服务，必须强化对中介机构的常态化监督。中介机构作为上市公司和证券市场中间的一个具有相对独立性的监管机构，其作用就是监督上市公司能够提供合法合规的信息披露。然而，在我国明显出现了中介机构独立性缺失的现象，不仅在中介机构从业人员的道德水平和执业水平上存在缺陷，对中介机构的相关立法上也存在一定的不足之处。

现今很大一部分上市公司信息披露违法违规行为并不是由中介服务机构发现或者曝光的，往往身先士卒的都是各大社会舆论媒体，这也足以表明中介机构在监督上市公司信息披露违规行为上没有起到其应尽的职责，这不仅仅是因为相当一部分中介机构的从业人员专业水平不到位，更多的应该是道德水平低下，缺少

职业道德素质。在我国的相关法律法规中，由于对上市公司信息披露违规行为没有做到足够的常态化监督或者合谋上市公司一起披露违规信息而受到处罚的中介机构，相关法律法规处罚程度较轻，而且往往以行政处罚为主，处罚力度完全不能有效抑制违法违规行为的再次出现。因为在法律法规下对中介机构的行政处罚和其因违法违规而取得的不正当利益相比，简直就是沧海一粟，微不足道。因此，在对相关违法违规的中介机构的处罚中，必须加大其民事和刑事处罚力度，加大处罚金额。对存在严重违规的中介机构，采用逐出市场的处罚，不得再参与中介服务，对相关合谋的职业人员追究其刑事责任。因此，加大对违法违规的刑事处罚力度，结合证券市场的特点，强化刑事侦查、取证、审判的力度，只有这样才能更好地规制中介机构及其从业人员，发挥刑事处罚的积极作用。

证券市场的参与者可以分为监管机构、上市公司、中介机构和投资者，信息具有外部共享性，只要想知悉就很容易获取，且不能阻止其他人对信息的享用，也不会因他人使用而减少。我国资本市场环境趋于合理，据德勤中国统计，至2016年12月底，申请在上海主板、深圳中小企业板及创业板上市的排队公司达723家，而其中的54家IPO已经被证监会中止审查，38家已经通过发审会等候上市。这意味着代表IPO堰塞湖“实际水位”的631家企业仍在申请IPO，并等候监管处理中。而中国证监会上市公司监管部门的人员有800余人，人员严重短缺。根据中国注册会计师协会统计，执业注册会计师8.5万余人，非职业注册会计师7万余人。他们的专业能力、行业知识和职业道德，都经过中注协的考核。会计准则和信息披露的责任他们都非常熟悉，无须增加额外的培训成本。建立中介机构诚信记录和服务评价，评价不好或执业水平低下的实现中介机构的优胜劣汰，市场机制的完善能促进中介机构提高执业质量和社会监督水平。证监会负责监管会计、律师、评估等事务所，不仅能够大大提高监管机构的监管效率，有效缓解监管机构人员不足的问题，降低监管成本，同时还可以减少信息披露中的不当行为。

（一）建立统一的收费标准

根据我国审计准则的规定，上市公司每年必须提供经由注册会计师审计的会计报告，由此决定了我国注册会计师的经济警察地位。注册会计师一方面要监督企业，确保他们提供的信息在所有重大方面是真实公允的，这需要保持其独立性不动摇。然而，实际运作中，注册会计师很难做到真正的独立，因为他们的劳务报酬需由上市公司来支付。这必然会造成现实中的冲突，在实际中，注册会计师在确保不会出现重大的失误而导致注册会计师或会计师事务所承担责任的情况下，对上市公司提供的信息的监督可能存在执行不到位的情况。为改变注册会计师的尴尬境地，就必须彻底铲断经济威胁这根纽带，使独立性名副其实。对注册会计师的报酬可明确由被监督的上市公司支付，但该报酬必须按照统一标准收取后集中于证监会的审计基金和独董基金。服务的获得采用投标形式，中标后按统一标准收费。同时对中介机构的服务，由上市公司给出具体评价，并实行轮岗审计制度。

鉴证业务应由中注协建立的业务报备系统将收费标准统一，根据规定的收费才能报备。报备后生成的文号标注于出具的报告上才能被证监会认可。审计业务由证监会设立独立董事基金和审计基金，按实际所在地收取公司的审计费用，专门用于支付审计费用。独立董事的报酬也采用这种方式收取，收费标准可采用计件收费和计时收费两种方式。上市公司财务报表审计按被审计单位资产总额与销售收入分档累进计费，同时可以选择按时收费，两者可择其一。

在上述基础上，参考建立的诚信档案中记载的违规处罚和刑事处罚的事由等信息，根据处罚的轻重额外增加收费。间接加大上市公司的违规成本，增强其信息披露的及时性和准确性。当然，根据现实中的普遍做法，诚信档案 5 年更新一次，将不重要的错报、漏报等信息及时归零，但对于行政处罚和刑事处罚的记录依然记录在册。一方面，可以给不小心犯错的公司一个改正的机会，激励他们在日常操作中更加遵守法律法规，更加高效完成各项工作，也能够以此为鉴，激励公司按更严格的标准来要求自己。另一方面，将行政处罚和刑事处罚永久记录在册，加大公司的违规成本，降低公司违规操作的动机，从而减少内幕交易的发生。

对审计事务所与上市公司所在地相同的，实行跨区域交叉和定期轮岗制度，尽量减少在监督前的私人交往，保持其高度的独立性。注册会计师的身份由中介机构演变为证券机构执法的参与者，切断中介参与内幕交易的渠道，从源头控制内幕交易。

（二）根据综合得分获取服务资格

对投标书应从客观标准和主观标准两方面进行评价，在客观标准方面，应着重考虑会计师事务所的综合实力、区域位置和对有关上市公司的熟悉程度等方便审计的优势以及社会公众对会计师事务所的信誉评价。在主观标准方面，应着重考虑会计师事务所对公司审计时间和有关业务的具体要求的满足程度，会计师事务所对审计收费的上下浮动幅度等。针对上述各个因素可以制定出具体的要求和评判标准进行量化评分，最终以各投标单位总分值来确定中标的会计师事务所。限制性规定可以由证监会根据证监会及中国注册会计师协会的业务质量抽查情况来作出。

由中注协建立各会计师事务所的综合实力评价与业绩评价的动态档案管理体系，为招投标工作准备好第一手的基础资料。由证券交易所建立社会公众对会计师事务所信誉度的量化评价系统，便于公司利益相关的群体能够真正参与对会计师事务所的选择。上市公司审计业务档案的管理体系，在特定的范围内实现基础资料共享，以解决招标制度所带来的审计单位与被审计单位之间频繁变动造成的不便，最后可根据投标公司的综合得分来选定各个上市公司的审计机构。

（三）完善事务所质量控制体系

中介机构需建立完善的质量控制体系，一方面作为上市公司对所提供服务的评价，另一方面也是证监会对存档进行评级的依据。如果某一方出现违规行为时，必须规定相应的处罚措施，从源头彻底切断上市公司和中介机构的合作博弈，中间由证监会作为第三方进行评价。由于中介机构不需要上市公司支付报酬，使得中介机构在契约中处于强势地位，可能出现中介机构威胁上市公司的情形，所以这一方面需要建立健全中介机构的质量控制体系，另一方面证监会设立的信用评价和服务管理部门需要发挥有效作用。

加强中介机构的服务监控。上市公司烦琐的决策链条增加了内幕信息的泄露风险，内幕交易多发于并购重组和上市公司高管、中介机构之间，与信息的生成传递机制分不开。某些特殊行业公司的并购重组还须与政府沟通，取得相应的政府批文。根据法律规定可知，一般的上市公司资产并购重组项目从申报到批准公告环节平均6个，能够接触的部门平均为4个，这样就很难做到内幕消息的保密，此时泄露信息，在市场中很难发现，所以人员的监控非常重要。我国内幕交易违法的主要参与者是企业高管和中介机构，这一方面与他们能大量及时接触到各类内幕消息有关，两者都在利益的驱动下参与内幕交易行为，造成我国内幕交易情况严重。中介机构参与执法的情况下，不仅从经济上让中介机构人员与上市公司隔断，防止合谋的存在，同时，也需要建立反馈和保障机制，防止中介机构滥用职权。

中介机构的质量控制一方面是对服务质量的控制，另一方面是对执业人员道德风险方面的控制，防止滥用职权而损害上市公司的经济利益。由于中介机构在资本市场中属于内幕信息接触者，且对上市公司的重大决策拥有知情权，如果控制不当，会进行内幕交易。此外，中介机构与上市公司的雇佣关系改变后，上市公司对中介机构没有制约，可能致使中介机构占优势，侵害上市公司利益。对发现的不法行为要上报证监会的服务管理部门，以维护市场的公平性。

（四）信用评级和服务管理

对于中国证监会查处的不法行为，要采取一定的处罚措施。从现有监管处罚案件的分析表明我国存在“重师轻所”的现象，这是我国特有的现象。会计师事务所负责人与签字注册会计师之间缺乏有效的利益捆绑机制，这样事务所设置的质量控制形同虚设。在防范执业主体的同时，忽略中介机构这一个盈利主体，不符合常规处罚原则，易诱发事务所负责人进行逆向选择，产生道德风险。证券监管部门应对涉案会计师事务所的质量控制体系作出明确警示和惩戒，以维护中介机构的独立性。对于执业人员的监管者的处罚措施能向大众投资者传递许多消息，不当的处罚方式很可能削弱监管的公平性和有效性。上市公司对中介机构的一个服务评价，一方面可以体现在信用评级中，另一方面的用意也是对中介机构的一个反向监督，让中介机构无法对上市公司形成威胁。如果上市公司在证券监管部门举报中介机构出现违法和内幕交易行为，此时的上市公司必须提供充分合理的证据。选择上市公司负责举证责任的原因是防止上市公司利用“差评”来要挟中介机构，这是属于中介机构和上市公司的非合作博弈。

（五）加大对中介机构的责任惩治

企业从幕后通过上市走到投资者眼前，需要有一定的上市过程。其中一个就是需要法律、证券、会计审计方面的中介机构出具相应的报告，这些报告可以看作是对上市公司各种数据真实性和合法性的背书。我国证券市场起步较晚，成熟度不够，对证券市场中介机构的保证责任难以达到较高的信用度。当下正处于由核准制向注册制过渡阶段，“十三五”提出的“创造条件实施股票发行注册制”对于当前监管来说是一个新的挑战。注册制下对于上市公司的盈利要求将会降低，对上市公司的申报材料和数据只要达到合法合规要求，对其质量判断主要由市场来完成。未来推行的注册制，中介机构将会有更大的决定裁量权，权责匹配，其责任问题加大将无可避免。绿大地上市造假案、欣泰电气 IPO 造假案等对证券市场产生极为恶劣的影响。其中中介机构有着不可推卸的责任，或是未能勤勉尽责，或是与上市公司合谋舞弊、违规造假。对于中介机构的违法违规行为，相关机构及责任人必须受到更加严厉的处罚，同时强化政府监管力度，对违规和内幕交易行为予以严厉打击，才能保障证券市场的健康发展。

第五章　上市公司内幕交易与法律制度环境建设

为有效遏制上市公司内幕交易的滋生，首先需要依靠相应的法律制度，因此本章从法律制度的层面对内幕交易监管进行分析，把新兴的法律理论引入到内幕交易监管的研究中来，并在此基础上诠释了法律与内幕交易监管有效性之间的关系。由于我国法律制度的特殊性，使得对内幕交易的监管具有自身的特点和难度，因此从法律层面的分析具有一定的参考价值，可以为内幕交易监管有效性的提高提供一定的理论依据。

第一节　反内幕交易法律体系架构

从20世纪90年代开始，我国借鉴国际上反内幕交易的成功经验，开始着手建立适合我国国情的反内幕交易法律体系。目前，我国形成了以《证券法》和《刑法》为核心的反内幕交易法律体系。

一、反内幕交易法律体系建立

（一）反内幕交易立法初创阶段

1984年，我国发行了改革开放后的第一支股票——上海飞乐音响股票。进入20世纪90年代，上海证券交易所和深圳证券交易所相继成立，我国进入了证券集中交易的时代。然而，在沪深证券交易所成立之初，内幕交易等违法行为就充斥着整个证券市场，市场秩序极其混乱。1990年10月，中国人民银行发布《证券公司管理暂行办法》，其中第17条规定："证券公司不得从事操纵市场价格、内部交易、欺诈和其他以影响市场行情从中渔利的行为和交易"，这是中国有史以来第一个以行政法规的形式禁止内幕交易的规章制度。1990年11月，《上海市证券交易管理办法》出台，其中第39条规定："禁止任何部门和个人利用内幕消息从事证券交易；违反这一规定，可处以5万元以上10万元以下的罚款，情节严重的，可处以10万元以上20万元以下的罚款。"1991年6月，《深圳市股票发行与管理暂行办法》第43条第（四）项规定："禁止利用内幕消息从事证券买卖"。

随后，伴随着证券市场的发展，我国的反内幕交易立法逐渐从局部扩展到全国。1993 年 4 月 22 日，国务院颁布《股票发行与交易管理暂行条例》，该条例对内幕交易中的重要概念、禁止的内幕交易行为、内幕交易的法律责任以及防范内幕交易的内容均做出了规定。该条例从基本原则和宏观层面规定了反内幕交易的基本制度，为我国反内幕交易法律制度的构建奠定了基础。1993 年 9 月 22 日，证监会又颁布了《禁止证券欺诈行为暂行办法》，进一步对内幕交易各方面的内容做出了明确具体的规定。1993 年《股票暂行条例》和《禁止欺诈办法》的颁布初步勾画出了我国反内幕交易的制度框架，成为反内幕交易的基本法律制度。然而由于立法尚处于摸索阶段，这两个立法层次并不高，立法内容过于原则和笼统，实践中缺乏可操作性。

（二）反内幕交易立法体系的确立

1997 修改后的《刑法》纳入了证券欺诈条款，其中第 180 条专门规定了内幕交易、泄露内幕信息罪。该条规定："证券交易内幕信息的知情人员或者非法获取证券交易内幕信息的人员，在涉及证券的发行、交易或者其他对证券的价格有重大影响的信息尚未公开前，买入或者卖出该证券，或者泄露该信息，情节严重的，处五年以下有期徒刑或者拘役，并处或者单处违法所得一倍以上五倍以下罚金；情节特别严重的，处五年以上十年以下有期徒刑，并处违法所得一倍以上五倍以下罚金。单位犯前款罪的，对单位判处罚金，并对其直接负责的主管人员和其他直接责任人员，处五年以下有期徒刑或者拘役。内幕信息的范围，依照法律、行政法规的规定确定。知情人员的范围，依照法律、行政法规的规定确定。"本次《刑法》第一次以基本法的形式规定内幕交易为刑事犯罪，并规定了其刑事责任，为打击内幕交易犯罪提供了强有力的法律依据。

1999 年 7 月 1 日正式生效的《证券法》，对内幕交易立法的指导思想和基本原则、内幕交易的构成要素、内幕交易预防体系以及监管机构设置等方面均做出了详细具体的规定：其中该法第 67 条规定禁止内幕信息知情人员利用内幕信息进行证券交易活动；第 68 条和第 69 条分别规定了内幕人员的范围和内幕信息的定义；第 70 条规定知悉内幕信息的知情人员或者非法获取内幕信息的人员，不得交易所持有的该公司的证券，不得泄露该信息，也不得建议他人买卖该证券；第 183 条规定了内幕交易的法律责任。

随着资本市场的不断发展，为了适应新形势下反内幕交易的要求，我国于 2005 年对 1998 年《证券法》进行了修订，对内幕交易行为及其规制进行了集中的规定，从而使规制内幕交易的法律更加科学合理。其中第 73 条规定禁止证券交易内幕信息知情人及非法获取内幕信息的当事人利用内幕信息进行证券交易活动；第 74 条规定了内幕信息知情人的范围；第 75 条和第 67 条规定了内幕信息的范围；第 76 条规定证券交易内幕信息的知情人及非法获取内幕信息的当事人，在内幕信息公开前，不得交易该公司的证券，不得泄露该信息，也不得建议他人买卖该证券；第202条规定了内幕交易的法律责任。此外，2009年我国对《刑法》中涉及内幕交易的内容进行了修订，将证券内幕人员明示、暗示他人从事内幕交易的行为纳入刑法规制的范围。《证券法》和《刑法》确立了我国反内幕交易的宏观制度框架。

2007年，中国证监会又颁布了《上市公司董事、监事和高级管理人员所持本公司股份及其变动管理规则》及《限制证券买卖实施办法》。《证券市场内幕交易行为认定指引》与《证券市场操纵行为认定指引》也已开始在证监会内部试行。2010年11月16日，证监会、公安部、监察部、国资委、预防腐败局联合印发《关于依法打击和防控资本市场内幕交易的意见》，对依法打击和防控资本市场内幕交易提出指导意见并做出总体部署。

此外，证监会开始着手建立上市公司内幕信息知情人登记制度，2011年10月25日出台了《关于上市公司建立内幕信息知情人登记管理制度的规定》，界定了证监会内部的内幕信息、内幕信息知情人的范围；规定了内幕信息登记、流转的流程；明确了内幕信息保密的具体要求。这些规章指引进一步为内幕交易行为的规制提供了法律依据，为实践中内幕交易规制提供了指导，也使反内幕交易的内涵不断丰富更新。

2012年，《最高人民法院、最高人民检察院关于办理内幕交易、泄露内幕信息刑事案件具体应用法律若干问题的解释》实施，该法规对非法获取内幕信息人员、相关交易行为明显异常、内幕交易情节等重大问题做出了详细解释，这一司法解释的出台为内幕交易在司法实践中的应用提供了重要依据。

2013年12月25日，国务院印发《关于进一步加强资本市场中小投资者合法权益保护工作的意见》，对我国资本市场中小投资者保护以及执法监管提出了纲领性要求，其中第三条意见专门提到要维护中小投资者的知情权，该意见成为今后一段时期打击内幕交易、维护中小投资者合法利益的纲领性文件。

现在，我国已经形成了以《证券法》为行政法规，《刑法》为刑事法规，规章指引为补充的内幕交易规制制度。当然，《公司法》《上市公司信息披露管理办法》《中国证监会工作人员行为准则》等规范证券市场的基础性文件构成了内幕交易规制体系的大环境，对内幕交易规则也起到了重要的作用。

二、中国证券市场反内幕交易的法律架构与监管

（一）反内幕交易的法律框架

我国禁止内幕交易的立法是随着证券市场的不断发展逐步完善的，目前已经形成了一个由《刑法》、《证券法》、《公司法》、行政法规和规章以及行业自律性规定组成的，相对完整的禁止内幕交易法律法规体系。

我国关于证券内幕交易的立法雏形是1990年10月中国人民银行发布的《证券公司管理暂行办法》第17条，后来有了《上海市证券交易管理办法》第39条和第42条，《深圳市股票发行与管理暂行办法》第43条。1993年4月22日，国务院颁布了《股票发行与交易管理暂行条例》，对内幕交易及其法律责任做出了初步规定。1993年9月22日，国务院证券委又颁布了《禁止证券欺诈行为暂行办法》，进一步对内幕交易作了明确具体的规定。1997年10月生效的《刑法》纳入了证券欺诈条款，第一次以基本法的形式规定证券内幕交易为刑事犯罪行为，并规定了其刑事责任，为打击内幕交易提供了强有力的法律工具。1999年7月1日生效的《证券法》，对内幕交易的定义、内幕人员的界定、内幕信息的内容，以及内幕交易的类型都做出了详细具体的规定。随着资本市场的不断发展和经济改革的不断深入，《刑法》《证券法》和《公司法》中有关内幕交易的条款分别于1999年和2005年进行了适当修订，充实了完善公司治理结构、保护中小投资者权益等内容，对诸多违法行为设定了追究民事、行政法律责任的条款。2007年，中国证监会又颁布了《上市公司董事、监事和高级管理人员所持本公司股份及其变动管理规则》及《限制证券买卖实施办法》。同时，《证券市场内幕交易行为认定指引》与《证券市场操纵行为认定指引》也已开始在证监会内部试行并报最高法院研究，相信具体的司法解释会在不久的将来出台。可见，我国对于内幕交易以及相关行为的立法正朝着查缺补漏并不断细化的方向发展，相对于以往恪守大陆法系与国情的僵化处置，我国证券法律法规正向英美等海洋法系国家借鉴成功之处，兼收并蓄，最终目的是增加内幕交易者的违规成本，对其形成法律威慑。

关于对内幕信息的认定，我国《证券法》对内幕信息的界定采用了概括定义与列举相结合的方法。《证券法》第75条规定："证券交易活动中，涉及公司的经营、财务或者对该公司证券的市场价格有重大影响的尚未公开的信息，为内幕信息。"具体而言，它既包括了第67条所规定的"公司的经营方针和经营范围的重大变化"等12种重大事件，也包括75条补充的"公司分配股利或者增资的计划"等7种内幕信息，合计19种。

对内幕交易主体的认定，我国《证券法》第74条规定，内幕人员指知悉证券交易内幕信息的知情人员。具体包括如下七类：发行人的董事、监事、高级管理人员；持有公司百分之五以上股份的股东及其董事、监事、高级管理人员，公司的实际控制人及其董事、监事、高级管理人员；发行人控股的公司及其董事、监事、高级管理人员；由于所任职务可以获取公司有关内幕信息的人员；证券监督管理机构工作人员以及由于法定职责对证券的发行、交易进行管理的其他人员；保荐人、承销的证券公司、证券交易所、证券登记结算机构、证券服务机构的有关人员；国务院证券监督管理机构规定的其他人员。显然，《证券法》对内幕人员的认定是通过特定的身份进行的。由于在实际市场中，内幕人士身份复杂，相关者的配偶、亲属、朋友，各色人等都有，因而这种从物理结构上进行的定义给反内幕交易监管带来了局限和困难。为解决该问题，2007 年 3 月下发并在证监会内部试行的《证券市场内幕交易行为认定指引》（下面简称《指引》）吸取了国际内幕交易界定的经验。在美国，因偶尔听到某家上市公司的内部信息，购入或者抛出股票牟利的行为都会归入内幕交易而受到追究，通过事实而非身份界定内幕人员，即可轻易绕开上面提到的问题。因此，《指引》对内幕人员的认定做了新的规定，只要有充分证据表明是知悉内幕信息的知情人进行证券买卖，就构成内幕交易。这样一来，所有有证据表明涉及内幕交易的人员都将置于法律法规的约束之下，既避免了监管人员的浪费，也避免了法律条款界定空白而造成的无法可依的困局。

关于对内幕交易的处罚。我国内幕交易的处罚方式主要有刑事制裁、行政处罚与民事赔偿三种。刑事制裁适用的法律为《刑法》，内中明确规定有内幕交易罪。根据《刑法》（1999 年修正案）第 180 条的规定：“证券、期货交易内幕信息的知情人员或者非法获取证券、期货交易内幕信息的人员，在涉及证券的发行，证券、期货交易或者其他对证券、期货交易价格有重大影响的信息尚未公开前，买入或者卖出该证券，或者从事与该内幕信息有关的期货交易，或者泄露该信息，情节严重的，处五年以下有期徒刑或者拘役，并处或者单处违法所得一倍以上五倍以下罚金；情节特别严重的，处五年以上十年以下有期徒刑，并处违法所得一倍以上五倍以下罚金。单位犯前款罪的，对单位判处罚金，并对其直接负责的主管人员和其他直接责任人员，处五年以下有期徒刑或者拘役。内幕信息、知情人员的范围，依照法律、行政法规的规定确定。”

行政处罚适用的法律主要包括 2005 年修订的《证券法》《公司法》以及中国证监会颁布的行政法规和部门规章。根据《证券法》第 202 条的规定：“证券交易内幕信息的知情人或者非法获取内幕信息的人，在涉及证券的发行、交易或者其他对证券的价格有重大影响的信息公开前，买卖该证券，或者泄露该信息，或者建议他人买卖该证券的，责令依法处理非法持有的证券，没收违法所得，并处以违法所得一倍以上五倍以下的罚款；没有违法所得或者违法所得不足三万元的，处以三万元以上六十万元以下的罚款。单位从事内幕交易的，还应当对直接负责的主管人员和其他直接责任人员给予警告，并处以三万元以上三十万元以下的罚款。证券监督管理机构工作人员进行内幕交易的，从重处罚。”由此可见，在内幕交易的刑事和行政处罚方面，我国法律都做出了非常明确且严厉的规定。

而在内幕交易的民事赔偿责任方面，我国法律却存在较大欠缺。我国最早只在 1993 年的《股票发行与交易管理暂行条例》第 77 条和《禁止证券欺诈行为暂行办法》第 23 条对内幕交易行为的民事责任作出了“依法承担民事赔偿责任”

的笼统规定。虽然在 2000 年最高人民法院颁布的《民事案件案由规定（试行）》当中，证券内幕交易纠纷被列为民事案件案由之一，但是直至 2005 年，《证券法》修正案才第一次明确了内幕交易行为的民事赔偿责任（第 76 条），并对短线交易及归入权行使作出了相应的规定（第 47 条）。在上述法律条文中，对于投资者因内幕交易造成的损失如何计算、内幕交易的时间点应如何确定等关系到投资者切身利益的问题都未有明确规定，对于上市公司在内幕交易过程中是否应负连带责任，会不会成为共同被告等问题也尚未提及，需要司法解释做出相关规定。由于缺少相关司法解释，受损失投资者的民事索赔权利实际上无法行使，这使得内幕交易受害者的维权之路显得崎岖而漫长。

（二）反内幕交易的执法及监管情况

虽然我国资本市场的发展起步较晚，但是与国外相比，我国的内幕交易行为具有自己的特点，主要是内幕交易普遍、隐蔽性强、交易主体多样且与其他违法行为相关联（如虚假陈述、市场操纵等）。复杂的证券犯罪形态加上法律法规和制度建设的相对滞后，使得我国在执行法律打击内幕交易的过程中一直面临着发现难、查处难和监管成本高昂的窘境。因此，与其他国家一样，我国对内幕交易的监管同样具有“立法严而执法松”的特点，发现效率和处罚力度等难以得到广大投资者满意。行政处罚方面，1994 年的“襄樊信托内幕交易案”是中国证监会公开查处的第一起内幕交易案。在近年来证监会查处的违规案件中出现“内幕交易”字样或被证监会按照与内幕交易相关规定公开处罚的案例较多，它们有的只涉及内幕交易，大多则是市场操纵与内幕交易共同存在。业内人士普遍认为，这与实际发生的内幕交易相比，被查处的案例仍然是少之又少。

在刑事制裁方面，虽然 1999 年的《刑法》就已经对内幕交易罪有了明确的规定，但是直到 2003 年 3 月 10 日，“深深房”原董事长叶环保才成为因犯内幕交易罪被追究刑责的第一人。而时至今日，内幕交易罪的判例也只有很少数例。民事赔偿方面，情况则较为复杂。由于 1999 年 7 月开始实行的《证券法》对内幕交易、操纵市场民事赔偿的规定语焉不详，但没有明确禁止；而 2000 年 10 月最高法院颁布的《民事案件案由规定（试行）》中有证券内幕交易纠纷、操纵证券交易价格纠纷、虚假证券信息纠纷等。2001 年 9 月 21 日，最高法院下发了《关于涉证券民事赔偿案件暂不予受理的通知》（即《9.21 通知》），称因法院尚不具备受理及审理条件，要求各地法院暂不受理证券市场虚假陈述、内幕交易、操纵市场的民事赔偿案件。2002 年 1 月 15 日，最高法院颁布通知，宣布可以受理虚假陈述民事赔偿诉讼，2003 年 1 月 9 日，又颁布了更为详尽的《关于审理证券市场因虚假陈述引发的民事赔偿案件的若干规定》。直至 2007 年 5 月底，全国民商审判工作会议上，最高法院副院长奚晓明对证券民事赔偿案件做出了重要指示，强调2005年修订后的《证券法》已明确规定了内幕交易、操纵市场的侵权民事责任，因此对于投资者对侵权行为人提起的民事诉讼，法院应当参照虚假陈述司法解释前置程序的规定来确定案件的受理，并根据关于管辖的规定来确定案件的管辖。会后，奚晓明的讲话作为最高法院文件下发到全国各级法院，这意味着尘封多年的内幕交易、操纵市场民事赔偿终于解禁。内幕交易、操纵市场民事赔偿案件的成立，需以中国证监会、财政部及其他行政机关作出的行政处罚决定、法院认定有罪的刑事判决为诉讼前提，诉讼时效为行政处罚决定、刑事判决书作出之日起两年内。

三、我国上市公司内幕交易法律规制的缺陷

当前，我国上市公司内幕交易法律规制包括事前预防、事中监控和事后制裁三个方面，但每个方面都存在一定的缺陷。

（一）内幕交易事前预防制度的缺陷

根据中华人民共和国《公司法》和《证券法》的规定，我国已经建立了一系列的内幕交易预防制度，具体包括：第一是信息公开制度；第二是分业经营制度；第三是证券交易所的自律管理；第四是高级管理人员股份转让制度，即对董事、监事和高级管理人员转让其持有的本公司股份进行了约束；第五是大股东持股及变动情况的申报、公开制度；第六是异常情况报告制度；第七是内幕信息知情人登记制度。

内幕交易的事前预防主要表现在信息披露，我国《证券法》对信息披露制度的规定包括初始信息披露制度和持续信息披露制度。信息披露制度作为预防内幕交易的重要方式之一，严格要求上市公司准确、及时地披露一切依法应当披露的重要信息数据和相关资料，以供投资者在做出投资决策时作为重要参考依据。然而在事前预防机制中，信息披露没有发挥其应有作用，还存在以下不足之处。第一是披露信息种类不全、方式单一。我国《证券法》的相关规定未将国家政策、法律规定中的有关信息以及政府和相关部门对上市公司做出的管理决策等信息列为重大信息而加以披露。而且，信息披露方式存在很大风险，主要是由上市公司掌握信息披露的主动权造成的。实践中，考虑到信息制作和发布成本，尤其是公告一些重要信息可能会成为竞争对手利用的工具，上市公司会设法减少信息发布量以维护自身利益。第二是信息公开的渠道过窄。根据《证券法》第70条规定，披露的信息应当在中国证监会指定的媒体上对外公告，这种信息公开的方式过于单一，在操作中存在很大的弊端，因为在实践中，信息的传递方式是多元化的，上市公司在按照指定的方式公开信息之前，必然会存在着部分信息泄露的风险，这会为内部人进行内幕交易提供机会，也让一些内部人员钻法律的空子，

从而使内幕交易行为合法化。

（二）内幕交易事中监控制度的缺陷

事中监控制度指的是依靠相关公司或内幕人员以外的力量预防和控制内幕交易的制度，并能有效保障内幕交易预防制度发挥作用。根据我国相关法律法规，对内幕交易行为进行事中监控的制度主要包括：第一是证券交易所的停牌制度；第二是实时监控、风险防范制度；第三是证监会实施调查，目前证监会对内幕交易的调查分为非正式调查和正式调查两种方式。

在实践中，监控这一环节问题是最多、最复杂的，也最易受到社会公众的质疑。第一，中国证监会是主要的监管主体，同时中国人民银行、财政部、地方政府等也都负有一定的监管权限和监管责任，但这种监管体制具有权责不清、多头管理等弊端，不仅降低了监管效率，而且增加了监管成本。第二，我国证券监管体制是集权式的，中国证监会作为主要的综合性监管主体拥有很大权力，但是证监会的监管模式比较单一化，且缺乏自我监督、自我约束的机制。虽然《证券法》规定了证监会的权利、责任和义务，通过信息公开、审计等方式实施监督，确保交易公平，但由于我国证券业协会等行业自律组织作用有限，同时也没有其他专门机构进行监督，这即成为我国证券市场监管制度的一大重要缺陷。第三，中国证监会习惯用行政手段监管证券市场，而政策的多变性使得证券市场的监管缺乏连续性和刚性，使投资者无所适从。

（三）内幕交易事后制裁制度的缺陷

当前，我国对内幕交易行为的制裁方式主要体现为行政处罚、民事处罚和刑事处罚。第一，内幕交易的行政处罚，主要由证监会负责。《证券法》规定，对内幕交易行为人可以责令依法处理非法获得的证券、没收违法所得以及罚款等。第二，内幕交易的民事处罚，主要是为了弥补损害，为投资者挽回损失。《证券法》规定“内幕交易行为给投资者造成损失的行为人应当承担赔偿责任”，明确了内幕交易的民事赔偿责任。第三，内幕交易的刑事处罚，是国家对证券市场主体犯罪行为最严厉的制裁。《刑法》规定，对证券交易内幕信息知情人员或者非法获取证券交易内幕信息的人员买卖该证券或者泄露该信息的，最高可处 10 年以下有期徒刑，并处违法所得 1 倍以上 5 倍以下的罚金。单位犯内幕交易罪的，对单位判处罚金，并对其直接负责的主管人员和其他直接责任人员处 5 年以下有期徒刑或者拘役。

从上述内容可以看出，目前我国法律对证券内幕交易事后制裁的规定存在着以下不足。第一是内幕交易的处罚范围过窄。从现行法律规定来看，内幕交易的处罚范围是“违法所得”，它所强调的是收益，然而，利用内幕信息来规避损失的行为也应当被禁止，因而“违法所得”的处罚范围是不全面、不公正的。第二是内幕交易受害人的实体与程序规定空白。在我国《证券法》中，对内幕交易受害人范围、损害赔偿的范围、民事赔偿诉讼程序以及认定损失等，目前都没有明确规定，因而导致在司法实践中难于追究内幕交易行为的民事责任。第三是法律责任与处罚力度较轻。在很多情况下，对内幕交易行为人的民事处罚，仅以60万元作为处罚的上限。依据我国《刑法》的规定，内幕交易罪是破坏经济秩序罪的一种，与其他破坏经济秩序罪相比，内幕交易罪有两个刑罚幅度，一是5年以下，二是5年以上10年以下。但是我国《刑法》规定，财产犯罪、危害公共安全罪、经济犯罪的最高刑罚是15年，而内幕交易罪与之相比较显得略轻，似有不合理之处。

第二节　内幕交易法律完备度的影响因素

有限的执法资源相对于广泛的被监管对象，总是显得力不从心，甚至常常会出现捉襟见肘的现象。世界多数国家在证券市场监管中都会遇到监管成本过高和监管资源不足的问题，即使是美国的监管机构SEC，也不能例外。为了弥补这种成本劣势，监管者就必须精打细算，将每一份资源都用在刀刃上，力争收到事半功倍的效果。对于中国等新兴市场国家来讲，由于证券市场建立的时间还比较短，各种管理体制还不成熟，法律的制定和实施都跟不上市场的发展。在制度的层面上，可能使得监管执法的成本大大提高，因此我们还需要从制度因素上来寻找原因，更大限度地降低监管执法的成本，从而提高法律的完备度，提高内幕交易监管的有效性。

在内幕交易监管执法的制度层面上，我们认为主要有几个关键性的因素制约了监管效率的提高。第一是判例法制度，判例法制度在内幕交易的认定中起到了非常重要的作用，如果对内幕交易的认定不能够明确，那么后续的监管措施都难以实现。第二是内幕交易查证时的举证责任制度，内幕交易的举证是非常耗费成本的，可能是内幕交易案件中对监管成本影响最大的因素。第三是就是对监管者的监督问题。

一、判例法制度与内幕交易

内幕交易的认定对各国证券监管机构来说，都是一个永久性的课题，虽然说“以所知谋所利”近乎人情，但却严重地侵蚀了市场赖以生存发展的公平基础，因此各国监管机构对内幕交易的认定都在不断地演进和发展。要精确地认定内幕交易是非常困难的，正是基于这个原因，在规制内幕交易法律最为发达的美国，无论是立法机关的国会、司法机关的最高法院还是证券监管机构的证券交易委员会，都不愿意对内幕交易作出准确的界定。但是却对内幕人员和内幕信息进行了较为详细的规定。我国《证券法》也对内幕人员和内幕信息作出了相应的规定，而且还出台了专门的《内幕交易认定办法》，对内幕交易的认定做了细化补充。美国对内幕人员进行了非常详细的定义，而中国最近《证券法》的修改和《内幕交易认定办法》的实施，对内幕人的定义也有了很大的扩展。但是，我国的内幕交易认定中仍然忽视了发行人的大股东、内幕人员亲属等潜在内幕交易的主体。但是，美国对于内幕人员的界定也不是完全明确的，但实际上美国对于内幕交易的认定上要比中国有效率得多。为什么法律条文的制定越来越相似，但内幕交易执法的效率却还有着如此大的差距呢？一方面，因为美国内幕交易监管实施时间比较长，监管执法人员在素质和经验上都有所提高；另一方面，美国是判例法国家，在法律条文之外，还制定了很多的判例，而这些判例正是内幕交易执法的重要依据。内幕交易判例的存在，使得内幕交易监管的成本大大降低了，而且能够应付新出现的内幕交易案例。条文法采取的是一种“从上而下”的造法原则，对起草法律、立法人员的“想象力”要求很高，否则就会出现“暂不受理”的现象。而且，条文法的立法周期、解释周期也很长，法律的健全需要一段较长的时间。相反，判例法是基于“自下而上”的原则，由在第一线工作的法官根据具体案情去掌握运用法的精神，由此制定出的法律更能反映对专业、对具体案情较了解的法官的判断，能反映普通人的观念，使法律的可操作性提高。而且因为法官受到相关法律原则和以往判例的约束，也保证了执法的准则不会随时间的变化而变化。相比较于条文法来讲，判例法体系有利于法治在不同时间内的一致性，因为法官在今天审理案件时不得不依照以往的案例。我们知道，在经济领域，我国三十多年的改革开放取得了举世瞩目的成就，很大程度上是因为市场第一线的从业者在决定经济事务。在市场第一线的经济工作人员，最了解市场的具体情况，最能发挥出自身的能力，最有可能达到资源的有效配置。在司法体系中，判例法也强调由处于第一线的法官遵照相应的法律原则去审理案件，因为他们最了解诉讼案件的细节。或许正是因为由处在第一线的法官去掌握对法律原则的操作细节，使判例法国家的证券诉讼准则能更好地反映大众投资者的心声，从而能够更好地完善内幕交易的执法体系。

在美国等发达国家内幕交易法的完备过程中，判例法起到了关键性的作用，而且降低了执法的成本，使得内幕交易监管更有效率。我国正在大力推行保护中小投资者的政策，但在面对内幕交易案例时，常常出现新的情况，因此法院会难以判决。如果适当地引入判例，并在内幕交易案例的判定中沿用，那么基于法律层面的执行者应对新情况的能力就会有很大的提高，中小投资者也会得到更好的保护。

二、举证责任制度与内幕交易

在内幕交易的监管中，主要有两个难点：一个是如何发现内幕交易，另一个是如何证明内幕交易的存在。很多内幕交易案件，由于举证的困难，难以对其进行处罚。内幕交易的举证，证实内部人员确实参与了内幕交易，是需要耗费很大成本的。内幕交易者在从事交易时一般都非常的隐蔽，要想取得证据是颇费周折和耗费时间的。举证的困难，直接影响了内幕交易监管的效率。各国内幕交易监管的有效性出现差异，很大程度上也取决于内幕交易举证的成本差异。

美国证券监管部门对于内幕交易尤其敏感，但在20世纪80年代以前执法效率也非常低。美国在1968年之前对内幕交易的起诉必须证明行事意图，也就是控诉方必须证明内部人存在欺骗、操纵的意图。但行事意图的证明非常困难，因此控诉者获胜的难度很大。美国国会在1968年重新制定了“威廉法案”，该法案明确指出控方不再需要证明行事意图，使得内幕交易监管的效率大大提高。只要存在着内幕交易的事实，而不管交易者是内部人、亲属，还是普通股民，只要直接或间接、有意或无意地获得了内幕信息，并参与交易，都被列入内幕交易。按照美国1988年《内幕交易和证券欺诈执行法案》（ITSFEA）的规定，原告只需证明以下事实即可：被告在进行交易时知道相关公司的内幕信息；原告的交易行为与被告的交易行为同时发生；原告的交易行为是与被告反方向的交易行为；原告在此交易行为中受到了损失。至于被告是否负有“信义义务”，以及其所受损害与被告行为之间是否存在因果关系，无须由原告证明。

由于举证责任制度能够节约内幕交易监管的成本，而且显得更有效率，很多国家都开始对举证责任制定进行改革。从1970年开始，法国证券监管部门对于内幕交易的举证责任是依刑法处置的，但需要由控方证明被告的行事意图。由于内幕交易举证极其困难，因此其法案在1983年和1988年进行了修正，对于某些状况不用证明行事意图。英国等国家也进行了法律制度的改革，规定不是所有失当行为都必须证明行事意图。长期以来，我国一直也是由控方举证证明内幕交易的存在，这也影响了我国内幕交易监管的有效性。由于这种制定上的限制，会使得内幕交易执法的效率难以提高。在内幕交易民事责任中，我国也可以借鉴举证责任倒置的办法，即规定由被告证明自己没有过错，原告的损害完全是因为其自身的判定错误或其他原因造成的。如果实行举证责任倒置，那么投资者就会对举报或控诉内幕交易产生积极性，从而内幕交易监管的成本也会下降，监管的有效性也会得到提高。这样一来，大众投资者对市场的信心也会得到一定的增强。2012年最高人民法院、最高人民检察院《关于办理内幕交易、泄露内幕信息刑事案件具体应用法律若干问题的解释》，2014年《中华人民共和国证券法》修正及《中华人民共和国刑法》（2015年修订）对内幕人员的界定、举证责任制定都作出了更为合理的规定。这将进一步完善我国的内幕交易法案，但实施的效率还依赖于我国监管机构和法院的执法能力。

三、监管者的监督与法律完备度

内幕交易法律的完备性，不仅表现在法律制度本身的健全性，或者执法能力的高低，也表现为剩余立法权和剩余执法权的分配问题。由于关于内幕交易的法律常常处于一种不完备的状态之中，法律的威慑力难以实现。法庭执法的被动性和滞后性，以及通过法庭私人诉讼解决问题的高成本性，使得单纯依靠法庭执法的司法效率较低，不能有效地解决纠纷和有力地惩戒内幕交易犯罪。证券监督机构的出现，使得内幕交易法律的完备度有了提高，但是投资者需要监管机构能够持续高效地执法，如果不能持续高效地执法，那么长期内作用可能就会变得很小。证券监管机构的监管效率，在长期是需要激励的，如果没有激励的存在，那么就存在监管者难以履行职责的可能。证券市场的内幕交易监管，牵涉的利益非常大，而且存在寻租的可能性，因此如果监管人员卸职或者寻租，将对证券市场带来很大的波动，也会直接影响到投资者的信心。因此，证券监管机构也是需要监督的。政府和监管机构实际上存在一种委托代理关系，而监管机构与监管人员之间也存在着这种委托代理关系，作为代理人，监管人员也需要接受一定的监督，才能更好地去执行监管的职能。

内幕交易案件一般比较复杂，在法律不够完备的情况下，调查成本非常高，而收益相对较小，因此证券监管机构或者法庭都存在卸职的可能。一方面，如果缺乏激励，那么执法机构就有纵容内幕交易的可能性；另一方面，如果有了较高的激励，那么执法机构又存在滥用权力获取收益的可能性。现在对证券市场的监管，主要是集中监管的模式，通过加强证券立法，并在公开原则下形成对正确市场监管的法律依据。我国证券监管模式经历了交易所监管到国务院证券委和各部委、地方政府共同监管，再到以中国证监会为核心的集中监管的变迁，这一历程伴随着监管机构的沿革与监管部门的职能演进。在我国，证券监管机构是政府的代理人，因此监管能力的强弱会直接影响到监管者的晋升前途，所以不仅仅有经济利益的存在，可能还有政治利益的存在。如果一个监管人员正在事业的上升期，那么他就有很大的动力去做好监管工作，他会努力地一丝不苟地工作，做出成绩寻找晋升的机会。如果一个监管人员已经过了事业巅峰期，或者难以看到晋升机会，那么他可能就会渎职，或者纵容内幕交易，或者滥用职权谋求一定的利益。

证券监管作为一种公共物品，难免存在着外部性，使得市场监管和公共利益之间出现偏差。例如，加重对内幕交易的惩罚无论在短期还是长期都能更为有效地抑制侵权行为的发生，但是在目前的监管框架下，政府是市场监管的最终供给者，监管活动的委托代理链条很长，监管者本身无法从政府那里获得足够和有效的激励。在缺乏足够的激励约束机制的前提下，监管者就可能存在偷懒卸职或者权力寻租。良好的市场激励机制，对于内幕交易执法效率的提高是很有帮助的。美国监管部门鼓励知情人、律师、新闻媒体等向其举报，消息一旦证实，举报人可以获得案值10%的奖金。2007年美国曾发生一件非常典型的案例。香港王氏夫妇在短短20天内，以1500万美元在道琼斯公司收购案公布前后，买卖道琼斯股票而狂赚了818万美元。美国证券交易委员会认为这对夫妇涉嫌内幕交易并迅速采取行动，要求法院冻结当事人账户并启动诉讼程序，而举报其违规交易行为的正是美林证券公司。该公司在王氏夫妇下达抛售指令的当日，就向美国证券交易委员会报告了这笔不寻常的交易，为监管部门提供了有力的佐证。从这个案例使我们可以看到，一个良好的激励机制，无论是对监管机构的激励，还是对其他机构或个人的市场化激励，都有利于发现内幕交易，惩罚内幕交易，提高内幕交易监管的有效性。

除了激励机制外，由于监管机构还可能存在卸职行为，因此还需要另外的制度安排来弥补这种体制的不足。由于监管机构可能出现错误，因此需要给内幕交易嫌疑人提供反证和申辩的机会。当内幕交易嫌疑人对监管机构或仲裁机构的判决不满意时，应该让其向法庭或其他机构申辩，提出反证，推翻信赖推定。如果投资者的损失确实是由其他原因造成的，那么内幕交易者不应当承担赔偿责任。内幕交易行为确实应当受到惩治，但是如果让违法者承担其不应承担的责任则有失公允。

目前，中国证监会、证券交易所及中国证监会在各地区的派驻机构等权力分配还不够明确，因此可能会出现激励不足或者监管人员卸职的情况。但是，在目前的体制下，监管者的监管问题是一个难点，如果单纯依靠监管机构的自律是难以发挥出最佳效果的。监管者的监督，还需要做进一步的研究，这也是制约法律不完备性的一个关键因素。在内幕交易监管上，剩余立法权和剩余执法权的进一步明确和完善，将对监管机构的边界进行限制，只有在适当的范围内发挥出应有的作用，才能真正提高执法的效率。

第三节 内幕交易规制的立法框架构建

一、对内幕交易的基本概念予以明确界定

对于立法来说，基本概念的澄清是至关重要的，它不仅涉及立法的科学性，而且关乎立法标准的统一性以及执法的可行性。我国对内幕交易的基本概念可从如下几个方面予以改进。

（一）科学界定内幕交易主体的范围

我国《证券法》第68条以列举的形式规定了内幕交易主体的范围。但是列举式的规定一方面难以穷尽所有可能的情形，另一方面随着证券市场的不断发展，新的内幕交易形式层出不穷，列举式容易出现无法试用的问题。我国应当借鉴国际经验，对内幕交易主体进行适当分类，从而增强内幕交易主体规定的适应性。从各国法律对内幕交易主体的认定来看，对内幕交易主体的范围界定越来越宽泛。我国资本市场现在处于新兴加转轨阶段，市场本身的许多诟病使得内幕交易难以有效规制，因此对内幕交易主体的界定应当尽可能宽泛。此外，应当采用“知悉内幕信息”作为内幕人员的认定尺度，从而要求人们在禁止内幕交易立法中，对市场内幕人员、公司内幕人员、政府内幕人员以及获知内幕信息的其他内幕人员进行有效规制。

（二）科学界定内幕信息

我国对内幕信息的界定采用列举的方式进行。我国《证券法》第75条规定：证券交易活动中，涉及公司的经营、财务或者对该公司证券的市场价格有重大影响的尚未公开的信息为内幕信息。在此基础上又列举了19条具体的重大事件，主要涉及对公司证券价格具有重要影响的经营管理及财务等方面的信息。这一规定过于粗糙，对于内幕信息所具有的非公开性和重大性特征没有做出明确规定，而且对于影响证券价格的外部信息是否属于内幕信息没有做出明确的规定。对于内幕信息的非公开性，我国只是按照惯例，沪深证券交易所在遇到上市公司有重大信息公布时，该上市公司证券在一段时间内暂停交易，以便保证公众知悉和消化。信息只要在全国性的新闻媒介公开，内部人员就可以进行证券交易。鉴于目前我国证券市场新兴加转轨的性质，信息公开应以实质性公开作为判断标准，即只要未经市场吸收或尚未在证券价格中得到反映的信息，即可称为内幕信息。此外，信息虽然未公开，但有足够的事实表明该信息已经为市场所消化，则该信息不能称为内幕信息。

我国对于信息的重大性依然是采取列举的方式来进行规定，信息的重大性，是指任何理性投资者知悉该信息后将重新考虑其原来的投资决策。我国《证券法》所列举的内幕信息基本都是公司本身的信息，对于公司外部内幕信息多有疏忽，如证券监管部门对于上市公司相关事项的审批，政府部门对上市公司的调查、处罚和奖励等决定，国家针对某行业政策方针的变化以及国家宏观经济调控政策等，都有可能成为“内幕信息”。因此，对证券价格有重大影响的非公开信息均应纳入内幕信息的范畴。

（三）完善“内幕交易行为”的有关规定

内幕交易行为是“内幕交易主体”和“内幕信息”的结合点，包括了内幕交易行为的主观心态、客观行为以及例外情况等内容。根据国际经验我国有必要尽快建立过错推定及举证责任倒置制度。内幕交易过错推定及举证责任倒置原则，不仅可以减少原告诉讼成本，而且可以减轻监管机构的举证责任，对内幕交易能够起到有效的规制作用。根据国际经验，该原则的适用分为两个方面：首先应当明确过错推定的原则，将举证责任规定在内幕交易方；其次，对于内幕交易方的抗辩理由也应当做出明确的规定。本质上来说，允许内幕交易方抗辩也是对该原则可能“矫枉过正”的矫正。国际经验将抗辩分为一般抗辩和特殊抗辩，我国亦应据此经验对我国内幕交易辩方的抗辩制度做出具体规定。

二、完善内幕交易民事赔偿制度

内幕交易民事赔偿制度的意义在于：首先，对于投资者来说，民事赔偿制度可以为广大内幕交易的受害者提供合理的补偿，有效保护广大公众投资者的合法利益；其次，对于内幕交易的规制来说，民事赔偿制度可以充分发挥广大公众投资者的监督作用，对内幕交易者以震慑，从而有效预防和遏制内幕交易的发生；最后，对于资本市场来说，民事赔偿制度可在一定程度上提振广大投资者的信心，从而有效地规范和活跃资本市场。

2012 年，最高人民法院、最高人民检察院《关于办理内幕交易、泄露内幕信息刑事案件具体应用法律若干问题的解释》仅规定了具体的量刑和处罚标准，但对投资者的民事赔偿鲜有涉及。而 2013 年修改后的《证券法》第 76 条虽然对内幕交易的民事赔偿制度做出了规定，但是仅仅规定“内幕交易行为给投资者造成损失的，行为人应当依法承担赔偿责任”。这样的规定过于粗糙，在司法实践中缺乏可操作性，内幕交易人的责任很难被深究，受害者的损失难以得到合理赔付。

由于立法上的局限，民事赔偿制度在实践中依然存在诸多问题。第一，在诉讼程序方面，诉讼原告不容易认定。由于内幕交易涉及的受害者数量通常十分庞大，因此原告不容易认定。在美国的司法实践中，具有内幕交易损害赔偿请求权的主体必须同时具备“与内幕交易者同时从事相反交易”和“善意进行交易”两个条件。在内幕交易人从事内幕交易买卖的同时与之从事相反交易的善意投资者，应当是内幕交易受害人，有权提出损害赔偿。做出相反交易的投资者善意对内幕交易不知情，善意交易时点限定于内幕交易发生时间，这样能够准确地确定内幕交易受害人，排除仅仅因为市场系统性交易风险而受损的投资人。

第二，在诉讼的举证方面，辩方举证责任制度缺失。内幕交易诉讼中，受害人索赔需证明其损失与侵权行为之间存在因果关系。但内幕交易行为应归属为特殊侵权行为，应当适用辩方举证责任制度，即由被告行使抗辩及举证责任，以证明其不应当承担赔付责任。依据美国证券法理论，如果内幕交易导致投资者利益受损，受害者无须证明内幕信息与其损失之间存在因果联系，举证责任在辩方。

第三，在诉讼赔偿方面，目前关于赔偿金额的计算尚无明确的规定。司法实践中，由于赔偿金额无法明确计算，对内幕人员进行财产处罚和对受害者进行损害赔偿出现冲突时，无法践行民事责任优先的原则。不仅是美国，很多国家一般对内幕交易民事赔偿的计算做出了明确的规定，而且一般都确立了民事责任优先的原则，政府对内幕交易人做出处罚的最终目的是保护投资者的合法利益，这样当对内幕人员进行财产处罚和对受害者进行损害赔偿出现冲突时，应当实施民事责任优先的原则。最高人民法院应对证券市场所发生的内幕交易等违法行为尽快作出民事赔偿司法解释，以完善资本市场民事侵权责任制度。我国可以借鉴美国的相关立法规定及司法实践，尽快完善我国内幕交易民事赔偿制度。

三、理顺法律制度与内幕交易关系

（一）健全中小股东利益诉求体制

我国上市公司的流通股比例相对于欧美发达国家而言较低，公司内部治理结构和股权结构也不尽合理，在大股东和小股东之间的利益及权利的不均，致使大股东利用手中的控制权与管理者共同侵害中小股东权益现象时有发生。在我国多数上市公司中，通常是一部分或者几个或者是某一个大股东控制着公司的经营与发展方向。由于在证券市场上，上市公司的中小流通股东具有较强的地域分散性，因此，在上市公司的经营决策、发展战略、相关投资规划等方面几乎都是按照大股东的意志来实施的。由于中小股东在地域和时间上的缺陷，很难在股东大会上表达自己的真实意愿，这就造成了大股东在很多时候会选择对自己有利的公司发展规划或者相关的经营决策，进而侵害广大中小股东的权益。

因此，为了保护众多中小股东的利益，完善证券市场的“公开、公平、公正”原则，必须健全中小股东的利益诉求机制。在股东大会针对公司发展战略和相关重大决策时必须使广大的中小股东参与进去，进而表达中小股东的意愿，制约大股东和管理者合谋控制公司的情况。所以，在公司的股东大会表决时，可以通过借助现代科技的手段，通过网络投票或者通讯、电子、录音、视频表决等，这将会极大减少中小股东地域和时间上的制约因素，使广大中小社会股东都能参与到公司的未来发展规划中。同时，对股东大会的表决形式可分为两个利益共同体，即大股东利益共同体和广大中小股东利益共同体。在表决时采用分开表决的方式，只有当两个共同体的表决方向一致或大致相同的时候才能实施某项措施或者重大决策，这样才能够保证所有股东利益的一致性，制约大股东侵害中小股东利益的行为。

（二）加重内幕交易者的法律责任

无论是行政处罚还是刑事处罚，我国目前对于内幕交易的处罚明显过轻，难以起到威慑作用。以《刑法》内幕交易罪的规定为例，我国刑法规定内幕交易罪的最高刑期为10年，对于罚款的规定是违法所得1~5倍。而美国《2002年萨班斯-奥克斯利法》，将内幕交易罪的监禁刑期由10年增加到20年，对自然人从事内幕交易的罚金由100万美元增加到500万美元，对法人从事内幕交易的罚金由250万美元提高到2500万美元。而且美国对内幕交易规定了较为详尽的民事诉讼制度，这也在很大程度上加重了对内幕交易者的处罚。相比较之下，我国对内幕交易法律责任的规定明显过轻。有些学者甚至将内幕交易犯罪与贪污罪、贿赂罪和盗窃罪进行比较，认为具有相似的性质，但内幕交易罪最高刑期仅为10年有期徒刑，而贪污罪、贿赂罪和盗窃罪最高可判处死刑。加重对内幕交易的处罚才能对内幕交易者起到震慑作用，从而对内幕交易进行有效的规制。

（三）净化法律制度环境

在证券市场中，法律制度环境的改善会影响到投资者利益的保护程度，对内幕交易行为也会产生一定的影响。通常来说，法律制度环境越完善，投资者的投资行为越规范，越有利于保护投资者的合法利益，对抑制内幕交易行为具有促进作用；反之，法律制度环境越不完善，违规成本越低，越难以保护投资者的利益，越容易发生内幕交易行为。近年来，尽管我国证券市场的法律制度环境在不断改善，但在惩罚内幕交易者、保护中小投资者利益方面还存在不少缺陷。虽然出台了《证券法》（2013年）、《上市公司信息披露管理办法》（2007年）和《证券市场内幕交易行为认定指引（试行）》（2007年）等与内幕交易行为有关的法律法规，但这些法律法规对于如何认定内幕交易行为，都是粗线条的，并没有太多细节，存在一定的界定不够明确、认定的范围比较宽泛、操作性不强等问题。另外，专门针对内幕交易的《内幕交易法》《中小投资者保护法》等相关配套的法律法规还没有建立起来，没有建立惩处内幕交易行为的民事赔偿制度，即使有民事赔偿的规定，也因缺乏有效的民事诉讼手段而无法真正执行。因此，法律制度环境不佳，没有强大的法律约束和威慑，掌握现代信息优势的内幕人员通过内幕交易来获取超额利益将是理性的选择，这必然会助长内幕交易行为的发生。同时，中国各个省、市、自治区之间的法律制度环境也存在一定的差异，对当地上市公司的经营、治理结构及内幕交易等方面也会产生不同的影响。

四、完善我国反内幕交易规制体系

为有效遏制内幕交易，增强资本市场的透明度，落实“公开、公正、公平”原则，切实保护投资者合法权益，需通过制定《反内幕交易法》，明确界定内幕交易人、内幕信息，具体规定行政执法、相关人员的权利、义务、法律责任，着力解决我国证券市场中内幕交易行为的法律规制。

（一）完善内幕交易事前预防制度

目前我国完善内幕交易事前预防的重点是增加信息披露的信息种类，具体应当包括：国家政策及法律规定中的相关信息、政府及有关部门对上市公司的监管决议等；可能对某一上市公司的证券价格产生影响的源于公司外部的信息。此外，为了保证上市公司掌握信息披露主动权的披露方式的合理性，应由政府主管部门或证券监管机构对重要信息进行定期发布，确保信息披露的及时性和准确性。

我国法律中规定的信息披露渠道单一，将信息披露的渠道限定为在证券监管机构指定的媒体上发布，这一规定，已不符合当前人们获取信息的习惯，影响信息披露的实际效果，这会为内幕交易增加机会。因此，应进一步拓宽信息披露的渠道：一是要求上市公司必须依据相关规定随时在网上公布需要发布的信息；二是对于需要发布的信息，上市公司必须通过证券交易所的信息平台向公众发布。

在上市公司资产重组、收购兼并过程中，内幕交易行为的发生尤为频繁。对公司收购来说，大股东持股比例的变化情况具有预警作用，因此大股东持股信息披露制度具有重要意义，应规范上市公司资产重组时信息披露的规则。我国《证券法》规定：“大股东持股达到5%时，应及时向国务院证券监督管理机构、证券交易所提交书面报告，通知该上市公司，并予以公告”。在完善上市公司收购信息披露规则时，应当着重加强对大股东报告制度的监督，在大股东未在规定期限报告时，由证券交易所及上市公司负担起报告义务，及时向证监会报告。

（二）完善内幕交易事中监控制度

明确证券监管机构的职权，建立独立且专业化的证券监管机构，使监管机构的职权进一步清晰化。我国《证券法》赋予了中国证监会特有的证券监管职能，然而实践中又存在多个部门共同监管，由于部门之间缺乏统一协调与管理，相互推诿扯皮现象在所难免，影响监管效果。因此，必须明确证监会及其他部门各自的职责，这样才能保证其独立行使监管职权，有效维护证券交易市场的良好秩序。

内幕交易行为具有范围广、形式隐蔽、专业性强等特点，监控以及调查取证困难而且成本较高。因此，对内幕交易进行有效规制，单纯依靠证券监管机构很难实现。有必要建立一个以证券监管机构为主体，证券业协会、证券交易所及司法机关等联合组成的综合管理体系，构建联合监管系统，通过建立各方之间的科学协调机制，使各监管主体通力合作，充分发挥其职能作用，有效遏制内幕交易行为，保障资本市场的良性发展。

对内幕交易行为的监管，除了行政监管机构外，媒体、社会大众的监管也不可或缺，必须强化社会公众监督。媒体具有速度快、范围广、影响大的特点，通过电视、互联网、报纸等传媒方式对内幕交易行为进行报道、揭露、评论，有助于内幕交易案件的查处。随着互联网的普及，媒体监督作用的有效发挥必然会对打击内幕交易行为产生积极影响。社会公众对各种证券市场信息的变动情况具有最切身的感受，他们也是实际利益关系人和直接受害者，因而发挥社会公众对内幕交易行为披露、曝光、监督的作用，具有事半功倍的效果。

（三）完善内幕交易事后制裁制度

在内幕交易案件中，应当首先在程序上确定原告的资格，即哪些人员享有诉权，这样将有效限定诉讼主体的范围，从而明确民事诉讼主体的认定，避免司法资源的浪费。另外，明确界定内幕交易责任人员，即被告的范围。我国现行法律通过列举式认定内幕人员，比较简单。但在证券市场中，获取内幕信息的方式多种多样，国外的法律根据行为人的工作性质与获得内幕信息行为的关联性程度，以及被告是否负有义务不得利用内幕信息等情况，来确认被告是否应当承担相应的责任，这对我国进一步明确内幕人员的界定范围具有借鉴意义。

我国侵权行为法中规定的归责原则主要是过错原则，无过错原则仅适用于几种特殊的侵权行为，其中并不包括内幕交易。因此在司法实践中，原告若想获得赔偿，必须确定举证责任，证明内幕交易行为与自身损害之间存在因果关系。然而，内幕交易不仅手段复杂，而且隐蔽性极强，加之投资者尤其是中小股东一般不具备必要的专业知识，很难获取足够有力的证据进行诉讼。故我国对于内幕交易案应当实行举证责任倒置，由被告对其行为与原告的损失之间不存在因果关系举证，同时原告仍有责任证明内幕交易行为的存在和自身损失，从而更有效地保障受害人实现赔偿请求权。

在内幕交易的规制过程中，证券监管机构一直都居于核心地位，发挥着极为重要的作用，由证券监管机构对内幕交易行为人实施最有效、最直接的经济处罚，并加大经济处罚的力度。而我国《证券法》对民事责任的规定较为简单，处罚力度过小。对内幕交易行为人的民事处罚过轻，与其违法收益相比，违法成本非常低，致使内幕交易频频发生、屡禁不止。因此，加大经济惩罚力度，提高罚款上限，根据违法收益的数额来收取罚金，并在必要时引入个人破产制度，是十分必要的。

案例导读

德赛电池股份公司内幕交易案例研究

德赛电池股份公司内幕交易案例是近年来我国上市公司内幕交易案例中的典型案例，下面通过德赛电池股份公司内幕交易案例的深层次剖析，对防范上市公司内幕交易，加强上市公司监管有一定的警示意义。

一、案情简介

德赛电池科技股份有限公司（以下简称“德赛电池”）成立于1999年。2004年9月，德赛电池控股股东惠州市德赛工业发展有限公司（以下简称“德赛控股”）通过收购深圳市万山实业股份有限公司（000049）61.52%的股份成功借壳上市。2005年6月27日，深万山更名为德赛电池（000049）。德赛电池主营业务为移动电源系列产品，公司控股股东德赛控股目前持有德赛电池45.23%的股份，惠州市国资委间接持有德赛电池23.07%股份。2011~2012年，德赛电池原总经理冯大明以及谢晖等人利用德赛电池资产重组内幕信息交易德赛电池股票，获利达1800余万元。王文芳负责为德赛电池本次资产重组项目提供财务顾问服务，王文芳涉嫌将该内幕信息泄露给大学同学徐双全。徐双全通过买卖德赛电池股票，获利700余万元。2013年3月12日，上海市一中院对本案中涉案人员原申银万国证券研究所企业客户部总经理王文芳及其同学徐双全进行开庭审理，最终法庭认定二人行为构成内幕交易罪，二人分别对泄露内幕信息、内幕交易的犯罪事实供认不讳，但就涉案违法所得金额存在异议，本案未当庭宣判。2013年7月15日，深圳市中院对本案中德赛电池原总经理冯大明及其女友谢晖进行公开审理，并以内幕交易罪对冯大明及谢晖进行了刑事处罚。

二、德赛电池基本情况

德赛电池最初成立于1999年，1999年5月18日，德赛能源科技有限公司成立。2003年德赛电池控股股东德赛控股进行了MBO。2003年7月，德赛能源科技有限公司被整合成德赛电池事业部。2004年9月，德赛控股通过收购深圳市万山实业股份公司（000049）61.52%的股份成功借壳上市。2005年6月27日，深万山更名为德赛电池。公司注册资本13682.916万元，主营业务为移动电源系列产品。在电子电器设备行业中，德赛电池市值排名第38位，营业收入排名第37位。2004年公司借壳上市之后，不断发展壮大。2012年公司资产规模达到18.61亿元，实现净利润14.4亿元。届时公司下属蓝微电子有限公司、聚能电池有限公司和德赛电池有限公司三家子公司，德赛电池在三家子公司均持股75%。

三、重大资产重组

2010年下半年开始，德赛电池原总经理冯大明开始力推德赛电池重大资产重组事宜，德赛电池开始与上海市申银万国证券研究所有限公司（以下简称“申银万国”）接触。申银万国负责为本次重大资产重组提供财务顾问服务，冯大明作为德赛电池总经理主管重大资产重组事项，申银万国企业客户部总经理王文芳负责该项目。重组之前，德赛电池旗下有三家控股子公司，德赛电池均持股75%，香港创源投资有限公司（以下简称“香港创源”）在德赛电池下属三家子公司各持股25%。根据德赛电池发布的公告，本次德赛电池重大资产重组的思路为：首先由公司管理层成立惠州上阳投资有限公司（以下简称“惠州上阳”），由惠州上阳收购香港创源，实现对香港创源100%控股。随后德赛电池向惠州上阳定向发行股份，以购买香港创源100%股权，从而实现对德赛电池下属三家控股子公司100%的控股。但由于香港创源名下还持有其他不良资产，难以彻底剥离。为此，惠州上阳进行了内部整合，设立香港鼎祥投资有限公司（以下简称“香港鼎祥”），由香港创源将这惠州三家子公司25%股权转让给香港鼎祥，再由德赛电池向惠州上阳发行股份，以收购香港鼎祥100%股权的方式，实现对三家子公司25%股权的收购，从而完成这惠州三家子公司的整体上市。

2011年11月8日，德赛电池就重大资产重组召开内部会议，讨论重大资产重组计划并成立了领导小组和工作小组，德赛电池重大资产重组的内幕信息形成。2012年2月10日，德赛电池临时停牌。2012年2月20日，德赛电池公告称正在筹划重大资产重组事项，继续停牌。此后德赛电池分别于2月27日、3月5日和3月12日发布公告称重大资产重组正在进行中，公司股票继续停牌。2012年3月26日，在停牌一个多月后，德赛电池发布公告，终止重大资产重组事项并复牌交易。

四、内幕交易过程

德赛电池资产重组过程中，内幕信息敏感期为2011年11月8日至2012年2月20日。冯大明时任德赛电池的总经理，且为德赛电池此次重大资产重组事项的主要负责人，为内幕信息知情人。2011年11月底12月初，冯大明安排谢晖、李女士等开设了数个股票账户用于购买德赛电池的股票。冯大明向其中两个账户各注资1600万元；同时，他还早在2007年，就掌控着李女士以及谢晖母亲车女士的股票账户。2011年11~12月，冯大明伙同谢晖利用刘某、张某、李某、车某证券账户大肆买入德赛电池股票。经统计，冯大明买入德赛电池股票共计200余万股，买入金额4500余万元。德赛电池复牌后，2012年4~7月，冯大明开始陆续卖出股票。事后经深圳证券交易所统计，以“后进先出法”计算，四个账户总计盈利 1837 万余元，实际获利 1800 余万元。

本案中另涉及申银万国王文芳及其大学同学徐双全。王文芳作为申银万国项目负责人，负责为德赛电池此次重大资产重组项目提供财务顾问服务，全程参与了此次资产重组进程，同样为内幕信息知情人。徐双全与王文芳为大学同学，两人有二十多年的交情。2012 年 2 月 3 日下午，王文芳将德赛电池重大资产重组内幕信息泄露给徐双全。2012 年 2 月 6~8 日，徐双全利用徐双全、陈某、唐某、徐某账户买入“德赛电池”股票 62 余万股，买入金额 1300 余万元。德赛电池复牌后，2012 年 4 月 23 日，徐双全再次买入 9.4 万股左右的德赛电池股票。2012 年 6 月 13 日到 29 日，徐双全抛售所有德赛电池股票后获利 810 万余元，扣除 4 月份购入的 9.4 万股获利（按最高价位计算），622314 股获利数额为 730 万余元。

五、法院对案件的认定

按照我国《证券法》及《刑法》的有关规定，德赛电池重大资产重组事项属《证券法》第七十五条规定的内幕信息。冯大明等人及王文芳、徐双全的行为违背了《证券法》有关内幕交易的规定，同时涉嫌构成《刑法》第一百八十条规定的内幕交易罪。按照《刑法》及司法解释，内幕交易罪“情节特别严重”的，可“处五年以上十年以下有期徒刑，并处违法所得一倍以上五倍以下罚金”。“情节特别严重”的判断标准包括：一是证券交易成交额在 250 万元以上的；二是期货交易占用保证金数额在 150 万元以上的；三是获利或者避免损失数额在 75 万元以上的。冯大明等人及徐双全的交易成交额远高于此标准，属于情节特别严重的内幕交易行为。

2012 年 3 月底，监管部门找到冯大明和谢晖进行谈话。2012 年 5 月，证监会开始对德赛电池内幕交易案进行立案稽查。证监会调查过程中，冯大明还存在非法串供、隐瞒真相、阻碍调查等行为。2012 年 6 月 8 日，冯大明辞去德赛电池董事总经理及下属各子公司董事长的职务。后来由于考虑到该案的严重性，证监会将该案移送至公安机关。2013 年 3 月 12 日，上海一中院对王文芳及其同学徐双全进行开庭审理，法庭认为二人分别系证券交易内幕信息的知情人员及非法获取证券交易内幕消息人员，在对证券交易有重大影响的信息公开前，分别泄露信息、买入该证券。二人行为构成内幕交易罪，并且属于情节特别严重的情形。二人分别对泄露内幕信息、内幕交易的犯罪事实供认不讳，但就涉案违法所得金额存在异议，本案未当庭宣判。2013 年 7 月 15 日，深圳市中院对冯大明及其女友谢晖进行公开审理，以内幕交易罪判处冯大明有期徒刑七年，并处罚金 1900 万元。谢晖被判处有期徒刑三年，缓刑五年，并处罚金 50 万元。冯大明不服判决，上诉提出“证监会关于本案内幕信息及内幕信息敏感期的认定与事实不符；实际获利不等于非法获利，原判认定的涉案获利金额不当，导致判处其罚金刑过重；其具有自首情节”，提出“改判无罪”。冯的律师也认为，“冯主观上不具有实施内幕交易的故意，客观上没有实施内幕交易行为，冯的行为不构成内幕交易罪”。2013 年底，广东省高院，以不开庭方式，审理了冯的上诉案，维持原判。

六、德赛电池内幕交易案的启示

上市公司资产重组通常酝酿时间较长、涉及利益重大、隐蔽性较强、涉及面较广，这类内幕交易案件一般比较复杂，涉案人员也比较多，且内幕交易涉及的嫌疑人通常具有较高的学识，对监管机构的调查具有一定的反侦察手段。这些因素交织在一起，一定程度上加剧了案件的调查取证难度。本案中冯大明等不配合调查，并试图隐瞒客观事实真相。冯大明作为上市公司重组事项的主要负责人，曾在邮件中多次提醒内部知情人员注意控制知情范围，而其本人却假借他人名义开立股票账户，谋取私利，其行为已触及法律红线，性质十分恶劣。王文芳作为中介机构方面的负责人，理应对内幕交易相关法律十分清晰，却涉嫌泄露内幕信息，致使徐双全利用内幕信息进行交易。知法犯法类内幕交易案件的频频发生，一方面说明我国目前对内幕交易的惩治存在盲区，使得很多涉案嫌疑人存在以身试法的心理，另一方面也折射出公司治理和信息披露方面存在的诸多问题。冯大明作为公司主要创办者之一，间接持有上市公司大量股份，通过此次资产重组有望获得较为丰厚的回报，但在关键时刻舍本求末，因小失大，最终身陷囹圄。王文芳从业多年，未能恪守职业道德，将会受到法律的惩罚。无论是上市公司高管还是中介机构高级经理人，职业操守对于个人的职业生涯和资本市场的健康发展具有重要的意义。另外，如何增强法律的威慑力使得内幕人员不敢懈怠成为监管部门及立法者思考的问题。该案的查处将极大地打击利用上市公司内幕交易谋取暴利的违法行为，再一次提醒上市公司内幕知情人员要警钟长鸣。

第六章　美欧日抑制上市公司内幕交易经验借鉴

内幕交易是侵害证券交易秩序的一种制度性犯罪，如果没有证券交易制度的存在，也就没有内幕交易的问题。由于证券投资行为涉及了专门的证券知识与相关证券法规，具有高度的专业性，同时，内幕交易具有极强的复杂性与隐蔽性，因此本章重点以美欧日国家的内幕交易规制为比较对象，探讨内幕交易的规范理论依据与犯罪构成要件，希望对我国内幕交易行为的监管予以借鉴。

第一节　美国证券市场内幕交易监管体系

美国拥有世界上规模最大、技术最先进、设施最完善的证券市场，经过长期实践发展，形成了特有的内幕交易监管体系，值得借鉴。

一、独具特色的内幕交易监管体系

建立完备的内幕交易监管组织，对内幕交易行为实行全方位监管是美国证券市场健康发展的保障。美国是率先对证券市场内幕交易实行监管的国家，其证券监管体系呈金字塔式，包括处于最高塔尖层的政府监管、中层的自律监管和基础层的受害者司法救济三种形式。政府监管是美国证券监管体系的顶尖层次，美国实行的是司法与行政监管相结合的方式。政府成立“证券交易管理委员会”（SEC），由其对证券市场上的股票发行、交易及投资公司、证券商等实施统一、全面监管，如果相关人员被指控内幕交易，SEC有权做出行政处罚，并根据内幕交易的特征、严重程度等决定处罚方式。

证券监管体系的金字塔中间层是行业自律组织，包括证券交易所如纽约证券交易所（NYSE）、行业协会如全美证券交易商协会（NASD）、其他团体如注册会计师协会（AICPA）等。行业协会接受SEC的监管，通过对会员进行监管和指导，使其自我管理，目的是为了保护与维护证券市场的公平、完整、透明和高效。对行业自律组织颁布的规则条例SEC既可进行修订、补充和废止，也可要求其制定新的规章制度。

证券监管体系的金字塔基础层是对内幕交易受害者进行司法救济。证券交易市场内幕交易行为的受害者可通过司法途径，对内幕交易参与者的违规行为提起赔偿请求。美国完善的反内幕交易制度，为证券市场内幕交易行为的受害者的诉讼请求提供了有力的保障。全美及各州法院利用判例对各州的内幕交易等证券欺诈行为（又称“蓝天法”）进行扩张性的解释，形成了美国独立从事证券行业的经济与法律人员和完备的集团诉讼制度等，这既有利于减少证券市场内幕交易参与者利益追偿的成本，又对违规者起到实际威慑作用。

建立动态的数据存储系统，保持对内幕人员及相关人员的实时监控。美国证券市场建立了内幕人员数据库，把上市公司主要股东、董事、高管、监事及其家庭成员，以及与上市公司关系密切的合作单位等信息在公司上市审批的同时就输入数据库中。还将相关金融中介机构的银行家、审计师、律师等可能会涉及内幕交易的人员的详细资料也输入数据库中，该系统不是一成不变的，它是一个资料不断更新的开放、多功能的数据体系。数据分析监控系统设在证券交易所，实时监控股票、期货、债券、基金等的交易量波动，对有异常行为的客户随时发出警示。同时，提供异常客户的交易历史和常用策略分析及本人、家庭成员的姓名、住址和股票所属的上市公司近期会议及活动、主要内容和参与人员等重要资料。股票交易所对所有股票都建立电子档案，进行实时监测，发现问题立刻发出警报。实时监控系统将股票交易的数据信息通过不同强度的红、黄、绿三种信号灯预警，用以判断可疑的交易。证券交易委员会根据证券市场举报的信息，通过检验软件进行检验和评估，将经过稽核验证的信息系统数据，结合从业人员数据库进行分析，做出可疑交易的评估报告。

完善的激励机制及监管运作机制，提高了监管运作效率。美国针对证券市场内幕交易举证难的问题，建立了可控有效的激励机制。SEC 将 10%的内幕交易罚款奖励给举报人。这一举措使很多利益相关者关注内幕交易，了解内幕交易的人员因巨额奖励而主动揭发内幕交易行为，金融界专家、券商、会计师、律师等对涉嫌违规交易的行为都积极举报。这种激励举措动员了所有参与市场活动的力量，有力地打击了内幕交易行为。内幕交易成本过高使相关人员不敢涉足，从而实现监管的最大效应。另外，SEC 对涉嫌内幕交易行为出手果敢迅捷、运作高效。根据监控系统提供的异常交易和股价波动情况，监控人员迅速查找出内幕信息的交易人，及时做出处罚决定。如在伊万·博伊斯基案中，监管部门给举报人 1000 万美元的奖励，对涉嫌内幕交易的相关责任人处以总计 1 亿美元的罚款，这是美国历史上的最高罚金。监管部门的高效运作不但警示了内幕人员，同时也对证券市场的投资者起到了较好的激励效应。

内幕交易监管法律法规健全，确保了证券市场的公正和公平。美国称内幕人员为“内部人”，“内部人”主要分两类：一是传统的公司内部人员，包括在本公司内持有 10%以上股份的股东、公司董事、经理、监察人员及掌握相关信息的公司员工；二是准内部人或暂时的内部人，指基于某一事件偶然了解和掌握公司内部信息的人员，如公司的律师、经纪人、会计师，因业务关系而获得公司和股票持有人信息的人员，如与公司有联系的商业银行职员、审计人员、证券管理委员会成员等。1984 年和 1988 年美国国会通过关于内幕交易的两个法案，明确提出构成内幕交易罪的构成要件及相关的处罚规定：如果企业法人从事内幕交易，同样承担相关法律责任。在相关责任上，可在其他补偿之外，判处内幕交易所得利益的三倍以上罚款。在刑事责任方面，对行为人（包括公司等）故意进行内幕交易的，可依法判处 10 年刑事监禁。对多次犯罪或者触犯数个罪名的，罚金和监禁时间允许有不同程度的提高。

二、完善的信息机制和信任机制

完善的信息机制和信任机制是夯实美国证券市场健康发展的基石。1930 年以前，由于当时的美国，不仅实践中并未出台正式的制度及法律来禁止证券的内幕交易，而且就是学术界对证券市场内幕交易危害性的认识也远未达成一致，因而在证券市场上内幕交易的情况也就十分严重。在当时美国的华尔街，有一句十分流行的投资格言：内幕交易是投资制胜的唯一法宝。而美国当时臭名昭著的内幕交易案件的重要主角伊万·博伊斯基甚至在加州大学商学院的学生毕业典礼上公开说："贪婪好，而且我还想告诉大家，贪婪有益健康。你可以非常贪婪，同时还自我感觉良好"。不仅如此，美国当时著名的法学教授曼尼在其《为内幕交易辩护》一书中还试图通过以下逻辑来为证券市场的内幕交易正名。首先，任何依赖信息的市场均存在内幕交易，因而对证券市场的内幕交易大加指责，其实便是对证券市场发展规律的不了解。其次，内幕交易还是补偿企业管理人员的一种有效途径，因为内幕交易的回报直接而迅速，因而相对于其他方面的激励措施而言，它的激励效果一般要更为明显。可见，现实中若无内幕交易的存在，公司系统也将会不复存在。再次，由于内幕交易复杂且隐蔽，因而禁止内幕交易往往投入大但却收效甚微，以至于最终又常常是得不偿失。最后，纵观世界各国的证券市场发展实践，对内幕交易的禁止不是雷声大雨点小，就是禁而不止。

为了更进一步地论证内幕交易在证券市场发展中的存在价值，在美国 20 世纪 30 年代以前的股市疯狂的岁月里，有人试图用"零和游戏"的逻辑来为证券市场的内幕交易开脱罪责。为此，这些人往往引用凯恩斯在《就业利息与货币通论》中的言论辩称：从事职业投资，就好像玩"递物"或"占位"等游戏一样，谁能在音乐终了时把东西递给邻座或是占到一个座位，谁就是胜利者。与此相类似，在内幕交易中，有人获利，有人受损，其结果只是造成了社会财富的转移。而就整个社会而言，得失相抵，故而也就并无任何真正的损失发生。

这一系列辩护性言论虽言之凿凿和貌似理由充分，但仔细分析却不难发现这些辩护在分析中却又是有意无意地回避了一个关键性的问题：即内幕人员总是可以在股市的激战中取胜，原因在于他们总是知道股市音乐的节奏以及音乐开始和终了时的关键点。对此，美国的证券法权威 Loss 教授便曾以打牌作喻道："假如游戏规则容许某人在牌上作记号，那么还有谁愿意继续玩这种游戏呢?"。此外，曾参与过俄罗斯、乌克兰、印度尼西亚等国家证券市场改革的美国斯坦福大学法学院教授 Bemard Black 教授也认为，在证券市场的发展过程中如果缺少了"投资者可以公平地获得赖以评估公司价值的信息"和"投资者相信公司的内幕人员不会骗走他们的投资"这两个条件，健康和可持续发展的证券会场的建立，往往便会沦为一句空话。而证券市场发展过程中内幕交易行为的发生恰恰又从根本上侵蚀和摧毁了"信息机制和信任机制"这两块能关系到证券市场持续稳定发展的基石。

事实也的确如此。1929 年美国的股市大崩盘及影响深远的经济大萧条现象的发生，不仅使得为证券市场内幕交易正名的言论显得苍白无力，而且也直接导致美国国会制定了《1933 年证券法》和《1934 年证券交易法》，在这里即明确规定了证券交易的反欺诈规则，尤其是其中的短线交易禁止条款 Sectionl6［b］更是为反内幕交易活动奠定了基础。此外，1942 年，美国证券和交易委员会（SEC）还根据证券交易法的授权制定了 10b-5 规则，在这里即以兜底性条款的形式发展出了禁止内幕交易的含义和基础，并进而使之成为了美国国内内幕交易法律中最为重要的规则。

在美国，相关证券市场健康发展的法律制度不仅十分完善，而且由于对许多具体的行动规范又进行了高度的技术化处理，因而实践中的可操作性便极强，应该说，这一点对我国证券市场的规范运作极具借鉴价值。如实践中认定为内幕交易的一个重要的条件即是内幕人员是否利用了未公开的信息资源来进行证券交易。那么，什么是信息公开？开一个小型的消息发布会或者是在本公司的网站上发布相关消息，随后再马上买入或者是卖出本公司的股票，是否算是内幕交易？内幕人员是否可以先将手指放在键盘上，然后一待相关信息在指定的媒体上发布后即马上进行证券交易？考虑到信息的公开性程度能对证券市场的健康发展所具有的重要影响，美国的证券和交易委员会（SEC）便明确指出：只有面向普通大众投资者、而非照顾特定的投资者并进而在适当的公众媒体上公开发布的相关信息，才是适当和充分的信息公开。由于大众媒体众多，因而选择何种媒体来进行信息公布，美国的相关法律上虽无具体规定，但还是在判例上提供了许多带指导性意义的判决。例如在 SEC v. Texas Gulf Sulphur Co 案中，公司在 1964 年 4 月 16 日早上 10 点召开新闻发布会并发布了许多相关信息，这些信息当天上午 10 点 29 分即发布在这家公司的内部网站上，11 点整又发布在道琼斯行情公告上。公司的一名董事在早上的 10 点 40 分发出买入指令，而股票迟至 11 点 12 分才成交。据此，初审法官认为信息已经公开，交易也可以有效进行。然而上诉法院的法官却根本不同意这种观点，因为他们认为，判断是否构成违法的关键是内幕人员指令交易的时间，而并非是交易执行的时间。因此，内幕人员至少应等到信息在最大流通性的媒体上发布时，才算是公开信息。按照中国的法律规定，如果上市公司发布重大信息，则该公司的股票要从9：30至10：30停牌一个小时，以使投资者能利用这一时间来消化这一消息。然而，如果在10：30开盘前，内幕人员先行发出买入指令，则虽然迟至信息公开一小时后的10：30股票才成交，但根据美国的法律规定，此举仍构成内幕交易。不过，在中国由于对内幕交易的时点是属于“执行交易”还是“指令交易”的时点存在着不同的认识，因而许多应予追究责任的内幕交易便借此逃脱了法律的制裁。

三、具有严厉且务实灵活的处罚措施和执著的执法精神

严厉且务实灵活的处罚措施和执著的执法精神是美国证券市场健康有序发展的根底。早在200多年前的意大利，著名的刑法学家贝卡利亚就曾明确地指出，刑罚的威慑力不仅在于其严厉性，而是更在于其本身的不可规避性。事实也的确如此，现实中如果相关的法律制度缺少了应有的严厉性和不可规避性，法律的效力便会大打折扣，同时法律制定的初衷，也必将会在无形中被束之高阁。可以说，美国在制定和实施自己的证券市场法规制度时便自觉与不自觉地遵循了意大利著名的刑法学家贝卡利亚的思想。美国不仅在1933年和1934年分别通过自己的《1933年证券法》和《1934年证券交易法》来确立了自身的反欺诈规则与相关证券市场的禁止性条款，而且还在1984年通过了《内幕交易处罚法》。在这部处罚法中，关键性的内容即是：对那些根据内幕信息来买卖股票并进而获得利益或借此减少损失者，按照其“违法所得”或“避免损失”的具体情况而处以3倍的罚款。为进一步增强对内幕交易处罚的严肃性，1988年，当时的总统里根又签署了《内幕交易及证券欺诈制裁法》，在这里，美国又引入了行政罚款制度，也即是在处理证券市场的内幕交易活动时，无须再考虑内幕交易者是否有“利润所得”而一概地予以罚款处理；同时，对自然人的处罚金额也被提高到了10万至100万美元，而对法人的处罚金额更是高达250万美元。不仅如此，2002年通过的《公众公司会计改革和投资者保护法》还进一步规定，任何人如果通过信息欺诈或价格操作等内幕交易手段来获取证券市场上的利润，则最多可监禁25年或处以罚款；对违法的注册会计师可被判处10年以下监禁或罚款：此外，该保护法同时延长了对证券欺诈行为的追诉期，起诉时间可以延长至非法行为被发现的两年内，或是非法行为实施后的五年内。

成立于1935年7月的美国SEC之所以名声卓著和深受美国执法部门的认可与赞誉，与他们对法律的执著精神密不可分。在SEC建立和运作至今的80多年的时期内，由于相关制度的严厉与完善，实践中对内幕交易行为的调查和诉讼，

长期以来也即是美国 SEC 执法中的最为重要的方面：即使是到了 20 世纪 80 年代以后证券市场得到了进一步的健全，然而对内幕交易活动的重视与处理仍是 SEC 日常监管的首要任务。据统计，1990 年，美国一年即起诉了 38 件内幕交易案件，1991 年也达到了 36 件，1999 年为 57 件，2003 年为 56 件，2005 年为 53 件。至于被 SEC 坚持起诉的内幕交易的当事人，既有公司的内部人员，也有公司外部的相关知情人，其中不仅涉及了投资银行家、律师及律师事务所的雇员，也有会计师、财经记者、银行管理人员及其他相关人员，林林总总，不一而足。对相关证券市场内幕交易案件的处理，SEC 不仅及时果断，而且也还敢于穷根究底。例如，从 1995 年 6 月至 1999 年 5 月，SEC 历经四载，通过层层传唤近千名证人和深挖到 6 层之外的内幕交易者，最终终于查清了发生在 IBM 公司收购莲花软件公司的、迄今为止规模最大的内幕交易案件。在这个案件中，IBM 公司的一位女秘书在为其上司复印材料时无意中获悉了公司即将收购莲花软件公司的内幕消息，这位秘书回家后即将此消息告诉了其丈夫，而其丈夫随后又将此消息告诉了其朋友，朋友再告诉朋友，结果，一共有 23 名朋友在获此消息后即进行相应的股票交易并最终获利。也正是有鉴于此，上述人士便均被 SEC 以证券市场的内幕交易罪起诉，结果，除其中的 3 人被宣告无罪外，余下的 19 人要么是提前妥协和解，要么是被判有罪，其中有 3 名被告更是因此而破产。

美国 SEC 对内幕交易的制裁，除了上述的民事与行政罚款之外，值得一提的还有三点：一是用法律的形式明确规定，证券交易委员会可以将内幕交易民事罚款的 10%的部分奖励给举报者，并进而借此构建起强大的市场监督机制。二是对于那些具有再犯内幕交易活动可能性的人，证券交易委员会可以通过向联邦法院提起内幕交易诉讼并进而请求法院发布禁止令以防止被告再次从事内幕交易活动。在法院做出永久性禁止令的裁决后，被告将终身不得再从事禁止性的行为。而如果被告故意违反，将会被认为是藐视法庭而需承担相应的刑事责任。实践中在市场禁入的强大威胁之下，在法院颁发禁止令之前，往往绝大多数内幕交易的被告均会寻求与证券交易委员会的和解。三是和解措施的广泛运用。在这里，和解主要是指被告接受证券交易委员会的执行措施，但却既不承认也不反驳证券交易委员会起诉书中的相关指控。从总体上看，在美国被 SEC 追诉的案件大概有 90%以上在审判以前就会被和解结案。而一旦有足够的非法所得可以分配给受害的投资者，那么在和解裁决中通常就会规定被告将非法所得支付给法院，或者是支付给一个由第三方保管的账户，然后再按照 SEC 设计、法院批准的方案分配给受害的投资者。值得关注的是，在证券交易委员会提起的执行措施中，有近 90%的案件是通过和解的方式来解决的。由于实践中运用和解的解决方法能使受害者能相对迅速地获得赔偿，因此这一点对于救济受害者和恢复证券市场的信心可以说是至关重要的。不仅如此，考虑到近些年来，在同被告的谈判中，证券交易委员会的态度日趋强硬，因而从总体上看，达成和解的比例也进一步上升了。

第二节 欧盟规制内幕交易的监管框架

随着证券市场的快速发展，新的交易工具、交易技术不断出现，欧洲金融市场一体化进程也不断加快，操纵市场行为在欧盟各成员国发生的频率不断增高，其危害也越来越大。欧盟内部的相关违法、犯罪行为频出，立法、司法、学术界开始认真研究针对内幕交易犯罪的立法，给欧盟以及各国的证券监管机关提出了新的监管课题。历经数十年的工作，欧盟制定了一系列行之有效的规范证券市场的指令，这些法律对于规范证券交易行为、遏制证券犯罪收到了很好的效果。

一、欧盟规制证券内幕交易的指令体系

（一）1989 年《反内幕交易指令》

欧洲是证券及证券法的发源地，也是内幕交易规制理念的发祥地，但对于是否应对内幕交易进行规制的问题却一直存在较大的争议。虽然普遍认为内幕交易是一种不道德或非法的行为，但直至 20 世纪 80 年代中期，欧洲各国出于吸收外资，尽快摆脱经济危机的考虑，普遍对包括内幕交易在内的市场滥用行为采取了一种较为宽容的态度，其表现便是与美国早在 20 世纪 30 年代即立法加强规制相比，欧洲各国立法进程较为缓慢。法国于 1970 年，瑞典于 1971 年才在本国证券法中增加了反内幕交易的规定；而英国则从市场自律的角度出发，试图利用自我监管制度以规制内幕交易，且该制度实际上并未得到彻底的贯彻，于是，终于在 1980 年的《公司法》中明文规定内幕交易构成犯罪；而欧共体则在 1977 年发布了针对内幕交易的无拘束性意见，初步提出要在欧共体范围内建立一个反内幕交易的最低标准限制。与之相对，斯堪的纳维亚各国在内幕交易的规制立法方面的态度较为积极，挪威、瑞典于 1985 年，丹麦于 1986 年相继制定或修订了反内幕交易的法律。受此后不久接连被揭发的一系列内幕交易丑闻的影响，欧共体痛感加快对内幕交易进行严格规制的必要，并参考上述斯堪的纳维亚各国以及美国联邦证券诸法的经验，于 1989 年出台了《反内幕交易指令》。

1. 指令的理论根基——市场基础理论

有别于美国法的关系基础理论，该指令以市场基础理论作为立法根基。市场基础理论最早出现在斯堪的纳维亚各国的证券法中，其立法的目的首要是对证券市场秩序的维护，认为虽然维护投资者的权益非常重要，但惩治证券犯罪的主要目的应当是通过剔除不良行为，保护投资者对证券市场的信心，并进而维护市场的整体秩序。两理论的主要区别在于：第一是着眼点不同。关系基础理论着眼于

投资者与信托人的诚信关系，着眼点微观而具体，而市场基础理论则着眼于证券市场的整体运作，着眼点宏观而抽象。第二是保护对象不同。关系基础理论重在保护投资者的个人权益，市场基础理论重在维护市场的整体运营秩序。第三是适用范围不同。关系基础理论规制范围较窄，仅限于与公司存在“诚信或信赖”关系的相关人员，市场基础理论的规制范围较广，任何扰乱市场秩序的行为都将受到惩治。

2. 指令规制内幕交易的主要内容

根据该指令的规定，任何拥有内幕信息的人员，不得以自己或他人的名义，直接或间接地从与发行人有关的或发行人自己的可转让证券的买进或卖出活动中牟利。该条文与其他国家的相关规定并无二致，但该指令的严谨之处在于：上述行为构成内幕交易还需以满足如下条件为必要：“行为人对这种利用内幕信息进行交易的事实有全面的理解。因此，内幕交易的构成须满足以下四要素：（1）内幕信息须具备准确性、非公开性、市场的相关性、价格敏感性；（2）内部人员，分为直接内部人员与间接内部人员，而间接内部人员承担戒绝交易义务的前提是“由直接内部人员处获得内部信息”；（3）从交易中牟利，即在内幕信息所涉及的证券的买卖中获得利益；（4）明知，该要件确立的标准较高，要求“对事实有全面的了解”。该指令第 8 条规定，各成员国应当建立一个行政性机关或类似的主管机关来专门从事与其他成员国类似机构的协调工作，并保证指令在本国地域内的实施。并且第 8（2）条还规定：执法的主管机关应当拥有监管的权利（特别是调查内幕交易行为的权力）和刑侦的权利。但令人遗憾的是，出于尊重各国独立执法、司法权的考虑，该指令并未对执行与处罚措施进行详细规定，而仅仅是粗线条地规定（第 13 条）：各成员国应当采取切实的惩罚性措施来保证该指令的顺利实施，并且这种惩罚应当起到鼓励行为人遵守指令相关制度的效果。这种缺乏明确限度的处罚要求与最低限度的立法准则实际上是将刑事处罚权完全交由成员国自行决定。但是，出于过于严厉的惩治措施会排斥外资并影响证券市场对本国投资者的吸引力的考虑，各成员国都对内幕交易罪规定了极轻的处罚措施，完全不具备刑罚应有的警示（预防）效果，而且，各成员国各自制定的处罚标准与尺度也大相径庭，使跨境追究工作几乎陷于停滞。关于执行与惩罚措施的规定堪称《反内幕交易指令》中最大的败笔。

3. 指令在规制内幕交易罪方面的意义

《反内幕交易指令》是在吸收了北欧各国以及美国证券法经验的基础上所作的一次全新的立法操作，其所采纳的市场基础理论、保护投资者信心与维护市场完整性的基调以及对内幕交易构成要件的严格界定等，都比美国联邦证券法更贴近证券市场实际，更为严谨且便于操作，这堪称其立法中的诸多亮点。但同样不容忽视的是，作为由独立主权国家组成的经济共同体毕竟不同于统一的联邦国家，由于各国的经济实力、证券市场的完善程度与监管体制、证券犯罪的研究深度等不同因素的影响，《反内幕交易指令》难以同美国证券法中对过多的细节问题，尤其是监管措施、处罚力度作统一的硬性规定，这就自然导致了其处罚效果的不尽如人意。此外，对于“非公开性”要素的界定不明，对公开前后戒绝交易时间限度的规定欠缺，对“内部人员”界限的规定模糊，对“明知”要素的要求过严以及“反泄露规则”“披露规则”中的欠缺等，都使该指令在实际的定罪问题上的作用大打折扣。但无论如何，该指令毕竟是一次有益的尝试，为其他国家证券法提供了一种全新的模式，同时也为2003年的《反市场滥用指令》提供了基本框架及诸多有益经验。

（二）2003年《反市场滥用指令》

由于《反内幕交易指令》的实际执行效果不甚理想，因此，欧盟一直致力于推出一部更具操作性的指令，而安然、世通等一系列公司财务丑闻的迭出也进一步推动了《反市场滥用指令》的出台。安然等事件反映出了证券违法犯罪发展的新趋势：操纵市场与内幕交易行为混杂、跨境滥用行为迭出、网络滥用行为频发等。就立法角度来看，《反内幕交易指令》是欧盟唯一的可对抗市场滥用行为的措施，但该指令仅能针对市场滥用中的内幕交易行为，对于另一大滥用市场行为——操纵市场行为则无法适用，况且，该指令的实际执行效果也很不理想。欧盟为了克服《反内幕交易指令》的不足，对包括操纵市场和内幕交易在内的市场滥用行为进行综合规制，打击跨境滥用行为与网络滥用行为，以及促进一体化证券市场的完整性，于2003年颁布了《反市场滥用指令》。该指令将市场滥用行为分为内幕交易行为与操纵市场行为两种类型。其立法根基仍在于确保欧盟金融市场的安全和增强投资者对市场的信赖。为此，该指令序言第12段规定了三大立法目标：（1）确保欧洲资本市场的完整性；（2）确立欧盟反市场滥用的统一标准；（3）依据《反内幕交易指令》所确立的管制理论，增加投资者信心。

1. 关于内幕交易的相关规定

《反市场滥用指令》第1（1）条内容如下：“内幕信息是指与一个或多个金融产品的发行人或与一个或多个金融产品有直接或间接联系的、非公开的准确信息。并且，如果该信息被公开披露，将对相关金融产品的价格和相关的衍生性金融产品的价格产生重大影响。”与《反内幕交易指令》相比，《反市场滥用指令》中的内幕信息的特征并无多大变化，仍以准确性、非公开性、市场信息与价格敏感性四要件为必要，只是在具体构成要件的表述上出现了些许微调，使其进一步明确化，范围也略有缩小。这反映出的是在欧盟证券市场逐步完善，自律机制进一步加强的情况下，立法者们在力求维护市场活力的同时，尽可能地规制滥用行为的审慎态度。

2. 四级立法模式

鉴于《反内幕交易指令》对执行、监管制度的规定不力导致的欠缺规制刚性的弊端，《反市场滥用指令》采用了一种全新的四级立法体制，这是一种涉及框架性原则、实施措施、合作、执法方面的立法程序。

3. 相关预防机制的设立

美国证券法意图通过对证券犯罪的严厉惩治以达到震慑行为人、杜绝犯罪的目标，与之相对，欧盟《反市场滥用指令》则更多地希望借助于经济预防机制手段以实现对市场滥用行为的预防。因此，该指令中设置了诸多预防制度：(1) 及时披露制度；(2) 推迟披露规则；(3) 内部人员名单制度；(4) 内部人员交易报告制度；(5) 可疑交易报告制度。

4. 惩处措施

与英国的《金融与服务法》相同，《反市场滥用指令》认为单纯的刑事处罚无法实现对市场滥用行为的有效威吓，而应更多地采用行政处罚方式，因此，指令中未对刑事处罚的方式与幅度进行统一的设置，反而规定在无损于成员国施加刑事处罚的权力的情况下，成员国应保证按照国内法对责任人采取适当的行政措施或施加行政处罚。受此影响，法国便采取了行政制裁+刑事处罚的双重规制模式。但内幕交易罪毕竟属于犯罪行为，有别于单纯的行政、民事违法，为防止成员国单纯地利用行政、民事手段以惩治犯罪，欧洲法院特别强调：各成员国不得以该处理模式属于本国主权范畴为由而拒绝适用《欧洲人权与基本自由权公约》第6、7条规定，即单纯地以行政、民事制裁手段规制内幕交易等市场滥用罪的做法无效。

5. 指令的意义

《反市场滥用指令》是在汲取了《反内幕交易指令》的理论成果并总结了安然等事件教训基础上的一部成熟的立法，其主要意义体现在以下几个方面：第一是指令对市场基础理论的采纳与诠释，对内幕交易罪要件的合理界定都达到了当今世界内幕交易罪研究的先进水平；第二是该指令规定的及时披露等事前预防机制与行政+刑事双重制裁的事后惩处方式，有利于杜绝内幕交易等证券犯罪的发生；第三是该指令采用的四级立法体制在宏观指导与成员国实际操作间找到了合适的平衡点，实现了共同体督导与成员国主权间的协调与配合。

二、欧盟对内幕交易的监管框架

（一）监管操纵市场行为是欧盟建设统一金融服务市场的重要内容。欧盟的重要目的之一是建立大一统的欧洲证券市场，使人力资源、商品物资、信息服务以及资本能够自由流动，而实现这种目的的最重要的协调工具就是欧盟指令，各个成员国负有义务通过正常的立法程序将欧盟指令的内容转变为国内法。欧盟试图统一各国资本市场的努力始于20世纪80年代，到1989年的内幕交易指令（IDD）告一段落。但人们普遍认为，这些指令没有实现其目标。1999年的金融服务行动计划（FSAP）提出，应当建立证券交易场所的一般行为规则，以提高投资者对正在形成的欧盟统一证券市场的信心。该计划包含了一项在2000年底前推出操纵市场行为监管指令的意向，以降低机构投资者和中介机构操纵市场的可能性。而最后推出的《指令》也明确指出其目的就在于在欧盟建立反市场不当行为的统一标准，提高欧盟金融市场的公正性和统一性。

（二）欧盟把操纵市场作为市场不当行为的一个组成部分，与内幕交易等其他行为统一监管，从而改变了欧共体以前建立的分别监管框架。所谓市场不当行为，实际上是内幕交易、操纵市场以及违反信息披露规则而散布虚假或者误导信息等多种不同行为的统称。以前，欧盟关于市场不当行为的监管是分别进行的，并于1989年首先针对内幕交易行为制定了内幕交易指令。但后来欧盟认为，内幕交易指令和操纵市场行为指令的目的和宗旨是一致的，应当保证对两种行为设置同样的责任追究及执行机制，以避免潜在的混乱和监管漏洞。在这个过程中，作为各成员国公共监督组织的欧洲证券委员会论坛（FESCO），在发展新的市场不当行为监管机制上发挥了举足轻重的作用。2000年6月，FESCO起草了《欧洲反市场不当行为监管体制》，向市场专家及各国证券监管者征求意见。FESCO建议模仿英国《2000年金融服务与市场法》（FISMA 2000）的做法，建立包括内幕交易和操纵市场行为在内的市场不当行为的统一监管机制。最终，欧盟采纳了这一建议，针对内幕交易和市场操纵制定了市场不当行为的综合监管指令，引入了对操纵市场行为的监管并增加了一些新的强制披露义务，取代了1989年的内幕交易指令。

（三）为制定包括操纵市场行为在内的市场不当行为的统一监管指令，欧盟引入了特别的立法程序。由欧盟委员会委托、以Alexandred Lamfalussy为主席的专家工作组2001年2月的最终报告（the Lamfalussy Report）没有涉及具体的证券监管规则，只是提出了一个包含框架性原则、具体的实施措施、成员国主管部门之间的合作以及执行等四层次的证券监管程序建议。欧盟层面上的立法活动实际上分为两个层次：在第一层次，仅仅是按照条约的立法标准简单地建立框架性的立法原则；在第二层次，欧盟委员会在欧洲证券委员会（ESC）的指导及欧洲证券监管委员会（CESR）协助下制定的技术性实施措施。通过这个程序，欧盟委员会被授权与成员国指定的专家组成的独立委员会合作，制定欧盟指令的实施措施。有许多委员会在不同的监管领域与欧盟委员会合作，证券监管领域的相关委员会是欧洲证券委员会。欧盟委员会与欧洲证券委员会协商并经其同意后，可以将具体的规则嵌入到指令框架当中。如果遭到反对，欧盟委员会可以将规则提交给部长理事会，部长理事会必须在不超过三个月的时间内以不低于合资格的多数予以回复；如果部长理事会批准，措施就通过了，否则欧盟委员会可以进行修正，或者运用其立法动议权向部长理事会提出新的建议。这一特别的立法程序的目的显然是为了使证券监管立法程序变得简单而且富有效率，从而有利于发挥证券监管领域专门委员会的作用，以提高监管立法的针对性和效率。由于第一层次框架原则的内容可能过于空泛，欧盟委员会制定的具体实施措施就变得更加重要。

三、欧盟委员会加强监管的具体执行措施

《指令》区别于内幕交易指令的一个特色是详细规定了执行以及各成员国主管机关之间的合作框架，这反映了欧盟委员会在新形势下加强监管内幕交易和操纵市场行为，促进成员国协同行动的决心。

（一）明确主管机关的职责

一直以来，欧盟范围内市场不当行为监管实践中存在的一个问题是，在有些成员国证券监管政出多门，这种权力配置导致了混乱，增加了监管成本。设立单一的执行机构，将有助于提高效率、明确性以及加强成员国主管机关的合作。《指令》明确指出，不管其能力如何，各个成员国都应当建立单一的监管机关，以保证《指令》的有关条款得到执行。为了保证这个单一监管机构的独立性，成员国应当确保其独立于市场力量以避免利益冲突，并保证其适当的财政资金需求。主管机关应当有充分的安排，比如组成由主管机关人员以及发行人、金融服务机构、投资者等尽可能广泛的市场各方参与的咨询委员会，以充分听取他们的意见和看法。

为了保证主管机关充分发挥监管职能，《指令》提出，主管机关应当具有必要的监管、调查权力，这些权力可以直接行使或者与其他有关机关或司法机关合作。这些权力至少应当包括：查阅并复制任何形式的任何相关材料；从任何连续地传输指令或者进行交易操作的人及其委托人处获取信息，并在必要时传唤和询问；进行单方面的调查；获取现存的电话记录和电子传输记录；要求停止违反《指令》的执行措施的任何行为；暂停有关证券的交易；要求冻结或者扣押财产；要求临时禁止从业行为等。

（二）界定执行和处罚的权利

《指令》要求，成员国应当禁止任何人从事内幕交易和市场操纵行为，主管机关应当采用有关条款禁止内幕交易和监控市场操纵，应当要求任何从事可能被合理地怀疑为内幕交易和操纵市场行为的交易者不迟延地通知主管机关等。

《指令》制定以前，处罚一般被认为是各成员国所保留的范围，欧盟并不予

以统一。因此，针对内幕交易和操纵市场行为，有的国家可能处以较重的处罚，甚至包括刑事责任；有的国家的处罚就较轻；甚至有的国家根本不予处罚，这就客观上造成了监管的不一致，并可能使操纵者选择交易成本低的国家从事操纵行为。尽管处罚措施的完全统一是不可能的，《指令》仍然在这个方向上作出了一定努力。《指令》指出，抛开各国在刑事处罚政策上的分歧，各成员国应保证依照其国内法对违反《指令》执行措施的行为采取适当的行政措施并对责任人处以行政处罚，这些行政措施应当是有效、适当和劝诫的。

《指令》在加强监管和处罚的同时，尊重基本权利并遵循欧盟基本权利宪章以及欧洲人权宪法的有关规定，对程序权利和基本权利给予了关注，这主要体现在：（1）为了保证主管机关处罚的透明度，主管机关在作出措施或者处罚时应当向公众披露，除非披露会严重有损于金融市场或者给相关各方带来不适当的损害；（2）成员国应确保公平裁判的机会，对主管机关的决定不同意的，可以诉诸法院。

（三）合作

随着欧盟金融市场一体化进程的加快和跨国融资行为的增加，跨国、跨市场的内幕交易和操纵市场行为不断增多。为有效打击上述行为，《指令》要求各成员国主管机关在必要时予以合作，互相交换信息以及在调查环节进行配合。

针对相互之间信息的提供，《指令》要求一国主管机关在接到他国主管机关的请求后，立即采取措施获取并提供相关信息，如果确实无法提供，应当向请求方解释原因。当然，被请求方在某些情况下可以拒绝提供，如有害于主权安全及公共政策的、针对相同主体的相同行为的司法程序已经开始的、针对相同主体的相同行为的最终司法决定已经作出裁决的，在这种情况下，应当立即通知请求方并提供详细的有关司法程序或司法决定的信息。对于他国主管机关提供的信息，在征得信息提供方的许可之前，该信息只能用于执行《指令》所列的职能。

由于司法管辖权的划分，有时某主管机关发现了某些跨境内幕交易和操纵市场行为，却无权予以监管和处罚。为防止这种管辖上的漏洞，《指令》要求，如果一国主管机关确信有禁止行为已经或者正在其他成员国境内发生，或者对其他成员国监管市场上的金融产品产生了影响，应当将该事实详细通知有关国家的主管机关，后者应当采取适当的行动并将行动的结果以及行动过程中的重要进展通知前者。为加强对跨境内幕交易和操纵行为的调查，《指令》要求，一国主管机关可以要求另一国的主管机关对发生在后者领域内的禁止行为进行调查，并且可以进一步要求自己的工作人员参加该调查，当然，被请求国也可以在一定条件下拒绝上述要求，但应当立即通知请求方。

第三节　日本抑制内幕交易的发展思路

日本的证券市场非常发达，日本投资者也十分重视证券交易中的平等，认为利用内幕信息进行套利的行为属于最大的商业不平等，内幕交易俨然成为日本业界的最大忌讳。日本的内幕交易行为是指证券发行公司的职员知道尚未公开的可能对证券投资的判断产生影响的信息，在该信息尚未公开之前与不知情的交易方进行证券交易，也就是所谓的内部人员交易。如预计该信息公开之后股票价格会暴涨，于是在该信息公开以前大量购买股票从而获得巨额利润。日本的内幕交易犯罪是1988年《证券交易法》（第166、167条）规定的犯罪行为。

一、日本反内幕交易的基本原理

（一）关于内幕信息和内幕交易行为

日本《证券交易法》第25条第4项、第5项规定，不必公开某些属于公司秘密的信息。什么才是公司秘密呢？其界限不容易认定。但作为被公开的信息必须满足的条件，有以下两点：第一，该事实已经达到相当确定的程度；第二，把该事实当做秘密没有经营上的理由，即使公开发表也不会影响公司经济目标达成。这种判断虽然非常困难，但如果考虑上市公司秘密所带来的利益，上市公司不会及时公开秘密信息，那么，关于提出临时报告书的第24条之五第4项的规定的“不得延迟”作何解释也值得考虑。当然，实际公开的时间如果延迟的话，信息泄露的可能性就会增大，因此，上市公司应尽快公开信息。

日本在《证券交易法》第166条第2款中将内幕信息分为四大类。第一是决定事实：决定事实是指公司内部作成重大决定的相关事实，包括：发行股票、可转换公司债券与附新股认购权之公司债券等；第二是发生事实：发生事实是指公司内部所发生的重大事实，包括：灾害引起的损害或者执行业务过程中所产生的损害、主要股东的变更等；第三是决算信息：决算信息是指公司内部作成重要决算的相关信息，包括：该当上市公司等在销售额、通常利润或纯利润，以及股息、红利的分配或其他业绩预期方面，有大幅度的变更与修正等；第四是其他重要事实：其他重要事实是指除前三类内幕信息以外，关于上市公司的经营、业务或财产等有关重要情况，并对投资人的投资判断有显著影响的事实。

内幕交易行为的实施是指行为公司关系人，利用职务上的便利，掌握公司重要事实，而在该事实公布以前与该公司股票进行交易的行为。具体来说是指内幕交易知情人（日本《证券交易法》第166条所记载的公司有关人员）将内部情报信息，即有关业务的重要事项，利用其职务在公布（召开新闻发布会或者让公众阅览）之前，买卖该公司股票的行为。

（二）内幕交易经济犯罪治理机制

日本的证券市场最初是由1948年模仿美国制定的《证券交易法》来加以规范的。伴随着该法的不断修改，证券监督管理机构的职能和设置也不断发生变化。以《证券交易法》和《金融商品交易法》为治理蓝本，日本治理内幕交易的法律法规在近年来得到不断修改与完善，监管机构也在对外借鉴和对内反思中不断成熟。目前，日本针对内幕交易等金融犯罪的治理机制正实现法律文本横向制定法规和监管机构纵向不断整顿的立体化管理。

日本的《证券交易法》是在1948年制定施行的，但是当时并没有特别针对内幕交易行为作出任何禁止或处罚规定。在司法实践上，自从证券法制定以来，几乎没有根据该规定来处罚内幕交易的案例。当时的证券业界认为内幕交易可以带动证券市场行情，所以并不是件坏事。在当时的背景下，1987年9月发生了震撼日本社会的立保（TATEKO）化学工业股内幕交易事件。当时的立保化学工业股份有限公司，由于转投资国债期货失败，在向某一银行申请再次融资时，该银行在立保公司公开发表转投资失败的信息之前，趁机将立保公司先前向该银行提供担保的立保公司股票抛售一空，事先避免了立保公司股价下跌的损失。

虽然该案件最终因为没有确实的证据来证明该交易是利用了内幕信息而未被起诉，但如此的股票交易还是受到当时社会舆论等各方面的指责。此外，随着日本证券市场的国际化，当时的日本证券市场被外国投资者评价为“内幕交易者的天堂”。因此，日本以1987年的TATEKO化学工业股票案件为契机，于1988年修改了日本证券交易法，对内幕交易进行规范。日本《证券交易法》先后经过1997年和1998年修改，加强了罚则。日本《证券交易法》第166条和第167条是直接限制内幕交易的立法。相关的规定，还有第163条、第164条和第165条。如第163条规定，公司高级职员或主要股东负有提出买卖股票报告书的义务；第164条规定，公司高级职员或主要股东的短线交易盈利必须返还给公司；第165条禁止公司高级职员或主要股东的卖出。

但时至今日，日本被查处的内幕交易犯罪案件很少，究其原因主要有以下几个方面：第一是因为内幕交易都是秘密进行的，具有很强的隐蔽性；第二是内幕交易犯罪没有具体的被害人，遭受损失的是全体股票投资者；第三是证券公司出于自己的经营利益，即使怀疑顾客涉嫌内幕交易，也不积极主动揭发；第四是内幕交易犯罪的取证十分困难；第五是内幕交易不是自己进行交易，而是利用他人的行为钻法律的空子，从而达到自己的目的。因此，要彻底查处经过犯罪嫌疑人周密策划的内幕交易是困难的。

（三）关于内幕交易经济犯罪的处罚

日本证券交易法对于内幕交易的处罚是较重的，对个人处以3年以下的有期徒刑或300万日元以下的罚款，或者两种并罚（日本《证券交易法》198条第15项，1997年12月修改）；内幕交易得到的财产予以没收，不能没收时（获利的现金其没有留存时），追缴其相当的金额（日本《证券交易法》198条第2项，1998年6月修改）；对于法人处以3亿日元以下的罚款（日本《证券交易法》207条，1997年12月修改）。日本上议院（House of Representatives）已于2000年5月底通过了《金融工具和交易法》的修订法案。该法案规定，因内幕交易受处罚的投资者，如果五年内再度从事内幕交易，所处罚金将增加一半。修订法案规定，罚金数额将依据购买价和公告发出后两星期内的最高价之间的差额来确定。这一改动将有效使罚金数额翻番。

二、日本法中内幕交易主体及其评价

根据日本1988年修改的《证券交易法》第166条的规定，将内部人员分为公司关系人等与公开收购人等关系人员。

（一）公司关系人等

根据该法第166条的规定，公司关系人等分为如下三类：作为公司关系人的内部人员，作为公司关系人的准内部人员，公司关系人以外的第一情报领受人。

1. 作为公司关系人的内部人员

根据该法第166条第1项第1、2号及相关法律的规定，该类人员包括：（1）该上市公司的董事、代理人、雇佣人及其他职员；（2）拥有股东总议决权3%以上的权利或相当于该上市公司等的发行股票的3%以上份额的股东；（3）优先出资法规定的普通出资者之中，拥有类似上述权利，并由内阁府令所规定者；（4）拥有公司法第433条第3项所规定的权利1/4的职员。此外，法条还补充道：在上述人员为法人时包括其董事等，在上述人员非法人时包括其代理人或雇佣人。

2. 作为公司关系人的准内部人员

根据该法第166条第1项第3、4号的规定，该类人员包括如下几类：（1）依据针对该上市公司等的法令而拥有权限者，一般认为该类人员包括：行使搜查权的检察官与警察官、参与审判的法官、行使调查权的税务署员与国税厅职员、行使许可权与认可权的监督机关职员，实施仲裁的仲裁员、行使国政调查权的国会议员及秘书；（2）与该上市公司等已签订契约或者在进行缔约交涉的，并且不属于该上市公司等的董事的人员，包括：顾问律师、注册会计师、税务师、代办人（代理申请专利注册商标的）、交易银行、承兑证券公司、翻译以及与该公司有缔结契约的其他人员。此外，该项第5号还规定：前述的缔约者、缔约交涉者为法人，包括该法人的董事。

3. 第一情报领受人

根据该法第166条第3项的规定，第一情报领受人包括：（1）由公司关系人处获得有关业务等的重要事实的传递的人员；（2）因职务关系而获得了该传递的人员，该人员为所属法人的其他工作人员并且因其职务而知悉有关该业务等的重要事实。主要包括：公司关系人的家属、朋友、交易对象、报社记者、杂志记者、证券分析家等。此外，日本法明确规定领受情报以“第一次”为限，即该类领受人员必须是由公司关系人处或凭借职务关系而直接获得内幕信息的人员，此后的二次、三次等间接领受人不受法律规制。但由传递人实施的传达被视为第一次领受。例如，董事A命令B将内部信息传递给C时，即使B偷看了该信息，C也为第一情报领受人，因为此时B的身份仅仅是传递者，与邮局的工作人员类似。关于在信息经由传递人传出时，谁才是第一情报领受人的问题，研究者认为应综合客观的传递状况、泄露信息者意图向谁泄露信息等因素进行综合判断。

（二）公开收购人等关系人员

根据该法第27条之二第1项第1号与第167条第1项的规定，在公开收购人及与其有特殊关系的人员（以本人或他人名义而由本人）持有的股份占被收购公司已发行股票总数的5%以上时，上述人员即被视为对被收购公司拥有了控制权而应将有关公开收购的情报向广大股东披露。因为该事实可能会影响一般投资者的投资判断，故而符合上述条件的公开收购人及相关人员可具备内幕人员的特征。该类主体的辐射范围与前述内部人员大致相同，分为公开收购人等关系人员、由公开收购人等关系人员处获得公开收购等事实的传达的第一情报领受人两大类。

1. 公开收购人等关系人员。具体包括如下5类：（1）该公开收购人（收购人为法人时，包括其母公司，以下亦同）的董事等（收购人非法人时，为其代理人或雇佣人）；（2）拥有股东总体决议权的3%以上的权利或相当于该上市公司等的发行股票的3%以上份额的股东，或拥有公司法第433条第3项规定的权利的公司职员；（3）依据针对该公开收购人等的法令而拥有权限者；（4）与该公开收购人等缔结契约或正在进行缔约交涉的人员（该人员为法人时包括其董事等，该人员非法人时包含其代理人或雇佣人），该公开收购人等为法人时是指其董事以外的人员，该公开收购人等非法人时是指其代理人或雇佣人以外的人员；（5）上述（2）、（4）中所规定人员为法人时的董事等。

如第166条的规定，上述五类人员分别在如下情况中接触有关公开收购的事实时，将为内幕人员：（1）中的人员通过职务获取时；（2）中的人员行使相应的职权如议决权、阅览权或誊写权时；（3）中的人员行使法令规定的权限时；（4）中的人员在缔结或缔约交涉或履行契约时；（5）中的人员通过职务获取时。

而且，考虑到公开收购与内幕信息关系的复杂性，日本法还模仿美国法规定上述人员的公开收购身份丧失并经过一定的期间（1年）后，才丧失内幕人员的身份。

2. 由公开收购人等关系人员处获得公开收购等事实的传达的第一情报领受人。

不具有上述内部人员的身份，但是作为第一手领受人从公开收购人等关系人员处获得公开收购等事实的人员也不得实施内幕交易。该类人员构成内部人员的条件为：（1）不属于前述内部人员中的任何一种；（2）从公开收购人等关系人员处获得内幕信息；（3）该信息是有关公开收购的信息；（4）领受以第一手为限。

日本法律在规定内部人员时的特点是：第一，从证券交易的不同方式（普通交易与公开收购）的角度出发，对内幕人员进行了划分，分为公司关系人员与公开收购人等关系人员，体现出日本业界对大规模公开收购证券行为的重视，这也是契合日本证券交易的实际状况的；第二，日本法的规定极尽详细，大量的补充限制规定保证了法官审判的简单适用性，同时又起到了尽可能地限制其自由裁量权过大的弊端，从而保障了打击证券违法行为、防止政府过度干预与促进市场自律的多重目标的实现，这是“规制缓和”理念在证券立法中的体现；第三，日本法中的内幕人员可分为三个层次，包括传统的公司内幕人员、公司外部的缔约方与业务往来人员、第一情报领受人。在内幕交易的认定问题上，与中国法有别，日本法的着眼点在于行为人，面对疑似违法时，首先对行为人是否符合上述几类主体的问题进行判断，如果不符，则欠缺符合构成要件的主体，因而不再讨论犯罪构成问题。因此，通常认为内幕交易罪属于身份犯罪，但与普通身份犯罪的构成要件要素的纯客观化有别，内幕交易罪的身份判断中需包含“知道”的主观要素，因此，该罪属于特殊身份犯，与麻药取缔法中的以“营利目的”为身份构成要素的犯罪类似。最后，将领受情报人限定为第一次的做法，符合司法实践，避免了诉讼资源的浪费。

三、日本证券市场内幕交易规制的经验借鉴

（一）日本证券市场内幕交易规制的改革状况

日本对内幕交易的规制始于1988年，但当时对内幕交易主体和内幕信息范围的规定较窄，处罚的力度较小，随后经过6次修改，逐渐形成《证券交易法》第166~167条的法律规制体系。2005年4月，日本建立了对证券市场上不公平交易进行行政处罚的“课征金”制度，至2013年8月为止共计处罚过146名内幕交易人。2008年以前，内幕交易人主要是上市公司的董事、监事、高管和员

工等和要约收购人的董事、监事、高管和员工等，而从上述两类人员获得内幕信息的人员进行内幕交易的较少。但这一情况在2009年发生逆转，从上述两类人员获得内幕信息的人员超过上市公司的董事、监事、高管和员工和要约收购人的董事、监事、高管和员工的总和，成为最多的内幕交易人。

产生上述情况的原因是金融危机后，上市公司加强了内部控制管理，有效遏制了公司关系人和要约收购关系人直接进行的内幕交易。但由于法律对信息受领人的处罚范围有限，仅限定在第一次信息受领人，而对泄露内幕信息和建议他人买卖证券未进行规制，导致更多的内幕交易是以这种间接、隐蔽的方式呈现。无论实务界或学术界，都认识到这一问题的现实性和紧迫性。因此，日本金融厅下属的金融审议会于2012年7月31日成立内幕交易规制专项工作组，通过7次会议集中讨论形成立法修正案，并提交国会表决，于2013年6月12日通过。本次修改中涉及内幕交易规制的部分有四点：第一是将泄露内幕信息和建议他人买卖证券纳入规制范围；第二是修改违法所得的计算方法，加大对内幕交易的处罚力度；第三是扩大要约收购人的董事、监事、高管和员工的范围，将目标公司及其董事等人员直接作为要约收购人的董事、监事、高管和员工对待；第四是增加内幕交易的豁免情形。

（二）日本证券市场内幕交易规制的具体做法

1. 对泄露内幕信息和建议他人买卖证券进行规范

日本原有的内幕交易规制中未将泄露内幕信息和建议他人买卖证券行为视为违法行为，即如果公司关系人仅仅是将内幕信息传递给他人，或是推荐他人购买公司股票，而他本人并未进行内幕交易，则不会单独对其进行处罚。当然，如果接受传递或推荐的人员随后进行了内幕交易，泄露内幕信息和建议他人买卖证券人员理论上可作为共犯或教唆犯进行处罚，然而迄今只处罚过两例。2013年修改在法规条文中增加从主体、主观、客观和结果这四个方面对信息传递等进行规制：

（1）主体要件。禁止信息传递等的主体是上市公司的董事、监事、高管和员工等和要约收购人的董事、监事、高管和员工，亦即上述公司关系人和要约收购关系人，而对于从上述两类人员获得内幕信息的人员，法律并未纳入禁止范围。这是因为日本法尚未追究第二次以后的信息受领人从事内幕交易的责任，故法律目前也不禁止第一次信息受领人实施的信息传递等。另外，禁止的前提是行为人实际获得了内幕信息，虽属于公司关系人和要约收购关系人的范围，但有证据表明行为人并未获得内幕信息，而是基于自己的分析向他人推荐买卖证券的，不属于规制对象。因为公司关系人中不仅包括上市公司的董事、监事、高管和员工，还包括股东，与上市公司存在合同关系的银行、证券公司等，如果不加区别地禁止所有信息传递等会妨碍其正常业务。

（2）主观要件。上市公司在日常经营活动中会进行很多业务合作，或面向投资者进行宣传，难免出现许多正常的信息交流，如果不加区别地禁止一切信息传递等，将会妨碍上市公司本身的经营活动。故规定了两个层面的主观要件：首先行为人有进行信息传递等的故意，如果过失写错邮件地址，或被人偶然听到谈话、被窃听，即使客观上受领人得知内幕信息，也不属于规制对象；其次要有“让他人获利或回避损失的目的”，这里的获利或回避损失的方法特指在内幕信息公开之前让他人买卖证券。通过设定主观要件，力图将禁止对象限定于不正当的信息传递等。

（3）客观要件。主要有两种，第一是信息传递，信息传递是指行为人以上述目的将内幕信息传递给他人的行为。这里的“他人”泛指行为人以外的任何人，除公司的交易相对方和客户外，公司其他部门的员工也属于“他人”；对法人的法定代表人进行传递的，该法人可构成“他人”；通过网络等手段向不特定多数人进行传递的，同样属于“他人”。第二是交易推荐。交易推荐是指行为人以上述目的推荐他人买卖有价证券的行为。这里的“他人”与信息传递中“他人”的含义相同。“推荐”是指行为人未提及内幕信息的相关内容，而是明示或暗示他人买卖证券。

（4）结果要件。日本法对内幕交易规范的目的是维护证券市场的公平性，保护一般投资者对证券市场的信心。如果从上市公司的董事、监事、高管和员工等和要约收购人的董事、监事、高管和员工处获取信息的人最终没有进行内幕交易，则该信息传递只是一种潜在的危险，未对证券市场的公平性造成实质危害。结果要件规定泄露内幕信息和建议他人买卖证券的人员实际已经进行了内幕交易。另外，法律虽未明确要求信息传递等与从上市公司的董事、监事、高管和员工等和要约收购人的董事、监事、高管和员工处获取信息的人进行内幕交易之间存在因果关系，但有学者认为在认定结果要件时应考虑因果关系。实践中，一般可推定两者之间存在因果关系，除非能证明从上市公司的董事、监事、高管和员工等和要约收购人的董事、监事、高管和员工处获取信息的人是基于其他原因才进行内幕交易行为的。

（5）处罚方式。对符合以上要件的信息传递等，可进行刑事和行政处罚。刑事处罚为5年以下有期徒刑或500万日元以下罚金（对法人罚金的上限是5亿日元）或两者并罚，并可没收或追缴违法所得。行政处罚是对行为人处以下列课征金额罚款：第一，若行为人属于证券中介机构的从业人员，且向客户进行不正当的信息传递等的，可处以从该客户所获中介关联业务对价额（如手续费、报酬，以月为单位）3倍的课征金额罚款；第二，若上述机构还从事证券承销业务，且向客户进行不正当的信息传递等中涉及承销业务的，课征金额在上述金额之外，加上证券承销业务对价额的1/2；第三，对其他行为人可处以内幕交易人的违法所得额1/2的课征金额。该处罚方式说明日本法对证券中介机构从业人员进行的信息传递等的处罚力度要远高于一般主体。这是考虑到证券中介机构是证券市场的“守门人”，本身就肩负着审查客户交易信息、防止不公平交易的职责。如果证券中介机构利用其地位进行不正当的信息传递等，会更大地损害证券市场的公平性，打击一般投资者对证券市场的信心，有必要进行更为严厉的处罚。

2. 修改内幕交易违法所得的计算方法

课征金额的主要目的是剥夺行为人的违法所得，故以行为人的违法所得为标准进行计算，不追加罚款。行为人已受过刑事处罚，为避免双重处罚，在计算课征金额时可扣除刑事处罚的金额。此外，对主动申报的违法行为人采取减额的办法；对一定期间内重复违法的行为人，采取加重处罚的办法。

（1）现有的计算方法。违法所得计算方法，根据行为人是为自己利益还是为他人利益的不同可划分成以下两种：第一是为自己利益进行内幕交易时，根据其买入或出售的不同分别计算：①买入证券的违法所得为：内幕信息公开后2周内证券的最高价减去买入价，再乘以买入数量后所得金额；②出售证券的违法所得为：出售价减去内幕信息公开后2周内证券的最低价，再乘以出售数量后所得金额。第二是为他人利益进行内幕交易时，以行为人因该交易取得的手续费、报酬等对价为其违法所得。其中，又分为两种情形：①行为人因进行资产管理业务而实施内幕交易的，违法所得为内幕交易当月的报酬乘以该证券在其管理资产总额中所占比例；②行为人因其他事由而实施内幕交易的，违法所得为内幕交易的对价。

（2）修改计算方法的原因及范围。日本近年查处的内幕交易案件中，为他人利益进行内幕交易时的课征金额过低，不足以防止内幕交易，无法确保规制的有效性。如日本证券交易监督委员会在2012年查处了4起公募增资的内幕交易案件，都是由主承销商的员工向其客户（如投资基金经理、资产管理公司顾问）泄露该公募增资的内幕信息，然后由基金经理为自己客户的利益进行内幕交易。根据现有计算方法，违法所得是以行为人（投资基金或资产管理公司）的报酬乘以该证券在管理资产总额中所占比例计算得出的，其金额远远少于客户最终所获利益，差距甚至达到数百倍，无法有效地防止内幕交易。2013年修改对这一问题采取了对策，将上述的计算方法修改为：实施内幕交易当月全部报酬的3倍，即不再考虑内幕交易证券在管理资产总额中所占比重，而以行为人当月所获全部报酬为标准，再乘以 3 倍。因为其违法所得不仅限于该证券的相关部分，还包括客户给付的全部报酬；不仅限于当月的报酬，还包括将来可能维持或增加的报酬。

3. 扩大要约收购关系人的范围

日本法将内幕交易的规制对象划分为上市公司和要约收购两大情形，这是不同于中国法及其他各国法的特色之一。因为日本证券市场上要约收购的现象较为常见，而要约收购的信息在公开后一般都会对目标公司的股价产生较大影响，从而影响投资者的判断。该内幕信息的起源并不在目标公司，而是在发起要约收购人一方，但目标公司及其董事等却未包括在公司关系人内，故另设对要约收购关系人进行规制。但目标公司及其董事等是否属于要约收购关系人一直存在争议，实践中的做法是：如果要约收购人与目标公司签订了保密合同等，可将目标公司及其董事等认定为要约收购关系人；如果要约收购人与目标公司不存在合同关系，只是告知了发起要约收购，则只认定为第一次信息受领人。而从目标公司及其董事等处获得内幕信息的人员是第二次信息受领人，这些人员如果进行了内幕交易无法追究其责任。因此，2013 年修改新增一项，将目标公司及其董事等明确纳入要约收购关系人范围内，力图更好地预防目标公司一方进行的内幕交易和信息传递等。

4. 增加内幕交易的豁免情形

内幕交易规制是一把双刃剑，在打击违法行为的同时也可能对正常交易产生影响。因此，法规有必要在禁止行为与许可行为之间划分清晰的界限。日本法对那些形式上虽属于内幕交易，但实质上不会对投资者决策产生影响，也没有损害证券市场公平性的行为被视为豁免情形。按规制对象的不同有如下几种：

（1）增加信息受领人的豁免情形。在现有规制体系内，获得要约收购内幕信息的上市公司的董事、监事、高管和员工等，在要约收购的事实公开以前原则上是不能购买目标公司的股票、新股预约权等证券的，故要约收购人可能会利用这点来达到排挤潜在竞争对手的目的。如要约收购人决定发起要约收购后，将这一内幕信息故意传递给竞争对手，导致其成为第一次信息受领人而无法购买目标公司的证券。为促进收购者之间的公平竞争，又不损害证券市场的公平性，有必要采取措施在两者之间达成平衡，让其他竞争者在满足一定条件下可购买目标公司的证券。

鉴于此，2013 年修改新增两种豁免情形，在满足下列任一情形下，要约收购信息受领人可购买目标公司的证券。

第一是丧失交易上有利地位。法律之所以将建议他人买卖证券的信息受领人纳入规制范围，是因为相对一般投资者而言，建议他人买卖证券的信息受领人优先获得了内幕信息，在交易上处于有利地位。但如果信息受领人采取一定措施，让自己的有利地位不复存在，可允许其购买目标公司的证券。例如，建议他人买卖证券的信息受领人也打算发起要约收购时，根据法规要求应进行要约收购公告，提交要约收购报告书供社会公众查阅。如果信息受领人在公告和报告书中明确记载自己获得的内幕信息内容，让一般投资者也能够获得这些信息，则其交易上的有利地位将丧失。此时，信息受领人可购买目标公司的证券。

第二是丧失信息有用性。一般而言，要约收购人在决定发起要约收购后，会在比较短的时间内公开该信息并付诸实施。相反，如果信息受领人在获得内幕信息后经过一定的时间，要约收购人仍未公开该信息，则该内幕信息的价值会逐渐降低，很难说信息受领人仍会基于过去获得的信息做出投资判断。因此，为防止信息受领人一直处于不能进行交易的不稳定状态，自其最后获得信息之日起经过6个月以上的，信息受领人可购买目标公司的证券。

（2）明确因履行合同或执行计划进行交易的豁免情形。行为人在获得内幕信息前已经签订买卖证券的合同，或者已经制订买卖证券的计划时，如果仅因获得内幕信息就导致其无法履行该合同或执行该计划的，会妨碍正常的经营和交易活动，故这两种情形属于豁免情形。但为避免该豁免情形被滥用，原有的规定采取了个别列举式的立法方式。不过由于列举的范围较窄，实践中对某些正常交易造成障碍，故2013年修改采取概括性的立法方式，将符合下列要件的交易作为豁免情形。

第一是获得内幕信息前已经签订合同或制订计划；第二是该合同或计划中明确规定了买卖证券的具体对象、数量等内容；第三是行为人遵循该合同或计划进行了买卖。当然，为防止行为人在事后捏造合同或计划，在审理时应进行严格区分。例如当合同或计划的内容是反复、持续进行交易，捏造可能性较低；如果是单独的、个别的交易，应有明确的证据证明该合同或计划是在获得内幕信息前签订或制定的，如经过投行或律师事务所等独立第三方机构确认。

第四节　美欧日反内幕交易执法对我国的借鉴思考

美国、欧盟和日本在法律制裁上都采用了将行政制裁与法律诉讼相结合的方式，但各国在制裁力度上各有不同。内幕交易受害者的民事救济一直是各国立法和司法上的难题。美国由于采取了判例法制度，在长期的司法实践中逐渐形成了对民事诉讼举证责任的简化。美国1988年修订的《证券交易法》第20（a）条规定，内幕交易者的交易对手有权对内幕交易者提起诉讼，并由法律直接推定“其交易是基于对内幕人的信任”以及“其损失由内幕交易造成”的因果关系成立，授予内幕交易的交易对手“明示诉权”，对原告的举证责任进行了简化。此外，美国的法院在具体的民事判例中经常采取举证责任简化的方式，例如将举证责任简化为证明被告没有履行其披露重大内幕信息的义务，以及其未披露的信息对投资者具有重大性。而日本和欧盟对此都没有在立法上进行明确，从而给内幕交易的民事救济带来了很大的困难。

从世界各国和地区禁止内幕交易的立法情况来看，禁止内幕交易已经成为全球性的共识。如美国1934年的《证券交易法》、英国1993年的《公平交易法》、德国1994年的《内幕交易法》、日本的《证券交易法》、澳大利亚2001年的《公司法》、中国香港1990年的《证券（内幕交易）条例》、中国台湾的《台湾证券交易法》及中国大陆的《证券法》等，均有禁止或限制内幕交易的明文规定。然而，真正对证券市场产生影响的并不是禁止内幕交易的立法措施，而是对内幕交易的执法行动。

一、各国内幕交易执法情况

相对于禁止内幕交易的立法，禁止内幕交易的执法要复杂得多。即便是在被世界各国公认的禁止内幕交易最严格和最全面的美国，广泛对内幕交易进行诉讼也是较晚的事情。美国1934年颁布的《证券交易法》明文禁止内幕交易，但在其证券监管体系建立后的近半个世纪里，该条款也几乎是个摆设，从未认真执行过，1961年才出现了根据联邦法律进行的第一起内幕交易诉讼。直到半个世纪以后的20世纪，由于当时美国企业收购兼并盛行，投机分子乘机利用企业并购内幕信息进行内幕交易的行为十分猖獗，严重地扰乱了证券市场，美国证券交易委员会才开始加强内幕交易监管。显然，与各国在禁止内幕交易立法方面的一致性相比，多数国家在内幕交易执法方面存在问题，表现出“立法严而执法松”的特点。这种情况以日本最为明显，日本自1948年就制定了《证券交易法》，以禁止不正当交易的概括性规定规范内幕交易。但在20世纪80年代以前，日本竟无一例证券内幕交易受到监控和处罚，因而被欧美戏称为“内部人交易的温床”。

从美国、欧盟和日本在内幕交易监管的实施效果来看，美国由于采取判例法体系，对内幕交易具体的成文规定较少也较为宽泛，这也增大了美国在处理具体的内幕交易案例时的灵活性和执行力，而这一点在其对内幕交易的民事救济方面表现得十分明显。这些成熟的判例经验对优化我国的内幕交易救济制度具有借鉴意义。欧盟的内幕交易认定框架具有较高的严谨性和完整性，对我国完善内幕交易认定制度、避免法律漏洞具有参考价值。日本在施行“内幕人登记卡制度”之前，虽然有成文的法律规定制止内幕交易，但由于监管形式单一以及难以取证，内幕交易的情况仍然十分严重。有效的预防体系使得日本的内幕交易得到很好的遏制，这种“以防为主”的方案值得具有相似监管环境的中国学习。

二、执法困难的原因分析

造成内幕交易法难以执行的原因有很多，归结起来主要有两个方面：一方面是证券监管机构缺乏执法的主观愿望。原因除了对内幕交易带来的危害重视不够之外，一些国家还认为严厉的执法会不利于证券市场的发展。许多司法当局显然是没有兴趣，或者没有作好准备投入必要的资源以切实实施它们的反内幕交易立法。许多国家或地区的证券监管部门仍然强调寻求在投资者保护和商业自由之间的平衡。另一方面是内幕交易执法存在许多客观上的困难。首先，内幕交易并非总是内幕人员自己所为，而往往以他们亲朋好友的名义进行；其次，内幕交易的手段非常复杂，内幕交易人往往对内幕交易的各种方法非常熟悉，也熟悉监管部门的监管技术，不断创造出更新更复杂的交易手段和方法，使监管者防不胜防；最后，内幕交易的认定和取证非常困难，这使得监管当局在资金、技术和人力上都面临极大的挑战。

三、举证制度

在造成内幕交易执法困难的众多原因当中，认定和取证困难是一个关键点。这就涉及内幕交易罪的举证责任问题，即内幕交易的认定是否需要证明内幕交易者的行事意图。在这方面，世界各国主要分为两种类型：

第一是大多数国家目前仍然实行举证责任在控方的制度。在 1968 年重订《威廉斯法案》（Williams Act）之前，美国对内幕交易的起诉必须证明内幕交易人有行事意图，即控方必须证明这些人有欺诈、操纵的企图。现在，世界上多数国家依然实行这样的制度。由于举证责任在控方，证券监管机构对内幕交易的认定非常困难。

第二是美国、中国香港等国家和地区实行举证责任在辩方的举证责任倒置制度。美国规则 14e-3 明确指出，对内幕交易的认定，控方不需要证明被告的行事意图，只要有内幕交易的事实，不管是谁，只要你直接或间接、有意或无意得到这个内幕信息（初级举证责任在控方），都被假设为从事了内幕交易，被告必须提供所有证据来证明自己的清白（次级举证责任在辩方）。一旦美国证券交易委员会（SEC）证实内幕人员有从事内幕交易的事实，被控方除非提供有力证据证明自己的清白，否则就将遭到美国证券交易委员会（SEC）的民事诉讼或者通过司法部进行的刑事诉讼。

我国香港地区也对内幕交易的认定实行严格责任原则，即掌握内幕消息的人一旦发生《证券（内幕交易）条例》规定的内幕交易行为即将被裁定为内幕交易者，除非当事人能够证明自己不存在进行内幕交易的主观故意，即证明自己不是为了利用消息牟取利益或减少损失。显然，举证责任倒置的制度大大降低了监管部门的取证难度，因而更有利于内幕交易行为的认定。

四、加强执法成为共同趋势

20世纪90年代以前，英美模式的证券市场治理模式并未成为世界性的潮流。但是，随着证券市场全球一体化的发展以及日本证券市场治理模式陷入困境，重视中小投资者保护的英美模式逐渐成为各国仿效的对象。正是在这样的大背景下，从20世纪90年代初期开始，世界各国纷纷加强了对投资者权益保护的立法，各国证券监管机构也开始把保护中小投资者权益作为监管工作的核心目标，内幕交易的执法活动由此得到了强化。从内幕交易认定的举证责任制度来看，世界各国也有意识地在逐步向美国模式靠拢。例如，1970年以来，法国证监会（COB）对于内幕交易的举证责任依刑法处置，但需要由控方证明被告的行事意图。由于在实践中控方举证非常困难，1983年和1988年法国对有关立法进行了修改，在某些情况下控方不需要证明内幕交易人的行事意图。

世界各国内幕交易的法律制度详见表6-1。

表6-1 世界各国内幕交易法律制度比较

项目	美国	日本	欧盟	中国
内幕人认定	所有获知内幕信息的人员，包括“直接内幕人”“推定内幕人”和“间接内幕人”，在不同的判例中对此各有差异	（1）“公司相关人”； （2）“前公司相关人”； （3）从上述两类内幕人处直接获得信息的间接内幕人，即“接受建议人”，且其知道或应当知道信息来自于内幕人	（1）居于发行人行政、管理监督地位的人； （2）持有发行人股份的人； （3）利用受雇、专业或职务之机会而取得内幕信息的人（要求因果关系与非偶然性）； （4）利用犯罪活动取得内幕信息的人； （5）其他获得内幕信息，且知道或应当知道该信息属于内幕信息但仍然占有的任何人	（1）与发行公司有关联关系的人员； （2）与证券发行、承销、审批等程序有关的人员； （3）并购重组参与方及有关人员； （4）基于职务或者控制原因知悉内幕信息的人； （5）通过非法手段或私下交易取得内幕信息的人员； （6）其他由中国证监会认定的人员

续表 6-1

项目	美 国	日 本	欧 盟	中 国
内幕信息认定	对证券价格有重大影响的非公开信息； 各判例中依据具体案情进行认定	1988 年《证券交易法》190－2 条款做列举规定，其他日本内阁法律做补充规定； 基于 1994 年修正案的股份回购； 基于 1998 年修正案的关于子公司的重大非公开信息	概括性认定标准： （1）事实性信息； （2）未公开信息； （3）与金融产品发行人或金融产品本身相关联； （4）对价格具有重大影响	《证券法》第 67、75 条做列举式规定，其他信息由中国证监会认定
内幕交易行为认定	任何构成欺诈的侵害公共利益或投资者利益的交易、建议交易及泄露内幕信息的行为； 不同的判例对此依据具体案情进行认定	（1）法律仅禁止内幕人买卖（包括卖空）相关证券（包括衍生产品）的行为； （2）豁免：反收购交易、未通过证券市场进行的交易、在内幕信息产生之前已经生效的协议交易等	（1）禁止从事或企图从事相关金融产品的交易，并从中获利； （2）禁止泄露内幕信息； （3）禁止基于内幕信息（以积极的方式）建议、劝诱第三人进行交易； （4）豁免：包括“行使受雇、专业或职务上之正当理由而泄露内幕信息”的行为等	禁止内幕人在“内幕信息敏感期”内买卖相关证券或建议他人买卖相关证券，或泄露该信息。将内幕交易行为的时间范围扩展到信息公开之后
防范措施	（1）董事、高管和持有 10% 以上权益所有人每月报告持有和交易本公司股票的情况（电子档）； （2）上述人员短线交易收益返还； （3）上述人员禁止卖空或“持有卖空”交易； （4）财务高管披露道德准则； （5）报表重述后高管报酬返还； （6）企业内控评价、报告和审计	（1）证券公司“内幕人登记卡制度”、拥有客户内幕信息之员工的报告制度和“隔离墙”制度； （2）证券公司代表作为客户的登记内幕人报告其持股及变化情况； （3）登记内幕人短线交易收益返还制度； （4）登记内幕人禁止卖空制度； （5）财务省在必要时进行检查的制度	（1）发行人应当尽快披露与该发行人有直接联系的内幕信息； （2）授权由各成员国自行制定防范措施，并强调成员国之间的协调	（1）董事、监事和高管的报告制度、禁止交易制度和短线交易收益返还制度（适用于持股 5% 以上股东）； （2）证券服务机构或人员禁止交易制度； （3）内幕信息知情人登记管理制度

续表 6-1

项目	美国	日本	欧盟	中国
法律制裁与受害者救济	（1）美国证监会等政府机构对内幕交易者提起诉讼： 1）行政处罚：没收违法所得、违法所得3倍以下罚款； 2）刑事处罚：10年以下牢狱和/或100万美元以下罚金。 （2）对举报内幕交易人员进行奖励。 （3）投资者请求民事赔偿： 1）规则20（a）下的明示诉权； 2）因果关系举证责任简化	（1）财务省的行政处罚：没收违法所得； （2）检察厅的刑事诉讼：3年以下有期徒刑或300万日元以下罚金或两者并处； （3）依据《日本民法典》和《日本商法典》的民事赔偿诉讼，要求原告对因果关系进行证明	（1）要求由各成员国自行制定处罚和救济办法，强调成员国间的协调； （2）对《指令》的法律解释可请求欧盟法院进行初裁	（1）中国证监会的行政处罚：没收违法所得、违法所得1至5倍罚款； （2）依据《刑法》的刑事诉讼：最高10年牢狱、违法所得1至5倍罚金； （3）在该行为受到行政处罚或刑事判决的前提下，受害者对内幕人提起民事诉讼

第七章 我国上市公司内幕交易的防范和监管机制

对内幕交易的防范和监管必须构建一个完善的监管体系，从时间上来考量，即需要在事前、事中和事后三个时间层面上对内幕交易进行全方位监管，主要分为事前预警、事中监控和事后查处三个方面。事前预警是指监管部门建立有效的内幕交易预警机制，削弱内幕人员进行内幕交易的动机，在源头上把控内幕交易发生的可能。事中监控是指在股票交易日期间，监管部门对市场交易者的交易行为实施动态监控，运用多种内幕交易识别手段和方法查找出疑似内幕交易的交易行为，阻止内幕人员进行交易，绞杀内幕交易于萌芽之中。事后查处是指在内幕交易发生之后，证券监管部门应及时有效地对涉及内幕交易的人员和机构进行行政处罚，对涉案严重者转交至司法机关进行刑事惩罚，追究相应的法律责任。目前我国监管机构对内幕交易的行为侧重在事后查处上，缺乏有效的事前预警和事中监控机制，而只有构建一个“三位一体”的立体交叉型的内幕交易防范机制，将三个机制进行完善并有机结合起来，才能对内幕交易行为进行有效的防范和监管。

第一节 通过立法加强内幕交易规制

一、对内幕交易的基本概念予以明确界定

我国对涉及内幕交易的基本概念尚存在诸多不明之处。对于立法来说，基本概念的严格界定是至关重要的，它不仅涉及立法的科学性，而且关乎立法标准的统一性以及执法的可行性。依据美欧日立法的基本经验，我国对内幕交易的基本概念可从以下几个方面予以改进。

（一）科学界定内幕交易主体的范围

我国《证券法》第68条以列举的形式规定了内幕交易主体的范围，但是列举式的规定一方面难以尽其所有可能的情形，另一方面随着证券市场的不断发展，新的内幕交易形式层出不穷，列举式很容易出现无法使用的问题。美国《证券交易法》根据行为人与投资大众之间的关系，将内幕交易主体划分为内幕人员和临时内幕人员；根据信息来源渠道不同，分为泄露信息者和信息接收者。我国

应当借鉴国际经验，对内幕交易主体进行适当分类，从而增强内幕交易主体规定的适应性。从各国法律对内幕交易主体的认定来看，对内幕交易主体的范围界定越来越宽泛。我国资本市场尚处于新兴加转轨阶段，市场本身的许多诟病使得内幕交易难以有效规制，因此对内幕交易主体的界定应当尽可能宽泛。此外，应当采用“知悉内幕信息”作为内幕人的认定尺度，从而要求人们在禁止内幕交易立法中，对市场内幕人员、公司内幕人员、政府内幕人员以及获知内幕信息的其他内幕人员进行有效规制。

（二）科学界定内幕信息

我国采用列举的方式对内幕信息进行界定。我国《证券法》第75条规定：证券交易活动中，涉及公司的经营、财务或者对该公司证券的市场价格有重大影响的尚未公开的信息为内幕信息。在此基础上又列举了19条具体的重大事件，主要涉及对公司证券价格具有重大影响的经营管理及财务等方面的信息。这一规定过于粗糙，对于内幕信息所具有的非公开性和重大性特征没有做出明确规定，而且对于影响证券价格的外部信息是否属于内幕信息没有做出明确的规定。

对于内幕信息的非公开性，沪深证券交易所在遇到上市公司有重大信息公布时，该上市公司证券在一段时间内暂停交易，以便公众知悉和消化。公告信息只要在全国性的新闻媒介公开，内部人就可以进行证券交易。而在美国关于内幕信息的非公开性，一种观点认为只有当信息发布并为大众投资者所理解和吸收后，才算是信息公开。另一种观点则从有效市场假说出发，认为只要有足够数量的积极投资者知道该信息，就算是信息公开。鉴于目前我国证券市场新兴加转轨的性质，信息公开应以实质性公开作为判断标准，即只要未经市场吸收或尚未在证券价格中得到反映的信息，即可称为内幕信息。此外，信息虽然未公开，但有足够的事实表明该信息已经为市场所消化，则该信息不能称为内幕信息。

对于内幕信息的重大性，是指任何理性投资者知悉该信息后将重新考虑其原来的投资决策。对于信息的重大性，我国依然是采取列举的方式来进行规定的。而美国的判例为，如果一个理性的投资者有相当大的可能认为一项遗漏的事实，对于其做出如何投票的决定是重要的，则该遗漏的事实是重要的。这一规定借鉴了经济学上理性投资人的假设。我国亦可借鉴。

我国《证券法》所列举的内幕信息基本都是上市公司本身的信息，对于上市公司外部内幕信息多有疏忽。如监管部门对于某公司相关事项的审批，政府部门对某公司的调查、处罚和奖励等决定，国家针对某产业政策、行业政策、区域政策的变化以及国家宏观经济调控政策等，都有可能成为“内幕信息”。因此，对证券价格有重大影响的非公开信息均应纳入内幕信息的范畴。

（三）完善“内幕交易行为”的有关规定

内幕交易行为是“内幕交易主体”和“内幕信息”的结合点，包括了内幕交易行为的主观心态、客观行为以及例外情况等内容。关于内幕交易行为的认定，包括美国在内的许多国家均采用主观推定及主观推定抗辩的做法。坚持过错推定并允许合理抗辩，辅之以举证责任的倒置，是目前反内幕交易立法的一项重要的制度保障。这种做法解决了难以证明内幕交易主观故意性的问题，同时也对内幕交易的例外情况予以周全考虑。而目前我国《证券法》在这一方面显示出明显的不足，根据国际经验我国有必要尽快建立过错推定及举证责任倒置制度。

内幕交易过错推定及举证责任倒置原则不仅可以减少原告诉讼成本，而且可以减轻监管机构的举证责任，对内幕交易能够起到有效的规制作用。根据国际经验，该原则的适用分为两个方面：第一是应当明确过错推定的原则，将举证责任规定在内幕交易方；第二是对于内幕交易方的抗辩理由也应当做出明确的规定。本质上来说，允许内幕交易方抗辩也是对该原则可能“矫枉过正”的矫正。国际经验将抗辩分为一般抗辩和特殊抗辩，我国亦应据此经验对我国内幕交易辩方的抗辩制度做出具体规定。

二、完善内幕交易民事赔偿制度

内幕交易民事赔偿制度意义在于：第一是对于投资者来说，民事救济制度可以为广大内幕交易的受害者提供合理的补偿，有效保护广大公众投资者的合法权益；第二是对于内幕交易的规制来说，民事赔偿制度可以充分发挥广大公众投资者的监督作用，对内幕交易者以震慑，从而有效预防和遏制内幕交易的发生；第三是对于资本市场来说，民事救济制度可以有效提振广大社会公众投资者的信心，从而有效地规范和活跃资本市场。

由于立法上的局限，民事赔偿制度在实践中依然存在诸多问题。首先，在诉讼程序方面，诉讼原告不容易认定。由于内幕交易涉及的受害者数量往往十分庞大，因此原告不容易认定。在美国的司法实践中，具有内幕交易损害赔偿请求权的主体必须同时具备“与内幕交易者同时从事相反交易”和“善意进行交易”两个条件。在内幕交易人从事内幕交易买卖的同时与之从事相反交易的善意投资者，应当是内幕交易受害人，有权提出损害赔偿。做出相反交易的投资者善意对内幕交易不知情，善意准据时点限定于内幕交易发生时间，这样能够准确地确定内幕交易受害人，排除仅仅因为市场风险而受损的投资。

其次，诉讼的举证方面，辩方举证责任制度缺失。内幕交易诉讼中，受害人索赔需证明其损失与侵权行为之间存在因果关系。但内幕交易行为应归属为特殊侵权行为，应当适用辩方举证责任制度，即由被告行使抗辩及举证责任，以证明其不应当承担赔偿责任。依据美国证券法理论，如果内幕交易导致投资者利益受损，受害者无须证明内幕信息与其损失之间存在因果联系，举证责任在辩方。

最后，诉讼赔偿方面，目前关于赔偿金额的计算尚无明确的规定。司法实践中，由于赔偿金额无法明确计算，对内幕人员进行财产处罚和对受害者进行损害赔偿出现冲突时，无法践行民事责任优先的原则。不仅是美国，很多国家通常对内幕交易民事赔偿的计算做出了明确的规定，而且一般都确立了民事责任优先的原则，政府对内幕交易人员做出处罚的最终目的是保护投资者的合法权益。所以当对内幕人员进行财产处罚和对受害者进行损害赔偿出现冲突时，应当实施民事责任优先的原则。

三、完善内幕交易相关的法律法规体系建设

我国证券监管部门在侦查、监控和查处内幕交易行为时，所依照的法律基础主要是《证券法》和《刑法》中关于内幕交易的内容。但是受限于两部法律并非是专门的关于内幕交易的法律，有许多涉及细节的问题，两者都并没有作出完整的、相应的具体司法解释，使得在对内幕交易进行实际监控和查处中，监管部门依照相关法律进行实际操作效果不明显。

（一）健全内幕交易监管法律

第一要适当扩大内幕交易者范围的界定，提高内幕交易的查处效率。目前我国法律对内幕知情人作了一系列列举，但定义的范围仍然偏窄，仅从微观公司层面对知情人进行说明，尚未形成以内幕信息为依托的划分方式。为此，监管部门应尽快将内幕人员范围进行拓展，将控股股东、董事、监事和高管层等人的配偶、亲属，以及能够提前知悉宏观经济政策决策的人，纳入内幕人员知情人的范围，扩大对内幕交易主体的界定。第二要完善证券内幕交易监管法律体系的实施细则。可借鉴国外在证券内幕交易监管方面的立法经验，结合我国实际国情，推出针对内幕交易的相关立法，对上市审查、投资信托管理、证券清算和交割、交易所运行、证券自律管理等具体的监管项目设计和形成专门性的管理法规，提高对内幕交易监管的效率。

（二）提高内幕交易处罚标准

2002 年美国颁布的《萨班斯-奥克斯利法案》，对自然人内幕交易者的罚金最高为 500 万美元，对法人内幕交易者的罚金最高可达 2500 万美元，情节严重者的刑期可达 20 年。相比之下，我国对证券内幕交易的处罚力度明显偏小，违法违规者的违法成本仍不是很大。为了更好地震慑违法者，第一要参照美国的处

罚标准，相应提高我国对内幕交易处罚的金额和刑期，并结合民事赔偿责任，要求内幕交易者对因同时段操作相同股票而受损的其他投资者进行部分赔偿。第二要在制定处罚标准时考量更多的影响因素。实际案件中，很多内幕交易参与者因主动上交违法所得或及时清仓而并未构成实际的违法所得，对此证券监管机构一般采取警告、没收非法所得、罚款或市场禁入等行政处罚措施，最终处罚结果均较轻。因此，在实际执法中除了考虑内幕交易者的违法所得以外，还应考虑其交易资金量、交易情况以及对市场和社会的影响程度等因素，更合理地进行处罚。第三要适当降低内幕交易处罚门槛。我国《刑法》对于“情节特别严重”的内幕交易不仅给予罚款，还设定了相应的刑罚标准，但“情节特别严重”主要指交易额大于250万元，获利或者避免损失数额大于75万元，显然大部分个人内幕交易者难以达到这一标准。因此可考虑适当降低“情节严重”和“情节非常严重”的评判标准，实行更为严格的行政处罚和刑事处罚规定，切实提高证券内幕交易行为的违法成本，从而对内幕交易者形成有效的威慑。

（三）完善证券民事诉讼和民事赔偿制度

近年来，我国查处的证券市场内幕交易案例中投资者难以得到相应赔偿的最主要原因就在于内幕交易举证困难。目前证券内幕交易行为越来越隐蔽，利益链条越来越长，监管机构在证据收集方面存在较大困难，从而导致内幕交易线索多、立案多，但查处少，投资者也难以得到相应的补偿，这在一定程度上滋长了内幕交易者的违法行为。为此，第一要借鉴美欧国家对内幕交易采取举证责任倒置制度的经验，在内幕交易诉讼中取消原告对被告参与内幕交易的举证，而由被告承担举证责任，利用各种证据来证明自己没有进行内幕交易。第二要撤销民事诉讼中的因果关系推定举证，据此在投资者起诉内幕交易人的民事赔偿案中，原告仅需证明与被告在相同的时间段进行了相反方向的交易并遭受了损失，而无须证明交易间存在因果关系，即可获得相应的赔偿，此举可大大提高投资者权益保护程度，进一步打击内幕交易。第三要尝试引入集团诉讼制度，由利益受损的投资者指定专业律师团队作为代表人来行使诉讼权利，并以胜诉所获赔偿的一定比例作为律师费。在内幕交易诉讼人数的确定上，可以采用默示规则，即只要当事人未明确表示放弃权利诉求，即可默认其作为集团的一员参与诉讼，从而成功解决集团诉讼中人数不明确的问题 。第四要尽快制定出台内幕交易、操纵股价民事赔偿的司法解释，这也是证券市场及投资者所真正期盼的。

四、加大对内幕交易者的惩治力度

无论是行政处罚还是刑事处罚，我国目前对于内幕交易的处罚明显过轻，无法起到震慑作用。以《刑法》内幕交易罪的规定为例，我国刑法规定内幕交易罪的最高刑期为10年，对于罚款的规定是违法所得1到5倍。而美国《2002年萨班斯-奥克斯利法案》，将内幕交易罪的监禁刑期由10年增加到20年，对自然人从事内幕交易的罚金由100万美元增加到500万美元，对法人从事内幕交易的罚金由250万美元提高到2500万美元。而且美国对内幕交易规定了详细的民事诉讼制度，这也在很大程度上加重了对内幕交易者的处罚。相比较之下，我国对内幕交易法律责任的规定明显过轻了。中美内幕交易处罚标准见表7-1。

表7-1　中美内幕交易处罚对比

国　家	美　国	中　国
自然人罚金	500万美元	1倍以上5倍以下
非自然人罚金	2500万美元	1倍以上5倍以下
刑期	20年	10年

第二节　完善上市公司信息披露制度及公司治理结构

要真正铲除上市公司的内幕交易问题，就必须从内幕交易的根源上把好关，完善上市公司治理结构和信息披露制度，才能更好地对内幕交易进行防控。

一、完善上市公司信息披露制度建设

信息披露制度目前已经成为现代资本市场健康发展的基础性制度。信息披露制度的建立健全一方面可以促进上市公司内部治理结构的完善，有效解决公司内部的委托代理问题，另一方面可以实现公司经营的透明化，有效维护广大公众投资者的合法权益。因此，信息披露制度对于合理优化社会资源配置，保障资本市场健康发展具有重要意义。

（一）加强上市公司信息披露的实时监控

根据信息空间理论，信息扩散以信息编码为基础，信息编码的程度越高，信息扩散程度则越高；如果信息没有充分的编码，信息也就不可能充分扩散，这样就容易导致内幕交易的发生。而信息编码主要指上市公司的内部信息转换成标准的财务信息的过程，信息扩散主要是指上市公司的财务信息被投资者消化吸收并引起股票价格变化的过程。因此，为了从源头上杜绝内幕交易行为，就必须规范上市公司的信息披露，要求实时在指定媒体上及时、充分、准确地披露相关信息，增加上市公司信息的透明度，最大限度地降低信息不对称，以保护广大投资者（尤其是中小投资者）的合法权益。同时，对上市公司信息披露要进行动态

监管，对信息披露的连续性及真实性进行核实，如果发现对同一事件披露的信息前后不一致或不真实，具有误导性和欺骗性，应立即进行查处。另外，为了进一步完善上市公司信息披露制度，可以构建控股股东信息披露股权质押制度，规定控股股东把5%的股份质押在中央登记公司，作为完善信息披露的风险抵押，如果控股股东在信息披露中出现违法、违规行为而获利或损害了他人的利益，中央登记公司有权强行出售其抵押股份以用于罚款或赔偿。股权质押制度作为一种强有力的处罚手段，可以在一定程度上规范控股股东的信息披露行为，抑制控股股东通过信息披露不完善而进行内幕交易，以促进股票市场的健康发展。

对于内幕交易的规制来说，最有效的手段是从内幕信息着手，建立起完善的信息披露制度。内幕信息公布之前严格保密，并且禁止内幕人员利用内幕信息进行交易，内幕信息公布后应当使之尽快被市场消化，从而变为公众投资者所知悉的信息。完善的信息披露制度是内幕交易最有效的预防机制，加强上市公司信息披露的激励机制对于信息披露制度建设至关重要。提高公众投资者对于信息披露的认识程度，有效激励上市公司进行积极的信息披露。积极有效的信息披露可以减少内幕信息知情人持有内幕信息的时间，对内幕交易起到有效的预防作用。

证券法要求公众公司除了披露年度和季度财务报告外，还必须进行持续性信息披露，而且，任何投资者如果持有公司股份达到5%，必须向证监会履行及时披露义务。任何发出收购要约的人也必须向证监会履行披露义务。上市公司发生的重大资产重组、股权变动等事项，是非常容易发生内幕交易的事项。尤其是上市公司重大资产重组不仅因为牵扯面广，耗费时间长，内幕信息容易泄露，而且因为涉及的利益往往非常重大，能够带来股价的大幅波动，对内幕交易者具有较强的吸引力。因此，对于公司所发生的重大事项有必要建立完善的信息披露机制，防范内幕交易的发生。

此外，对于信息披露的实时性，信息披露的实时监管异常重要。目前我国上市公司的信息披露还仅仅停留在静态监管的阶段，即对重大事件的信息披露要求仅仅停留在强制披露，而对于同一事件信息披露前后是否一致并没有建立有效的跟踪和监控机制。这在一定程度上，为信息披露欺诈行为以可乘之机，加大了内幕人利用内部信息从事内幕交易的可能性。因此，建立动态实时信息披露监管机制及时跟踪内部信息的披露对于防范内幕交易至关重要。

（二）内幕信息防范的举措

内幕信息是内幕交易存在的前提，一旦内幕信息的形成与信息披露的时间差较长，内幕信息就容易被内部知情人利用进行内幕交易。一个完善的信息披露制度可以令上市公司主动且及时地披露相关信息，缩短重要消息处于秘密状态时间，防止内幕交易的发生。具体的实施措施可以从如下几个方面入手：

（1）规范上市公司的信息披露。要求上市公司严格按照《上市公司信息披露管理办法》和《关于上市公司信息披露及相关各方行为的通知》的具体要求，及时、充分、准确地在证监会指定媒体公布重大消息，而一旦出现延迟公布消息的情况，就要对上市公司进行严厉的惩罚。

（2）在上市公司信息披露过程中增加“禁止交易时间期限”。所谓“禁止交易时间期限”是指当上市公司有重大消息要披露的前后一定时间内，禁止消息知情人进行股票交易。在这一点上我国对定期公告期间知情人的交易行为已做出了相关的限制：重大影响公司财务状况的数据在公布前10日之内，相关信息知情人不得买卖股票。但是对于内幕信息主要构成的资产重组、经营状况改变重大消息，合同签订等这类消息上，并没有实行相应的“禁止交易时间期限”规定。监管部门可以考虑制定相应的规定以杜绝内幕交易行为的发生。

（3）上市公司按照要求及时披露重大消息后，监管部门还需要对后续的信息披露进行动态监管，确保后续信息也具有真实性。如果发现上市公司对同一事件在前后披露中存在不一致情况，监管部门就应该及时责令其停市，并约谈上市公司负责人解释变化原因，如果存在恶意误导和欺骗行为，就应该马上对公司进行查处，以此杜绝公司内部人利用制造假消息进行内幕交易的行为。

（4）制定上市公司主要控股股东股权质押制度。在上市公司存在重大事项谋划期间，准备进行信息披露之前，监管部门可以要求上市公司的主要控股股东将他们一定比例的股权进行担保性质押，存在在第三方的中央登记公司中。一旦这些控股股东在信息存续期内出现内幕交易行为，一经查实，监管部门就可以通知中央登记公司将其质押的股份进行充公处理或者作为民事赔付的基金储备。

（5）严格监督上市公司信息披露质量。从根本上改变我国投资者偏好小道消息和内幕消息的现状，就必须进一步完善上市公司的信息披露制度。除要求上市公司按监管要求在规定的媒体和时限进行信息披露，监管部门应对信息披露的连续性及真实性进行核实，对上市公司信息披露前后矛盾、严重失真等，只要是对投资者构成误导和欺骗的，应立即予以严厉处罚。我国《公司法》《证券法》等法律法规明确了上市公司信息披露违规的处罚准则，但从实际执行看，仍多以行政处罚为主，移送司法机关立案调查的案件微乎其微。因此，证券监管部门要严格执行现有法规制度，加大对相关上市公司和管理层的处罚力度，增加信息披露违规成本，强制上市公司提高信息披露质量，同时加大对负连带责任的相关中介机构的惩罚力度。

二、完善上市公司治理结构，防范内幕交易

上市公司作为证券市场主体，构成了证券市场的细胞，证券市场的健康发展在很大程度上取决于上市公司的有效治理。对于内幕交易监管来说，良好的公司

治理能够保证上市公司信息披露的有效性，从而防范内幕交易的发生，从源头上对内幕交易进行规制。

（一）加强内部人自律，完善上市公司内外部治理

公司治理结构归根结底是公司内部各个治理主体之间的权责利关系。参与公司治理的各主体均是内幕信息的接触者，因此规范的公司治理结构对防范内幕交易具有至关重要的作用。由于许多历史的原因，我国上市公司治理结构存在许多缺陷，首先表现为一股独大。一股独大使得对大股东行为缺乏监督和制约，容易产生内部人控制的现象。同时要加强内部控制，对内幕信息传播的各个环节予以规定。对于涉及内幕信息的会议应当做到严格保密，规范会议组织、会议签到、会议记录、会议讨论等流程。对于涉及的内幕信息传递，应当通过流程明确信息传递的内容、保密要求及密级分类、传递方式、传递范围以及各管理层级的职责权限等。

（1）完善公司内部治理结构。上市公司内部人员（尤其是公司大股东及董监高）是公司治理结构的重要主体，参与公司治理的整个过程，在一些重大信息公告前后，或召开董事会和股东大会期间，往往是内幕交易的多发期。因而，内部人员要严格自律，对尚未公开的信息要严格保密，不能利用或泄露内幕信息，对于违反保密制度而导致内幕信息扩散的人员要进行严厉惩治，从根源上对内幕交易进行防范。

（2）加强公司外部治理结构。公司内部人员在经营过程中不可避免地要与外界接触，如政府主管部门、金融机构、大客户等，外部人员可能会了解到一些公司的内幕消息，如果不采取相应的防范措施，外部人往往更容易利用内幕信息进行内幕交易。因此，需要健全公司外部治理结构，与外部人签订保密协议，要求获得内幕信息的外部人员严格遵守保密制度，否则将受到相应的处罚，以从公司外部对内幕交易进行防范。

（3）健全公司独立董事制度。目前，虽然中国大部分上市公司都设立了独立董事，但独立董事制度还不健全，许多独立董事只是挂个名而已，并没用真正行使独立董事的权利。因此，要有效地防范内幕交易，就应该健全独立董事制度，大力支持独立董事履行自己应有的职责，使独立董事在公司的资产重组、关联交易、对外投资、分配方案等重大决策上具有较大的发言权与建议权，加强对董事会的制衡作用，使公司不被内部人随意操纵，这样可以对内部人实施内幕交易进行制衡和防范。

（4）加强上市公司内部人自律。内幕信息的主要来源是上市公司内部知情人，通过参与公司内部经营或决策而获得第一手的内幕信息。从近几年我国内幕交易案件的涉案主体和案发过程来看，相当部分内幕信息是被公司内部知情人在

有意或无意的情况下传递给他们的配偶、亲属、同学或好友的。因此，在上市公司的内部管理中，亟须加强对内部人员尤其是管理层的自律教育，制定相关的保密惩治办法，对泄露内幕消息者予以重罚，用制度约束等市场手段来规范其行为，从源头上减少内幕交易行为的发生。

（二）建立健全内幕信息知情人登记制度

中国证监会《关于上市公司建立内幕信息知情人登记管理制度的规定》自2011年11月25日起施行。目前，国内涉及的内幕交易和股价操纵违规案例大部分与上市公司内幕信息知情人员有关，上市公司内幕人员包括董事、监事、高管人员以及其他获得内幕消息的知情人。建立内幕信息知情人登记制度可以对异常交易账户进行追查，从而确定异常交易是否属于获知内幕信息之后的内幕交易。

目前我国对于内幕信息知情人的规定还存在诸多不完善之处。内幕交易主体中有相当一部分是内幕信息的知悉者，他们来自企业外部，并不能够获得第一手的内幕信息，但是通过内部人员获得内幕信息后的外部人员同样可以进行内幕交易。虽然深交所《信息披露业务备忘录第34号——内幕信息知情人报备相关事项》详细列举了内部和外部可能的内幕信息知情人员，也规定了由于业务和亲属关系知晓内幕信息的人员也属于需要报备的对象，但在实际运作中，这种规定意义并不大。因为一旦内幕信息的第一手存在与亲属或朋友恶意串通进行内幕交易的想法，他不会如实向公司及监管部门告知内幕信息传播的情况，那么公司和监管部门就难以界定内幕信息知情人。因此没有对内部人员亲属及朋友的监管，内幕交易就难以防范。此外，对于国家相关政府机关公务人员以及监管机构职员在很大程度上也是内幕信息的知情人员。而我国对于相关内幕信息知情人员的界定仍然是一片空白，何种类型公务人员应当界定为内幕信息知情人员，还有待法律做出进一步的规定。

对于内幕信息知情人的登记内容，《关于上市公司建立内幕信息知情人登记管理制度的规定》第6条要求对于协商筹划、咨询论证、合同订立等阶段以及报告、传递、编制、决议和披露等都要写入上市公司知情人档案。第10条规定，对上市公司的重大事项，包括发行证券、收购、合并、分立、重大资产重组和回购股份等，也要填写知情人档案，同时对于上述重大事项制作重大事项进程备忘录。此外，监管部门还应当注意将监控手段与相关制度措施配合运用，一旦检测到异常交易应当及时判定该交易是否构成内幕交易。同时要从公司内部改进内幕交易监管环境，在上市公司内部进行内控机制的建设，从公司结构上着手，从根本上对内幕交易行为的发生进行防控。

第三节 内幕交易防控的路径选择

对于内幕交易问题，学术界普遍认为应该采取多种措施进行防控，国内外学者从不同的视角提出了各种防控措施。这些建议及措施对于防范内幕交易起到了一定的作用，但其效果却难以令人满意。这一方面归咎于中国股票市场内幕交易比较复杂、隐蔽，难以识别和查处，另一方面在于防控体系的构建还不够完善。因此，本节将在分析内幕交易防控原则的基础上，有针对性地提出内幕交易的防控路径及政策建议。

一、内幕交易的防控原则

（一）坚持“公开、公平、公正”原则

“公开、公平、公正”原则亦即“三公”原则，是证券市场必须遵循的基本原则，是保护投资者，尤其是中小投资者合法权益的基础。公开原则是实现公平、公正原则的前提，公开原则可以使监管部门及时有效地查处内幕交易，又可根据公开透明的证券市场信息，及时预警、防范和化解证券市场风险。公开原则可以确保投资者能够及时获得证券市场的公开信息，防止盲目跟风投资，有利于降低内幕交易等行为的发生。公平原则是实现公开、公正原则的基础，公平原则要求证券市场的参与各方在法律上享有平等的地位，在股票交易中享有平等的机会，公平地参与市场竞争。当证券市场出现内幕交易，即违背公平原则时，中小投资者就会与内幕交易者处于不平等的地位，其合法权益会受到侵害，并对证券市场失去信心，不利于证券市场的持续稳定发展。公正原则是实施公开、公平原则的保障，公正原则要求在证券市场适用统一的规则，公正地对待各方当事人，证券市场参与者的合法权益受到同等的保护，在享有权益和承担责任方面是公正的。而内幕交易者大多是通过非法手段获取的内幕信息进行交易，使得参与各方的合法权益难以得到同等的保护，只有依据公正原则对内幕交易进行严厉处罚，才能有效地进行防范。因此，证券监管部门在进行监管时只有严格遵循“公开、公平、公正”原则，才能有效地对内幕交易进行防控，促进证券市场的持续、稳定、健康发展。

（二）事前预警、事中监控与事后查处相结合的原则

事前预警是指证券监管部门要建立内幕交易的预警机制，防患于未然，消除内幕交易行为的预期利益，削弱内幕人员从事内幕交易的动机，在一定程度上预防内幕交易行为的发生。事中监控是指在证券交易过程中，证券监管部门动态监控和密切跟踪交易者的行为，及时发现内幕交易的踪迹，并迅速阻止其行为以降

低其危害。事后查处是指内幕交易行为发生之后，证券监管部门及司法机构对内幕交易者进行查处，追究相关的法律责任。目前，中国证券市场对内幕交易行为的监管主要侧重于事后查处，缺乏事前预警和事中监控，这种监管方式的效果不佳，难以达到有效预防和降低内幕交易行为的效果。事前预警和事中监控这两个环节在内幕交易的防控体系中是不可缺少的重要环节，只有把事前预警、事中监控与事后查处有机地结合起来，建立“三位一体”的内幕交易立体防控体系，才能真正减少和防止内幕交易行为的发生。

（三）政府监管与自律管理相结合的原则

在中国证券市场中，内幕交易行为十分复杂，仅仅依靠政府监管的力量是难以有效地进行防范的，只有把政府监管与自律管理有机地结合在一起，才能有效地对内幕交易进行防控。而目前中国证券市场还属于以政府监管为主、自律管理为辅的监管体制。中国证监会作为政府主管证券行业的机构，在对内幕交易的监管中占有绝对的主导地位，对包括内幕交易在内的各种违法行为有绝对的查处权力，但实际操作中还存在许多障碍和不足，对监管者自身行为缺乏必要的监督机制，监管成本过大，监管效率不高。而作为自律管理的证券交易所、证券业协会及中介机构的自律机制难以发挥应有的功能和作用，出于辅助政府监管的需要，自律职能发挥较为狭小，难以发挥出在一线监管中具有的低成本、灵活性等优势，降低了监管效率。因此，只有坚持政府监管与自律管理相结合的原则，在强化政府监管的同时，充分发挥自律管理的作用，两者相互配合、相互补充，才能有效地防控内幕交易行为。

二、内幕交易的防控路径

（一）构建内幕交易的预警机制

事前的预警是防控内幕交易最有效的方式，是防控内幕交易的第一道防线。因此，构建切实可行的内幕交易预警机制至关重要。

（1）建立预防内幕交易的信息系统。该信息系统主要搜集未来可能会涉及内幕交易相关人员的基本信息，这些人员不仅包括上市公司的董监事、高管人员、大股东及家庭成员、主要商业伙伴、亲朋好友等，还包括主要的金融机构、中介机构及相关政府管理机构甚至证券监管机构的相关人员。同时，还要求该信息系统的信息经常不断进行更新，成为一个开放的、时效性强的系统。一旦对内幕交易的人员怀疑，该系统即能够迅速提供参与者的相关信息，强大的信息系统能够追踪各种潜在的内幕交易者，这样就可以极大地降低内幕交易行为的发生概率。

（2）构建内幕交易行为识别的预警系统。证券监管机构对证券交易过程中的相关信息进行搜集，设定信息披露的条件及要求，形成信息预警系统。证券监管机构在对预警系统的信息进行分析、评估的基础上，依据预警的指标，确定预警内容，及时发布预警信息。一旦发现信息公告前上市公司的股票价格或成交量出现异常情况，触及了内幕交易预警系统的临界值，系统将自动进行报警，为监控人员及时发现涉嫌内幕交易的行为提供线索。如纽约证券交易所依靠实时交易监控系统及稽核系统，监控各种异常交易，实时交易监控系统将股票交易信息通过红色、黄色、绿色三种不同强度的信号预警，以发现可疑的交易行为，一旦出现异常情况就立刻报警。稽核系统则通过蓝单检验软件，对交易所提交的每一笔交易信息的蓝单进行检验和评估，将检验成功的数据输入到稽核系统数据库中，再结合从业人员数据库对这些交易信息进行分析，对可疑的交易信息进行预警。因此，中国可以借鉴纽约证券交易所的预警系统，结合中国证券市场的实际情况，构建内幕交易行为识别的预警系统。

(3) 建立内幕交易信息保密制度及知情人登记制度。第一是制定涉及上市公司内幕信息的保密制度，包括内部人员接触内幕信息的管理办法，明确内幕信息的范围、保密措施、流转程序以及责任追究要求，并确定负责管理内幕信息的机构和个人。第二是建立知情人登记制度，要求内幕人员将直接或间接进入股票市场的资金大小、持股多少及其变动情况等在交易完成的一定时间内，及时向证券监管部门提供报告。国内外研究数据表明，大量的内幕交易行为与内幕人员有关。这样，要减少内幕交易行为，就必须加强上市公司内幕人员的监管，建立内幕信息内幕人员报告制度，有利于提高证券市场的信息透明度，减少内幕交易行为。

(二) 建立内幕交易的动态监控机制

事中的动态监控是及时发现并防范内幕交易行为的关键，也是防控内幕交易的第二道防线。建立高效的内幕交易动态监控机制是一个复杂的系统工程，涉及以下诸多方面。

(1) 动态监控内幕交易行为。证券监管机构要建立实时监控机构，配备具有专业经验的监控人员对日常交易进行动态监控，借助动态监控技术，如交易所的盘中实时报警及分析平台，对预警情况进行专业分析；实时监控股市动态，对股权集中度较高、股东人数变化较大、股价波动异常、资金流向出现异常的股票所涉及的交易账户要密切监控，尤其要重点监控和跟踪机构投资者和大户的异常交易信息；同时，对于市场分析师的研究报告、股评、媒体评论及报道等信息也应密切关注，并结合交易监控异常情况进行综合评判，一旦发现存在内幕交易行为，及时加以制止。

(2) 构建内幕交易的识别模型。构建一个科学、实时、合理的内幕交易识别模型，对于及时、准确地识别内幕交易行为，提高防控效果十分重要。而目前内幕交易的识别模型还仅限于学术研究，还没有真正运用到中国监管实践中，其实用价值还没有体现出来。因此，政府监管部门可以借鉴相关的学术成果，选取恰当的识别因子和模型，构建科学、高效的内幕交易识别模型。这样，当上市公司公布重大信息时，通过识别模型就可以判定上市公司是否存在内幕交易，当识别模型显示存在内幕交易时，为了避免误判，可以再结合预防内幕交易信息系统中的相关信息作进一步的分析和推断，以提高识别的准确率。

(3) 建立有效的内幕交易内控机制。在进行动态监控的同时，还要积极从内部进行防控，利用各种相关的组织，促使上市公司、证券公司、基金公司等机构建立起有效的内控机制，让各个机构通过自律为内幕交易设一道内部的防火墙。由于内幕交易的参与主体以机构投资者为主，当机构投资者在进行内幕交易时，通过机构的内控机制能够及时发现并制止这种行为，这样就能够从内部降低内幕交易行为的发生。

(4) 提高内幕交易监控手段。对于内幕交易的监控应加强技术革新，提高证券监控系统技术水平，完善内幕交易监控及执法体系。目前，我国尚未建立独立的内幕交易实时监控系统，对异常交易行为不能立即发现，这在很大程度上限制了内幕交易监管效能的发挥。建立交易实时监控系统是实现中国证券市场内幕交易有效监管的必要前提。对于容易发生内幕交易行为的公司资产重组、收购兼并、业绩预盈或预亏、利润分配等事项应当给予全程监控，严防内幕交易。此外，对于内幕交易的监控需要更多的国家部门进行相互配合，这里面不仅涉及财政部、国资委等国家行政监管机关，而且涉及公安部、人民法院、人民检察院等部门。各机构应通力协作，加强联合，齐抓共管，建立网络，着眼于构建内幕交易的综合防控长效机制。

(三) 加强对内幕交易的查处力度

对于内幕交易行为已成既定事实的情况下，有效的事后查处是必不可少的环节。加大对内幕交易行为的查处力度，严厉打击内幕交易者，通过没收其非法所得、罚款及追究法律责任，可以起到震慑与警示作用。通过大幅度地增加内幕交易的违法成本，可以抑制和降低内幕交易行为，保护中小投资者的合法利益，促进证券市场的健康发展。

(1) 提高监管效率。中国证券市场监管效率较为低下，内幕交易行为从发生到处罚往往需要经过较长时间。处罚的严重滞后必然会降低监管效率，影响监管效果，让投资者失去信心，助长内幕交易行为的发生。因而，要防控内幕交易行为，必须提高监管效率，完善查处内幕交易行为的快速反应机制，充分利用各种技术和方法，及时发现并快速查处内幕交易行为，尽量缩短内幕交易查处时间，以增强监管的有效性。

（2）加大处罚力度。对于已经查处的内幕交易，如果处罚力度不够，违法成本过低，反而会激发内幕人员进行内幕交易，势必会助长内幕交易者违背市场公平，不利于股票市场的健康发展。因此，必须加大对内幕交易行为的处罚力度，除没收违法所得之外，还要按照违法收益的金额进行数倍罚款，加大民事赔偿责任，使内幕交易者面临倾家荡产的风险，并终生禁入股市。同时，情节严重的还要进行严厉的刑事处罚，其处罚力度要足以产生巨大的内幕交易成本，这样才能对内幕交易者具有极大的威慑作用，才能有效地遏制内幕交易行为。另外，证监会应当改变执法不严的现状。最近几年中国证监会虽明显加强了对内幕交易行为的打击力度，但是在执法监管中仍存在处罚明显过轻的问题。因此，证监会对于发现的内幕交易行为应当加大惩治力度，对于内幕交易的处罚应当从快从重，从而对内幕交易人员起到威慑作用。

（3）采取举证责任倒置制度。目前，中国证券市场的举证责任在监管机构，只有掌握了内幕交易者足够的证据，才能认定内幕交易。而内幕交易行为往往比较隐蔽，内幕人员一般不直接参与交易，往往是以亲朋好友的名义进行交易，其交易方式也在不断更新，使监管机构难以识别和取证，这样很容易滋长内幕交易行为的发生。而国外一般采用举证责任倒置的方法，如果怀疑投资者涉嫌内幕交易，法律即可要求嫌疑人承担自我举证的责任，举证自己没有进行内幕交易，否则就将按照内幕交易被处罚。如美国证券交易委员会（SEC）证实内幕人员有从事内幕交易的事实，被控方如果不能提供有力的证据证明自己的清白，将会受NSEC的民事诉讼或通过司法部门进行的刑事诉讼。因而，为了更好地防控内幕交易，中国股市可以采取举证责任倒置制度，这样可以极大地降低监管机构的取证难度，有利于内幕交易行为的认定和处罚，减少内幕交易行为的发生。

（四）构建多方联合管理的多层次监控体系

有效防控内幕交易行为，单纯依靠证券监管机构的力量远远不够，需要构建包括证券监管机构、行业自律组织、中介机构及社会公众在内的多方联合管理的多层次监控体系，才能全方位地监控和防范内幕交易行为，促进证券市场的健康发展。

（1）证券监管机构。作为证券市场的监督者和管理者，防控内幕交易对证券监管机构具有不可推卸的责任。首先，要树立依法监管、高效监管及主动监管的理念。监管机构要不断完善各项监管制度，依照相关法律法规对内幕交易行为进行严格的监管，加强监管的主动性与责任感，对内幕交易行为实施动态监管，发现问题及时查处，以提高监管效率。其次，要建立监管责任制度。把对内幕交易的防控放到监管的重要地位，对内幕交易日常监管中的监管责任，要提出明确、具体的监管要求，将监管任务具体落实到人，责任到人，建立“尽责、问责、免责”的监管责任制度。最后，建立快速反应机制。要求监管人员在第一时间搜集、分析各媒体所反映的上市公司信息及媒体所关注的问题，通过会商形成处理意见，并记载到相关公司的监管日志中。监管机构还要巡回检查和专项核查，加强与上市公司、中介机构以及当地政府有关部门的沟通与联系，全方位了解情况，对发现可能存在的内幕交易行为要及时预警和快速处理，力争将内幕交易行为消灭在萌芽期。

(2) 行业自律组织。证券交易所和证券业协会作为行业自律管理组织，要充分利用自身的优势，更好地发挥应用的职能。证券交易所是防控内幕交易的前沿阵地，其动态监测是获得内幕交易证据的重要来源。可以借鉴纽约证券交易所的成功经验，依靠强大的动态监控系统，对股价走势独立大盘、股价异常波动、成交量异常变化、机构大户资金流向出现异常的股票，及时进行预警甚至临时停牌，并加强与证监会的沟通和联动，及时防范和制止内幕交易行为。证券业协会可以制定有关内幕交易行为的行规，对协会会员的日常行为进行有效监管，通过建立协会会员的操行记录，一旦发现会员有参与内幕交易行为的迹象，立即提出明确警示和制止，并向证监会汇报，以尽快加以解决。

(3) 中介机构及社会公众。由于内幕交易行为比较复杂、涉及面广，且难于举证，仅靠监管机构和行业自律组织的力量难以有效地进行防控。应该开拓视野，把范围拓宽到中介机构及社会公众，充分动员社会各界力量，发挥证券公司、会计师事务所、律师事务所、新闻媒体等中介机构及社会公众的监督作用，将社会网络纳入到监管体系中，共同构建全方位的立体型内幕交易防护网络。同时，为了充分调动社会各界的积极性，可以引入外部人举报的奖励制度，这样可以让熟悉内情的人员由于高额奖金的激励而主动举报内幕交易行为。这方面可以借鉴美国证券交易委员会（SEC）的做法，将内幕交易民事罚款的10%奖励给举报人，如在美国伊万·博伊斯基案中，1亿美元的罚款奖励给举报人1000万美元。此外，对于举报他人有功的内幕交易者，在进行处罚时可以给予一些优惠政策，以便更好地防范内幕交易。因而，充分发挥中介机构及社会公众的监督作用，建立强大的市场监督机制，有利于降低监管成本，对于内幕交易的防控将起到十分有效的作用。

(五) 开展投资者教育，引导理性投资行为

保护投资者权益是防控内幕交易的重要目的，而保护投资者权益的一个重要举措就是开展投资者教育。投资者教育是一项长期而艰巨的工作，是针对投资者所进行的一项有目的、有计划、有组织的社会活动，需要广大投资者，尤其是中

小投资者的广泛参与。通过开展投资者教育，可以引导理性投资，降低内幕交易行为，促进证券市场的健康发展。

（1）引导投资者树立正确的投资理念。目前，中国股票市场的投资者，尤其是中小投资者普遍缺乏科学的投资理念，风险意识淡薄，存在“一夜暴富”的投机心理，“小道消息”满天飞，“追涨杀跌”而导致投资行为不够理性，给内幕交易者以可乘之机。为此，要引导投资者树立科学的投资理念，增强投资者的风险意识教育，提高自身的风险防范能力和综合素质，结合自身的特点进行科学、理性投资。这样不仅可以降低投资者投资风险，又可以在一定程度上抑制内幕交易行为。

（2）积极开展投资者教育活动。由于投资者的素质和受教育程度存在极大差异，如果采用固定的投资者教育模式，很难达到预期的效果。应该根据投资者的教育程度、年龄特征、风险偏好程度等方面的不同，有针对性地加强宣传教育，利用典型案例并结合我国相关法律法规，揭示内幕交易的危害性，让投资者主动远离内幕交易。组织投资者进行证券投资知识学习，引导其树立正确的投资观。构建一个由监管机构、行业自律组织、民间团体等组成的多层次、互为补充的投资者教育体系，积极运用报刊、电视、网络、手机等工具，创新教育形式，丰富教育内容，通过举办股票投资培训班或专家讲座、开辟网上股民课堂教育、举行投资者知识竞赛、召开投资者趣味运动会等多种形式，在轻松的氛围中达到对投资者教育的目的，提高中小投资者的专业素质。

（3）成立个人投资者协会。目前，中国股市的个人投资者还没有建立专门的组织，使得个人投资者之间各自为政，缺乏必要的联系和交流，在保护投资者合法权益方面力量比较单薄。因此，可以借鉴美国个人投资者协会（AAII）的做法，建立个人投资者自己的组织——中国个人投资者协会。该协会要成为一个独立的、非营利性的组织，为广大个人投资者提供一个教育和交流的平台，为会员提供教育培训、信息咨询、交流会、研讨会以及各种金融服务等。同时，该协会还要成为个人投资者权益的保护组织，当投资者的合法权益受到侵害时，要站在维权的第一线，尽力维护个人投资者的利益，在一定程度上改变个人投资者的弱势地位。

（4）规范机构投资者行为。机构投资者的发展在证券市场中发挥着长期投资、价值投资的作用，可以减少股票的非理性波动，促进证券市场健康发展。经过二十多年的发展，我国证券市场机构投资者的数量和市场份额均实现了跨越式增长，但由于对机构投资者的监督机制滞后，我国部分机构投资者在上市公司重大事件公告前，利用内幕信息来进行证券交易牟利。这样，在继续鼓励以养老基金、社保基金、公募基金和企业年金为代表的长期机构投资者进入股市，引导资本市场回归长期价值投资的同时，应以审慎监管为原则，加大对机构投资者的监管力度，以防范投资风险和制定防控措施为重点，针对不同的机构投资者设定不同的市场准入和监管机制，规范各类机构投资者投资行为。针对机构投资者中的实际操盘者凭借机构拥有的信息和资金优势来从事内幕交易的问题，有必要对机构投资者中的操盘者制定严格的信息披露制度和“防火墙”机制，有效遏制机构资金所有者与管理者之间的委托代理风险。

第八章 研究结论及后续研究展望

本章在对全书主要观点进行总结的基础上，分析本书研究的局限性和不足之处，并对上市公司内幕交易的后续研究提出初步设想。

第一节 研究结论

研究表明，构建完善的内幕交易防范体系能够有效降低内幕交易造成的损失。因此，我们应当“未雨绸缪”，从上市公司的内部机制和外部环境改善及监管体制入手，从根源上治理内幕交易的发生方是“治本之举”。通过上述研究，本书的初步结论如下。

一、建立内幕交易预警机制

事前预警是防控内幕交易行为的第一道防火墙，可以有效阻止内幕交易在其未发生阶段，并能够在一定程度上规避内幕交易对证券市场及投资者形成的实际伤害。

（1）建立内幕交易信息系统以及内幕信息知情人登记制度。内幕交易信息系统是指构建一个信息平台，搜集所有可能涉及内幕交易的自然人或法人的基本信息，比如上市公司内部股东、董事、监事、高管以及其家庭成员和朋友的信息；金融中介这类合作型机构、政府及监管机构等能够接触到上市公司信息的相关人员的信息。建立信息系统的目的在于一旦监管部门发现内幕交易行为，可以迅速通过系统查询到相关人员的信息，提高监管部门监察效率。同时，这个信息系统还应处于动态更新的状态，其具有强大的时效性是监管部门能够准确查处的关键。在内幕交易信息系统的基础上，还应建立内幕信息知情人登记制度。在上市公司存在有谋划重大资产重组期间，就要求上市公司向监管部门报备能够接触到该信息的所有内幕消息知情人名单。监管部门根据名单，要求这些内幕消息知情人一旦在此期间有直接或者间接交易相关公司股票的行为，就必须在交易完成后一定时期内，将资金流水、持股余额变化主动向监管部门报备。对不主动报备的内幕信息知情人，一旦发现其交易行为与内幕信息有关，在经监管部门确认后，应给予更为严厉的惩罚。

（2）建立内幕交易识别的预警系统。监管部门可以对证券市场的日常交易进行相关信息的搜集，建立一套完善的、敏捷的信息预警系统。信息预警系统的重点在于预警指标的确立上，设定预警指标后，监管部门将采集到的交易信息嵌入预警系统中进行研究和评估，一旦发现指标异常，达到预警情况，系统将其自动划归至疑是内幕交易行为类别，为以后进一步查询内幕交易提供线索。目前纽约交易所已经建立了类似于预警系统的交易监控系统：在交易监控系统中，划定红色、黄色和绿色三种强度不同的交易预警界限，市场中的所有交易信息将依次进行检测，一旦交易信息触及预警线监控系统就自动发出警报。中国证券监管部门可以根据我国证券市场的运营特点，参考纽约交易所的交易监控系统，构建符合我国市场国情的内幕交易预警系统。

二、建立内幕交易监控机制

内幕交易的事中监控机制是对内幕交易行为实施的动态监控，其可以在内幕交易初始阶段就及时发现内幕交易的行踪，阻止内幕交易发生在萌芽期间，杜绝内幕交易的逐步扩大。构建内幕交易监控系统应从以下两个方面进行：

（1）构建科学有效的内幕交易识别模型，动态监控内幕交易行为。对内幕交易的认定，最关键是界定什么样的交易行为属于内幕交易，而国内对内幕交易的界定主要是以概念的判定为标准，这使得监管部门在认定内幕交易行为时容易出现效率低下、遗漏等情况。因此构建一个科学的、合理的内幕交易识别模型，能够有效地提高防控效果。但是，识别模型主要是以计量模型为基础的，从概念到计量化内幕交易行为，具有一定困难性。目前对上市公司内幕交易行为识别模型的研究还停留在学术研究的初始阶段，还没有真正运用到实践中。监管部门可以先借鉴已有的相对成熟的研究成果，选择合适的识别指标，构建一个相对科学的内幕交易行为识别模型。当上市公司进行重大信息披露时，可以运用识别模型对披露前后的证券交易进行内幕交易识别，为避免误差，可结合预警系统中的信息进行进一步分析，提高识别准确性。识别模型仅用于提高内幕交易的识别效率，最终进行处罚的评定依据还应回归到相应法律法规的概念界定上。直到相应的识别模型经过长时间的事件考察，识别效果具有相对科学的检验后，监管部门可以逐步作为内幕交易处罚或者司法部门量刑的举证环节。

（2）完善内控机制的建设。证券监管部门利用内幕交易识别的机制侦查内幕交易是属于对内幕交易的外部监控，这种监控方式一旦因为证券市场中信息渠道不畅就很容易出现监控盲区的情况。因此，在事中监控体系中，除监管部门从外部进行的动态监控外，还需要督促上市公司、中介机构、上下游合作公司、金融机构等可能出现潜在内幕人员的机构内部建立有效的内控机制，通过相互协同关系，构建强大的内控防火墙。内控机制相对于外部监管来说，对内幕交易的监控更具有直接性和有效性。因为绝大多数的内幕交易行为人本身就是这些机构内部信息知情人员，一旦他们利用内幕信息进行内幕交易，可以使得机构内部比外部监管机构更快获知交易信息，在内幕交易行为开始初期就对其进行发现和制止，是更为有效的内幕交易防控措施。

三、加大对内幕交易的查处力度，建立有效的惩戒机制

即便有事前预警和事中监控两道防火墙对内幕交易进行防控，也难以确保内幕交易不会发生并形成既定事实，那么这就需要监管部门对已经实施的内幕交易行为做出事后查处。监管部门必须加大对内幕交易行为的查处力度，通过没收其非法所得、罚款以及追究法律责任等惩罚措施对内幕人员进行刑事或者行政处罚，对那些还未进行但有迹象准备进行内幕交易的内幕人员起到警示作用，防止新的内幕交易行为的跟进。

（1）加快内幕交易查处速度，提高监管效率。内幕交易行为从其交易行为的发生到被证监会查处或者法院宣判的时间滞延性很长，内幕交易发生两年以上才被证监会处罚的案例占比较多。处罚决定的严重滞后会直接影响到监管效率和监管效果，同时会影响到投资者的投资信心，助长内幕交易者的侥幸心理。因此，证券监管部门必须提高监管效率，正视内幕交易的严重性及其对市场的危害性，积极主动调查内幕交易存在的蛛丝马迹。同时，还需利用各种现代技侦手段和方法，尽可能将行为发生和查处时间差缩短在 1 年之内，以全面提高监管效率。

（2）加大对内幕交易的处罚力度。在事后监管中，必须加大对内幕交易行为的处罚力度，对以后的潜在内幕交易行为起到警示作用。根据《证券法》的规定，证监会作出的行政处罚以没收违法所得和处以相应罚金为主要处罚措施，而在大部分内幕交易案件中，一旦内幕人员有实行主动上交违法所得或者是由于没有清仓就没有构成实际的违法所得的情况，证监会就难以对其按照《证券法》进行行政处罚，最终导致处罚结果较轻。因此，在处罚规定上，不能仅以违法所得大小为评判标准，应当结合其运用资金的数量、交易量占总成交量的比例及扰乱市场程度等，多元化判定其应受到的惩罚。同时加大对其罚款倍数，并结合民事赔偿责任要求其对其他投资者进行部分赔偿，还应限制或禁止其在一定时间内进入股票市场进行股票交易。在根据《刑法》对情节严重的案例进行刑事处罚时，可以适当降低对“情节严重”和“情节非常严重”标准的认定，将刑事处罚范围拓宽，同时应加大罚款倍数，以产生巨额的内幕交易成本。只有实行更为严格的行政处罚和刑事处罚规定，才能对内幕交易者形成极大的震慑作用，有效地遏制内幕交易行为。

第二节 研究展望

上市公司内幕交易研究内容覆盖面较广，近年来，虽然吸引了国内外诸多学者的关注，也取得了许多极有价值的研究成果，但总体上看，该理论的许多问题研究尚未得出一致的结论，一些成熟的理论也还需要接受实践的考验。本书尽管在内幕交易的行为识别和监管等理论视角方面做了一些尝试性的探索，但是限于时间、知识结构等诸多条件，难免会有许多不足之处。展望未来，对于上市公司内幕交易问题的研究，作者认为，还需要在以下方面做更进一步的深入探索：

（1）进一步深入研究我国上市公司内幕交易的动因所在，特别是其董监事及高级管理人员内幕交易的动因，以及在内幕交易中，董监事会成员结构、背景具有的特征。

（2）研究我国上市公司内幕交易是如何被发现的，各种发现机制的效率如何，是政府监管、中介监管还是媒体监管更有效率。

（3）研究法律制度环境是如何影响内幕交易行为的，如何进一步寻找法律制度及其执行的有效代理变量。

（4）研究社会规范、社会习俗等隐性的社会制度是否对上市公司内幕交易有显著影响。研究公司文化是如何导致和影响内幕交易的发生。研究这些隐性制度是如何对公司管理者行为产生影响的，会产生什么样的影响，以及影响的深度和广度。

限于作者的研究能力，本书尚留下许多重要问题没有解决，实属遗憾，只好寄希望于未来，期待日后能够做进一步的研究。

附录　2000~2016 年中国上市公司内幕交易情况统计

编号	内幕交易当事人	所涉上市公司	当事人时任职务	罚没文件
1	黄东进	四川长虹	四川长虹原董事	证监罚字［2004］12 号
2	向小云	厦门建发	厦门建发原董事	证监罚字［2004］17 号
3	陈建良	天山股份	天山股份副总经理	证监罚字［2007］15 号
4	潘海深	大唐电信	大唐电信原董事	证监罚字［2008］12 号
5	施永雷	阳光发展	持股 5%股东	证监罚字［2008］43 号
6	邓军、曲丽	捷利股份	辽宁中期董事长、副总经理	证监罚字［2008］46 号
7	瞿　湘	深特力	深特发办公室副主任	证监罚字［2008］49 号
8	金峰、余梅	四环药业	渤海证券总裁助理	证监罚字［2009］4 号
9	赵建广	ST 黄海	ST 黄海董事	证监罚字［2009］17 号
10	吕道斌　等	乐山电力	岷江水电董事长	证监罚字［2009］24 号
11	夏雄伟	精工科技	《证券时报》浙江站长	证监罚字［2009］26 号
12	林世喜	*ST 绵高	持股 5%以上股东	证监罚字［2009］44 号
13	李建兴	深康佳 A	深康佳财务中心总助	证监罚字［2009］45 号
14	杨　雪	汇源通信	持股 5%以上股东	证监罚字［2009］46 号
15	汤　明	界龙实业	内部知悉人员	证监罚字［2009］47 号
16	叶　晶	桐君阁	持股 5%以上股东	证监罚字［2009］48 号
17	杜丽贤　等	旭飞投资	深圳瑞德城法人代表	证监罚字［2009］50 号
18	佘鑫麒	四川圣达	四川圣达董事总经理	证监罚字［2010］2 号
19	耿佃杰	大成股份	大成股份董事长	证监罚字［2010］16 号
20	马中文　等	S*ST 光明	光明家具董事长	证监罚字［2010］18 号
21	赵利、由春玲	辽源得亨	辽源得亨董事长	证监罚字［2010］22 号
22	姜永贵	深天健	深天健董事、总经理	证监罚字［2010］23 号
23	李际滨	粤富华	粤富华副总经理	证监罚字［2010］29 号
24	况　勇	海星科技	格力集团投资部部长	证监罚字［2010］32 号
25	秦少秋	ST 兴业	ST 兴业董事长	证监罚字［2010］40 号
26	张小坚	S*ST 集琦	国海证券副总裁	证监罚字［2010］44 号
27	贾华章	新太科技	新太科技独立董事	证监罚字［2010］53 号
28	汤建华	兰生股份	兰生集团总裁	证监罚字［2011］16 号

续表

编号	内幕交易当事人	所涉上市公司	当事人时任职务	罚没文件
29	刘　洋	ST 中钨	建工集团总经济师	证监罚字［2011］24 号
30	林士泉	新潮实业	北京首泰法任代表	证监罚字［2011］26 号
31	杨宝才	浙江东方	浙江东方投资部经理	证监罚字［2011］32 号
32	蔡伟甫　等	佛塑股份	佛塑股份投资部副总经理	证监罚字［2011］41 号
33	方　清	佛山照明	国轩高科总经理	证监罚字［2011］49 号
34	李建新	领先科技	领先科技董事长	证监罚字［2011］55 号
35	任晋阳	领先科技	光华基金会理事长	证监罚字［2011］56 号
36	岳远斌	三爱富	国泰君安企业融资总部董事总经理	证监罚字［2011］57 号
37	周和华	科达机电	科达机电董事、副总经理、董事会秘书	证监罚字［2012］3 号
38	张涛　等	方大炭素、ST 博盈、G 海虹	银河证券投资银行总部股票发行部副经理	证监罚字［2012］14 号
39	夏自强	ST 皇台	瀚宇投资业务总经理、实际控制人	证监罚字［2012］19 号
40	沈少玲	彩虹精化	彩虹精化实际控制人、董事	证监罚字［2012］23 号
41	肖家守	宁夏恒力	新日投资董事长	证监罚字［2012］24 号
42	曾国波	劲嘉股份	劲嘉股份监事	证监罚字［2012］31 号
43	庄坚毅　等	佛山照明	内幕信息知情人	证监罚字［2012］37 号
44	陈宝庆	山东海龙	潍坊投资公司总会计师	证监罚字［2012］46 号
45	崔建胜	ST 华光	ST 华光财务经理	证监罚字［2012］47 号
46	费　智	龙源技术	龙源电力技术董事	证监罚字［2012］49 号
47	熊绍咏　等	金利科技	宇瀚光电总经理	证监罚字［2012］51 号
48	秦　华	天龙股份	内幕信息知情人	证监罚字［2012］52 号
49	马　刚	胜利股份	青岛城投置地总经理	证监罚字［2012］54 号
50	李琳杰	中恒集团	梧州制药营销副总经理	证监罚字［2012］55 号
51	顾振其	舒泰神	舒泰神董事	证监罚字［2013］1 号
52	李国刚	科学城	内幕信息知情人	证监罚字［2013］2 号
53	谭淑智	云内动力	内幕信息知情人	证监罚字［2013］4 号
54	王瑞苹	斯米克	内幕信息知情人	证监罚字［2013］6 号

续表

编号	内幕交易当事人	所涉上市公司	当事人时任职务	罚没文件
55	齐　凯	森源电气	诺德担保董事长	证监罚字［2013］13号
56	包维春　等	宏达股份	宏达股份总会计师	证监罚字［2013］14号
57	王敏文	海立股份	金瑞泓科技董事长	证监罚字［2013］16号
58	罗永斌	安诺其	内幕信息知情人	证监罚字［2013］18号
59	郭红莲	安诺其	内幕信息知情人	证监罚字［2013］19号
60	罗　明	安诺其	内幕信息知情人	证监罚字［2013］20号
61	蒯雯瑾	安诺其	内幕信息知情人	证监罚字［2013］21号
62	王周屋	万顺股份	内幕信息知情人	证监罚字［2013］22号
63	朱维君　等	兄弟科技	中华化工总经理	证监罚字［2013］28号
64	周小南　等	九鼎新材	内幕信息知情人	证监罚字［2013］29号
65	黎家燕	海印股份	能鑫矿业法定代表人	证监罚字［2013］30号
66	吕顺龙	莱茵置业	莱茵置业财务部经理	证监罚字［2013］31号
67	朱建峰	领先科技	内幕信息知情人	证监罚字［2013］35号
68	邓永祥	大元股份	内幕信息知情人	证监罚字［2013］36号
69	郭文忠	大元股份	内幕信息知情人	证监罚字［2013］37号
70	江建华	天业通联	娴遐投资法定代表人	证监罚字［2013］39号
71	张庆瑞	ST北人	内幕信息知情人	证监罚字［2013］41号
72	刘绍军	博云新材	长沙鑫航办公室员工	证监罚字［2013］51号
73	方振颖	春晖股份	春晖股份董事长	证监罚字［2013］57号
74	江逢灿	春晖股份	内幕信息知情人	证监罚字［2013］58号
75	徐浩明	光大证券	光大证券法定代表人	证监罚字［2013］59号
76	赵玉春	中捷股份	禧利多法定代表人	证监罚字［2013］62号
77	曾　林	中航重机	海天鸿法定代表人	证监罚字［2013］63号
78	杨国章	金自天正	内幕信息知情人	证监罚字［2013］65号
79	张玉屏	上海建工	内幕信息知情人	证监罚字［2013］66号
80	丁国军	向日葵	向日葵总经理	证监罚字［2013］71号
81	吴　伟	杭萧钢构	内幕信息知情人	证监罚字［2013］72号
82	宋辉东	捷成股份	冠华荣信董事长	证监罚字［2013］74号

续表

编号	内幕交易当事人	所涉上市公司	当事人时任职务	罚没文件
83	王永进	爱仕达	内幕信息知情人	证监罚字［2013］76号
84	米兴平	蓝色光标	君合律师事务所律师	证监罚字［2013］79号
85	唐雪来	天音控股	财富成长总经理	证监罚字［2014］1号
86	程立中	金德发展	金德发展公司董事	证监罚字［2014］2号
87	段晓军	大商股份	内幕信息知情人	证监罚字［2014］5号
88	许军 等	天威视讯	内幕信息知情人	证监罚字［2014］6号
89	徐建华	天威视讯	天宝公司财务总监	证监罚字［2014］7号
90	方元生	天威视讯	天宝公司副总经理	证监罚字［2014］8号
91	邓惠文	天威视讯	内幕信息知情人	证监罚字［2014］9号
92	牛金瓶	天威视讯	天宝公司总经理助理	证监罚字［2014］10号
93	成 蓉	天威视讯	深圳宝安广播电视中心 电视新闻部副部长	证监罚字［2014］11号
94	吴京荣	龙净环保	龙净环保董事	证监罚字［2014］13号
95	刘 刚	宇顺电子	宇顺电子中兴客户部副经理	证监罚字［2014］14号
96	胡海波	永生投资	内幕信息知情人	证监罚字［2014］25号
97	姜胜芳	蓉胜超微	杨行铜材副总经理	证监罚字［2014］28号
98	王雄英	长方照明	内幕信息知情人	证监罚字［2014］29号
99	刘明星	粤传媒	广州日报社计财处投资专员	证监罚字［2014］34号
100	马国秋	ST宝龙	内幕信息知情人	证监罚字［2014］36号
101	陈珍芳	ST宝龙	内幕信息知情人	证监罚字［2014］37号
102	范立义	风范股份	风范股份董事	证监罚字［2014］38号
103	陆沈良	华星创业	华星创业财务部会计	证监罚字［2014］39号
104	张世珍	ST冠福	内幕信息知情人	证监罚字［2014］43号
105	郭艺声	ST当代	厦门当代董事副总裁	证监罚字［2014］44号
106	孙德传	55只股票	长城证券上海民生路 营业部总经理	证监罚字［2014］46号
107	孔令敏	ST博元	内幕信息知情人	证监罚字［2014］47号
108	王明华	ST博元	内幕信息知情人	证监罚字［2014］48号
109	吴昌国	神剑股份	神剑股份财务总监	证监罚字［2014］50号

续表

编号	内幕交易当事人	所涉上市公司	当事人时任职务	罚没文件
110	马少鹏	嘉应制药	内幕信息知情人	证监罚字［2014］53 号
111	陈狄奇	ST 甘化	德信丰益合伙人	证监罚字［2014］56 号
112	王舜夫	ST 甘化	上海夫雄智能董事长	证监罚字［2014］57 号
113	陈　汉	ST 甘化	温州银行杭州分行副行长	证监罚字［2014］58 号
114	吴银旺	盛达矿业	华夏聚富研究总监	证监罚字［2014］60 号
115	张明续	梅泰诺	内幕信息知情人	证监罚字［2014］63 号
116	吕　燕	SST 华新	内幕信息知情人	证监罚字［2014］64 号
117	李之多	大立科技	内幕信息知情人	证监罚字［2014］66 号
118	王潍海	得利斯	得利斯集团行政总监	证监罚字［2014］72 号
119	李　弘	盐田港	盐田港资产经营管理部员工	证监罚字［2014］73 号
120	向　军	三五互联	内幕信息知情人	证监罚字［2014］74 号
121	刘　峰	新大新材	内幕信息知情人	证监罚字［2014］79 号
122	杨晓春	康盛股份	内幕信息知情人	证监罚字［2014］80 号
123	徐东波	新华锦	新华锦集团副总裁	证监罚字［2014］83 号
124	鞠成立	广联达	内幕信息知情人	证监罚字［2014］87 号
125	贺小娟	宏达新材	内幕信息知情人	证监罚字［2014］90 号
126	张　彦	德豪润达	内幕信息知情人	证监罚字［2014］97 号
127	朱继华	德豪润达	内幕信息知情人	证监罚字［2014］98 号
128	蔡素晖	冠豪高新	冠豪高新运营部经理	证监罚字［2014］100 号
129	薛　峰	ST 珠峰	内幕信息知情人	证监罚字［2014］101 号
130	汪　东	江苏宏宝	内幕信息知情人	证监罚字［2014］102 号
131	苏彩龙	和佳股份	和佳股份董事会秘书	证监罚字［2015］1 号
132	赵　罡	潜能恒信	中海油法律部综合处长	证监罚字［2015］4 号
133	白　洋	ST 成霖	内幕信息知情人	证监罚字［2015］5 号
134	齐建湘	时代新材	湘银投资法定代表人	证监罚字［2015］8 号
135	戴丽君	天润曲轴	国信证券投资银行事业部业务六部总经理	证监罚字［2015］12 号
136	章志坚	中源协和	内幕信息知情人	证监罚字［2015］13 号
137	李　根	恒顺电气	东兴证券电力研究员	证监罚字［2015］16 号

续表

编号	内幕交易当事人	所涉上市公司	当事人时任职务	罚没文件
138	杨　君	恒顺电气	内幕信息知情人	证监罚字［2015］17号
139	方勇灵	恒顺电气	内幕信息知情人	证监罚字［2015］18号
140	曾　军	恒顺电气	金中和 CEO	证监罚字［2015］19号
141	薛　疆	禾盛新材	禾盛新材副总经理	证监罚字［2015］26号
142	李　明	禾盛新材	合肥清雅节能环保董事长兼总经理	证监罚字［2015］27号
143	魏德善	齐星铁塔	东源基金副总经理	证监罚字［2015］29号
144	吕建卫	炬华科技	内幕信息知情人	证监罚字［2015］30号
145	郝　忠	三元股份	内幕信息知情人	证监罚字［2015］44号
146	张益武	ST 甘化	江门国资委企管科长	证监罚字［2015］45号
147	吴　峰	南风股份	内幕信息知情人	证监罚字［2015］60号
148	吴永彪	珠江啤酒	内幕信息知情人	证监罚字［2015］86号
149	吴香海	渝三峡 A	内幕信息知情人	证监罚字［2015］87号
150	虞凌云	合金投资	上海元优资产合伙人	证监罚字［2016］2号
151	黄芝颢	世荣兆业	内幕信息知情人	证监罚字［2016］9号
152	张海光	任子行	东莞天鑫网络总经理	证监罚字［2016］8号
153	陈悦婷	华星化工	内幕信息知情人	证监罚字［2016］11号
154	张智军	亚太实业	内幕信息知情人	证监罚字［2016］15号
155	姚　军	亚太实业	内幕信息知情人	证监罚字［2016］16号
156	张兆祯	亚太实业	内幕信息知情人	证监罚字［2016］17号
157	王智元	佐力药业	内幕信息知情人	证监罚字［2016］18号
158	王　敏	合肥三洋	内幕信息知情人	证监罚字［2016］19号
159	王　靖	黑化股份	内幕信息知情人	证监罚字［2016］24号
160	李彩霞	新潮实业	内幕信息知情人	证监罚字［2016］27号
161	刘如宝	中钢吉炭	内幕信息知情人	证监罚字［2016］28号
162	邵东平	中钢吉炭	内幕信息知情人	证监罚字［2016］29号
163	李云岗	中电广通	内幕信息知情人	证监罚字［2016］30号
164	谢庆华	中电广通	内幕信息知情人	证监罚字［2016］33号
165	朱德洪	宏达新材	宏达新材董事长	证监罚字［2016］33号

续表

编号	内幕交易当事人	所涉上市公司	当事人时任职务	罚没文件
166	李正雪	粤宏远 A	内幕信息知情人	证监罚字［2016］35 号
167	王强彬	粤宏远 A	内幕信息知情人	证监罚字［2016］36 号
168	杨剑波	ST 国通	内幕信息知情人	证监罚字［2016］37 号
169	唐政斌	汇通能源	内幕信息知情人	证监罚字［2016］38 号
170	朱　岩	申华控股	华晨集团资本运营部长	证监罚字［2016］43 号
171	徐　英	申华控股	华晨集团办公室主任	证监罚字［2016］44 号
172	孟庆虹	申华控股	内幕信息知情人	证监罚字［2016］45 号
173	李　俊	申华控股	内幕信息知情人	证监罚字［2016］46 号
174	夏　雪	平潭发展	平潭发展董事长助理	证监罚字［2016］47 号
175	石乃珊	平潭发展	平潭发展董事长助理	证监罚字［2016］48 号
176	刘　峰	平潭发展	中福康辉旅游综合开发项目顾问	证监罚字［2016］49 号
177	陈　勇	平潭发展	中福康辉旅游综合开发项目策划负责人	证监罚字［2016］50 号
178	潘荣伟	炬华科技	内幕信息知情人	证监罚字［2016］52 号
179	叶　书	威华股份	内幕信息知情人	证监罚字［2016］53 号
180	张为杰	威华股份	内幕信息知情人	证监罚字［2016］54 号
181	黄超明	威华股份	威华水利水电总经理	证监罚字［2016］55 号
182	苏嘉鸿	威华股份	内幕信息知情人	证监罚字［2016］56 号
183	卫　强	胜利精密	龙显光电总经理	证监罚字［2016］63 号
184	李文龙	胜利精密	内幕信息知情人	证监罚字［2016］64 号
185	欧阳俊东	胜利精密	内幕信息知情人	证监罚字［2016］65 号
186	陆小萍	胜利精密	内幕信息知情人	证监罚字［2016］66 号
187	张　琴	胜利精密	内幕信息知情人	证监罚字［2016］67 号
188	史　波	理工监测	内幕信息知情人	证监罚字［2016］72 号
189	申启永	绵世股份	内幕信息知情人	证监罚字［2016］74 号
190	吴伟钢	楚天高速	武汉利德财务总监	证监罚字［2016］78 号
191	颜玲明	利欧股份	内幕信息知情人	证监罚字［2016］79 号
192	朱彬元	坚瑞消防	内幕信息知情人	证监罚字［2016］80 号

续表

编号	内幕交易当事人	所涉上市公司	当事人时任职务	罚没文件
193	刘　丹	华升股份	内幕信息知情人	证监罚字［2016］85 号
194	罗向阳	东方铁塔	新时代证券总经理助理	证监罚字［2016］86 号
195	满善平	宝莫股份	康贝石油董事长	证监罚字［2016］95 号
196	马祥峰	宝莫股份	胜利油田长安公司监事	证监罚字［2016］96 号
197	高扬瑜	辽宁成大	内幕信息知情人	证监罚字［2016］97 号
198	谢　暄	博云新材	高创投总经理	证监罚字［2016］98 号
199	李文捷	博云新材	东方证券长沙市劳动西路营业部总经理	证监罚字［2016］99 号
200	周继和	江泉实业	内幕信息知情人	证监罚字［2016］101 号
201	于　洋	三聚环保	大地总公司董事长	证监罚字［2016］103 号
202	曹玉彬	南山铝业	南山集团公司监事	证监罚字［2016］117 号

注：作者根据中国证监会网站整理。

参考文献

[1] Aggarwal R, Wu G. Stock market manipulation [J]. Journal of Business, 2006, 79 (4): 1915-1953.

[2] Allen F, Gale D. Stock price manipulation [J]. The Review of Financial Studies, 1992, 5 (3): 131-171.

[3] Asim I K, Atif M. Unchecked intermediaries: Price maniputation in an emerging stock market [J]. Journal of Financial Economics, 2005, 78 (1): 203-241.

[4] Ausubel M. Insider trading in a rational expectations economy [J]. American Economic Review, 1990, 80 (5): 1022-1041.

[5] Bagnoli M, Lipman B. Stock price manipulation through takeover bids [J]. RAND Journal of Economics, 1996, 27 (1): 124-147.

[6] Baum C, Bohn J, Chakraborty A. Securities fraud and corporate board turnover: New evidence from lawsuit outcomes [R]. Working Paper, 2010.

[7] Benabou R, Laroque G. Using privileged information to manipulate markets: insiders, gurus, and credibility [J]. Quarterly Journal of Economics, 1992, 107 (3): 921-958.

[8] Bhattacharya U, Daouk H, Jorgenson B, et al. When an event is not an event: the curious case of an emerging market [J]. Journal of Financial Economics, 2000, 55 (1): 69-101.

[9] Bhattacharya Utpal, Daouk Hazem. The World Price of Insider Trading [J]. Journal of Finance, 2002, 57: 75-108.

[10] Blasco N, Corredor P. Does informed trading occur in the options market? Some revealing clues [J]. Accounting and Finance, 2010, 50 (3): 555-579.

[11] Bris A. Do insider trading laws work? [J]. European Financial Management, 2005, 11 (3): 267-312.

[12] Brooks C, Kaufmann P, Lichtenstein D. Travel Configuration on consumer trip-chained store choice [J]. Journal of Consumer Research, 2004, 31 (9): 241-248.

[13] Brown S, Hillegeist S A, Lo K. Conference calls and information asymmetry [J]. Journal of Accounting and Economics, 2004, 37, 343-366.

[14] Brunnermeier K. Buy on rumors-sell on News: a manipulative trading strategy [R]. FMG discussion paper, 2000.

[15] Chakraborty A, Yilmaz B. Nested information and manipulation in financial markets [R]. Universtiy of Pennsylvania Working Paper, 1999.

[16] Chakraborty A, Yilmaz B. Manipulation in market order models [J]. Journal of Financial Markets, 2004, 7 (2): 187-206.

[17] Chakraborty A, Yilmaz B. Microstructure bluffing with nested information [J]. The American Economic Review, 2008, 98 (2): 280-284.

[18] Chernev A. The impact of common features on consumer preferences: A Case of Confirmatory

Reasoning [J]. Journal of Consumer Research. 2001, 27 (4): 475-488.

[19] Chernev A. Context effects in choice [J]. Advances in Consumer Research, 2004, 31 (1): 226-228.

[20] Chernev A. Extremeness aversion and attribute-balance effects in choice [J]. Journal of Consumer Research, 2004, 31 (2): 249-263.

[21] Chowdhry B, Nanda V. Multimarket trading and market liquidity [J]. Review of Financial Studies, 1991 (4): 483-511.

[22] Collin -Dufresne P, Fos V. Insider trading, stochastic liquidity, and equilibrium prices [J]. Econometrica, 2016 (4): 1441-1475.

[23] Comerton-Forde C, Rydge J. Call auction algorithm design and market manipulation [J]. Journal of Multinational Financial Management, 2006, 16 (2): 184-198.

[24] Damodaran A, Liu C. Insider trading as a signal of private information [J]. The Review of Financial Studies, 1993, 6 (1): 79-119.

[25] Dennis P J, Strickland D. Who blinks in volatile markets, individuals or institutions? [J]. The Journal of Finance, 2002 (5): 1923-1949.

[26] Drudi F, Massa M. Price manipulation in parallel markets with different transparency [R]. Working Paper, 2002.

[27] Durnev A, Morck R, Yeung B. Value enhancing capital budgeting and firm-specific stock return variation [J]. The Journal of Finance, 2005, 59 (1) : 65-105.

[28] Dye A. Inside trading and incentives [J]. The Journal of Business, 1984, 57 (3): 295-313.

[29] Easley D, Kiefer N M, O'Hara M, et al. Liquidity, information, and infrequently traded stocks [J]. The Journal of Finance, 1996 (4): 1405-1436.

[30] Felixson K, Pelli A. Day end returns-stock price manipulation [J]. Journal of Multinational Management, 1999, 9: 95-127.

[31] Fidnnuc J, Goergen M, Renneboog L. Insider trading, news releases and ownership concentration [J]. The Joumal of Finanee, 2006, 61 (6): 2931-2973.

[32] Fishman M J, Hagerty K M. Insider trading and the efficiency of stock prices [J]. South China Journal of Economics, 2006 (1): 106-122.

[33] Garfinkel J. New evidence on the effects of federal regulations on insider trading: The insider trading and securities fraud enforcement act [J]. Journal of Corporate Finance, 1997, 3 (2): 89-111.

[34] Haddock D D, Macey J R. Regulation on demand: A private interest model, with an application to insider trading regulation [J]. The Journal of Law and Economics, 1987, 30 (2): 311-352.

[35] Han J. Informed trading, predictable noise trading activities and market manipulation [J]. Predictable Noise Trading Activities and Market Manipulation (January 15, 2009), 2009.

[36] Hirshleifer D, Hong Teoh S. Herd behaviour and cascading in capital markets: A review and

synthesis [J]. European Financial Management, 2003, 9 (1): 25-66.

[37] Huddart S, Hughes J, Levine C. Public disclosure and dissimulation of insider trades [J]. Econometrica, 2001, 69 (3): 665-681.

[38] Israelov R, Katz M. To trade or not to trade? Informed trading with short-term signals for long-term investors [J]. Financial Analysts Journal, 2011, 67 (5): 23-36.

[39] Jarrow R. Market manipulation, bubbles, corners and short squeezes [J]. Journal of Financial and Quantitative Analysis, 1992, 27 (3): 311-336.

[40] Jiang G, Mahoney P G, Mei J. Market manipulation: A comprehensive study of stock pools [J]. Journal of Financial Economics, 2005, 77 (1): 147-170.

[41] Kariv S. Distinguishing informational cascades from herd behavior in the laboratory [J]. The A-merican Economic Review, 2004, 94 (3): 484-498.

[42] Klock M. Mainstream economics and the case for prohibiting insider trading [J]. Georgia State University Law Review, 1994 (10): 297-335.

[43] Loss L, Seligman J. Fundamentals of securities regulation [M]. Little, Brown and Company (5rdEd), 2005.

[44] Luo Y. Do insiders learn from outsiders? Evidence from mergers and acquisitions [J]. Journal of Finance, 2005, 60 (4): 1951-1982.

[45] Madhavan. A Trading Mechanisms in Securities Market [J]. Journal of Finance, 1992, 47 (3): 607-641.

[46] McDonald G, Michayluk D. Suspicious trading halts [J]. Journal of Multinational Financial Management, 2003, 13 (3): 251-263.

[47] McDermott R. Prospect theory in political science: Gains and losses from the first decade [J]. Political Psychology, 2004, 25 (2): 289-312.

[48] Meulbroek K. An empirical analysis of illegal insider trading [J]. The Journal of Finance, 1992, 47 (5): 1661-1699.

[49] Minenna M. Insider trading abnormal return, value of preferential information: A probabilistic approach [J]. Journal of Banking and Finance, 2003, 27: 59-86.

[50] Neelam M J, Mirrman L J. Effects of insider trading under different market Structures [J]. The Quarterly Review of Economics and Finance, 2002, 42: 19-39.

[51] Nelemans M. Redefining trade-based market manipulation [J]. Valparaiso University Law Re-view, January, 2008.

[52] Nyholm K. Inferring the private information content of trades: A regime-switching approach [J]. Journal of Applied Econometrics, 2003 (4): 457-470.

[53] O'hara M. Market microstructure theory [M]. Oxford: Blackwell Publisher Ltd , 1995.

[54] Porta R L, Lopez-De-Silanes F, Shleifer A. Corporate ownership around the world [J]. The Journal of Finance, 1999 (2): 471-517.

[55] Putninš T J. Market manipulation: A survey [J]. Journal of Economic Surveys, 2012,

26 (5): 952-967.
[56] Simonson I, Drolet A. Anchoring effects on consumers' Willingness-to-Pay and Willingness-to-Accept [J]. Journal of Consumer Researeh, 2004, 31 (12): 681-690.
[57] Steinberg M. Insider trading, selective disclosure, and prompt disclosure: A comparative analysis [J]. U. Pa. J. Int'l Econ. L., 2001, 22: 635-1067.
[58] Veiga H, Vorsatz M. Price manipulation in an experimental asset market [J]. European Economic Review, 2009, 53 (3): 327-342.
[59] 贝政新，袁理．中国股票市场内幕交易行为甄别监控机制研究 [J]. 上海商学院学报，2009，10 (5): 79-84.
[60] 蔡宁．信息优势、择时行为与大股东内幕交易 [J]. 金融研究，2012 (5): 179-192.
[61] 蔡庆丰，陈娇，郝凯．是谁加剧了知情交易——基于股改前后 EKOP 模型的实证检验 [J]. 投资研究，2013 (10): 42-53.
[62] 陈日清．机构投资者与个人投资者过度自信行为比较研究 [J]. 投资研究，2011 (12).
[63] 陈小林．信息环境、法律制度与投资者利益保护 [J]. 经济经纬，2011 (4).
[64] 丁洪君，崔龙芳．再议公司合并中小股东利益的保护 [J]. 河北企业，2016 (4).
[65] 杜晓芬．知情交易概率测算在内幕交易监管中的应用 [J]. 上海金融学院学报，2013 (1).
[66] 段磊．日本证券市场内幕交易规制的最新动态及借鉴——以 2013 年《金融商品交易法》修订为线索 [J]. 证券市场导报，2014 (6).
[67] 韩立岩，郑君彦，李东辉．沪市知情交易概率 (PIN) 特征与风险定价能力 [J]. 中国管理科学，2008 (1).
[68] 何青，房睿．内幕交易监管：国际经验与中国启示 [J]. 经济理论与经济管理，2013 (7).
[69] 何德旭，饶云清，王智杰．金融安全网：基于信息空间理论的分析 [J]. 经济理论与经济管理，2011 (2).
[70] 何贤杰，孙淑伟，曾庆生．券商背景独立董事与上市公司内幕交易 [J]. 财经研究，2014 (8).
[71] 侯宇，叶冬艳．机构投资者、知情人交易和市场效率——来自中国资本市场的实证证据 [J]. 金融研究，2008 (4).
[72] 胡伟，刘科．证券市场内幕交易的识别与防控——基于我国法律框架下的路径分析 [J]. 中国注册会计师，2012 (12).
[73] 黄素心，王春雷．证券市场内幕交易行为甄别研究 [J]. 金融理论与实践，2011 (9).
[74] 姜华东．证券市场内幕交易监管的有效性分析 [J]. 上海金融，2009 (8): 43-47.
[75] 姜华东，乔晓楠．内幕交易监管、投资者交易策略与市场利益分配 [J]. 财经研究，2010 (5).
[76] 雷倩华，柳建华，季华．机构投资者、内幕交易与投资者保护——来自中国上市公司资产注入的证据 [J]. 金融评论，2011 (3).

[77] 李捷瑜，王美今．内幕交易与公司治理：来自业绩预报的证据［J］．证券市场导报，2008（12）．
[78] 李金峰．上市公司报表分析中的难点探析［J］．中国管理信息化，2007（6）．
[79] 李金峰．对我国上市公司掏空的探析［J］．科技情报开发与经济，2006（20）．
[80] 李金峰．上市公司财务造假控制［J］．合作经济与科技，2006（5）．
[81] 李金峰．上市公司财务舞弊的机理研究［M］．北京：经济管理出版社，2015.
[82] 李梦雨．中国股票市场操纵行为及预警机制研究［J］．中央财经大学学报，2015（10）．
[83] 李琦，乐菲菲．我国证券市场内幕交易现状及成因分析［J］．上海商学院学报，2016（3）．
[84] 李学，刘文虎．市场操纵过程中低贝塔系数现象研究［J］．证券市场导报，2004，（12）．
[85] 李香丽，孙绍荣．中国上市公司控制权市场内幕交易的 ARIMA 监管模型的实证研究［J］．西安财经学院学报，2015（5）．
[86] 李心丹，宋素荣，卢斌，等．证券市场内幕交易的行为动机研究［J］．经济研究，2008（10）．
[87] 李耀杰．大数据时代“老鼠仓”行为的刑法规制［J］．证券市场导报，2015（9）．
[88] 李志生，杜爽，林秉旋．卖空交易与股票价格稳定性——来自中国融资融券市场的自然实验［J］．金融研究，2015（6）．
[89] 梁玉梅，李红刚．内幕交易与市场信息效率［J］．北京师范大学学报（自然科学版），2007（4）．
[90] 凌玲，方军雄．公司治理、治理环境对内幕交易的影响［J］．证券市场导报，2014（6）．
[91] 刘宪权．内幕交易违法所得司法判断规则研究［J］．中国法学，2015（6）．
[92] 刘晓峰．内幕交易监管效率与上市公司高管薪酬——一个理论模型［J］．经济学（季刊），2013（1）．
[93] 刘艳华，美国证券市场内幕交易监管的做法及启示［J］．经济纵横，2013（7）．
[94] 马元驹，张军，杜征征．内幕交易与内幕交易监管综述［J］．经济学动态，2009（9）．
[95] 彭少辉．新形势下并购重组中证券内幕交易的实证研究［J］．武汉金融，2011（4）．
[96] 齐萌．内幕交易中的预定交易计划抗辩事由研究［J］．财经科学，2016（9）．
[97] 秦雅楠．内幕交易案件取证难问题刍议——兼谈我国证券市场投资者保护［J］．法制与社会，2016（23）．
[98] 屈文洲，谢雅璐，高居先．信息不对称、流动性与股权结构——基于深圳证券市场的实证研究［J］．南开管理评论，2011（1）．
[99] 权小锋，尹洪英，吴红军．媒体报道对 IPO 股价表现的非对称影响研究——来自创业板上市公司的经验证据［J］．会计研究，2015（6）．
[100] 邵新建，贾中正，赵映雪，等．借壳上市、内幕交易与股价异动——基于 ST 类公司的

研究 [J]. 金融研究，2014（5）.
[101] 沈冰. 中国股票市场内幕交易的形成机理与识别研究 [D]. 重庆：重庆大学，2012.
[102] 沈冰，郭粤，傅李洋. 中国股票市场内幕交易影响因素的实证研究 [J]. 财经问题研究，2013（4）.
[103] 沈冰，冉光和，钟剑. 我国股票市场知情交易的形成及策略分析 [J]. 管理世界，2012（1）.
[104] 沈根祥，李春琦. 中国股票市场透明度改革效果的理论与检验 [J]. 财经研究，2008（6）.
[105] 史永东，王谨乐. 中国机构投资者真的稳定市场了吗？[J]. 经济研究，2014（12）.
[106] 宋力，刘焕婷. 证券市场内幕交易行为识别研究 [J]. 商业经济，2012（3）.
[107] 孙开连，杜娟，陈金贤，等. 市场操纵危害性的经济学分析 [J]. 武汉科技大学学报，2002（12）.
[108] 唐浩. 内幕交易的行为识别及防范机制研究 [D]. 成都：西南交通大学，2012.
[109] 唐齐鸣，黄素心，王春雷. 内幕交易者的交易策略与最优监管研究 [J]. 数量经济技术经济研究，2007（8）.
[110] 唐齐鸣，张云. 基于公司治理视角的中国股票市场非法内幕交易研究 [J]. 金融研究，2009（6）.
[111] 唐齐鸣，张学功. 内幕交易与证券价格的有效性 [J]. 南方经济，2006（2）.
[112] 唐雪松，马如静. 内幕交易、利益补偿与控制权转移—— 来自我国证券市场的证据 [J]. 中国会计评论，2009（1）.
[113] 田宏杰. 操纵证券市场罪：行为本质及其司法认定 [J]. 中国人民大学学报，2014（4）.
[114] 田满文. 股权分置改革中市场操纵与内幕交易行为研究 [J]. 审计与经济，2007，22（4）.
[115] 万良勇. 法治环境与企业投资效率——基于中国上市公司的实证研究 [J]. 金融研究，2013（12）.
[116] 王宝娜，杨力. 证券内幕交易的法律规制探究 [J]. 金融教学与研究，2014（6）.
[117] 王春峰，张亚楠，房振明. 知情交易概率和交易活跃程度的日内动态关系 [J]. 系统工程，2009（7）.
[118] 王春峰，卢涛，房振明. 我国证券市场中基于信息的市场操纵行为理论研究 [J]. 系统工程理论与实践，2008（5）.
[119] 王春峰，周敏，房振明. 现金流及盈余的信息含量对知情交易的影响——基于中国上市公司的实证研究 [J]. 系统工程，2009（3）.
[120] 王丹丹. 内幕交易与交易久期关系研究 [D]. 杭州：浙江大学，2012.
[121] 贵浦，池仁勇，陈伟忠. 中国证券市场内幕交易的信息含量及与操纵市场的比较 [J]. 中国管理科学，2004（4）.
[122] 王磊，赵婧，李捷瑜，等. 信息不确定、坏消息与投资者交易行为 [J]. 投资研究，

2011（10）.
［123］王性玉，王帆．做空机制对我国股市波动性、流动性影响的实证分析［J］．经济管理，2013（11）.
［124］王心怡．控制股东关联交易的公平性规制（一）——以程序公平为视角［J］．北方经贸，2013（5）.
［125］王潇炜，顾桂定．重大资产重组中是否存在基金内幕交易？——基于基金持股数据的FDR分析［J］．经济管理，2015（8）.
［126］王伟．我国证券市场内幕交易：形成机制与经济后果研究［D］．成都：西南财经大学，2012.
［127］魏倩茹．内幕交易的民事责任研究［J］．法治与社会，2013（5）.
［128］吴云峰，宋逢明．知情交易者和不知情交易者的策略互动［J］．运筹与管理，2008，（1）.
［129］肖智，李星．基于支持向量机的上市公司财务困境预测［J］．现代管理科学，2010（11）.
［130］徐枫，王力．内幕交易“借道”融资融券治理［J］．中国金融，2014（20）.
［131］许敏．指令驱动市场中交易者行为分析及信息性交易测度研究［D］．北京：北京航空航天大学，2010.
［132］尹筑嘉，黄建欢．内部公司治理与股价操纵的关系——基于中国上市公司的实证研究［J］．经济经纬，2008（2）.
［133］余佩琨，李志文，王玉涛．机构投资者能跑赢个人投资者吗？［J］．金融研究，2009（8）.
［134］岳宝宏，王化成．控制权转移中内幕交易严重程度研究［J］．经济与管理研究，2013（11）.
［135］张超．中国证券市场内幕交易：特征分析与案例研究［D］．厦门：厦门大学，2014.
［136］张大勇，王卫锋．证券市场内幕交易行为识别：理论模型与实证分析［J］．西南民族大学学报（人文社科版），2017（3）.
［137］张俊瑞，白雪莲，孟祥展．启动融资融券助长内幕交易行为了吗？——来自我国上市公司的经验证据［J］．金融研究，2016（6）.
［138］张鹂．内幕交易规则施行中的难题［J］．中国金融，2015（5）.
［139］张维，张莹．中美内幕交易监管机制对比研究［J］．哈尔滨工业大学学报（社会科学版），2006（4）.
［140］张志鹏．我国证券市场流动性综合测度及其影响因素分析［D］．上海：上海交通大学，2007.
［141］张屹山，方毅．中国股市庄家交易操纵的模型与政策分析［J］．管理世界，2007（5）.
［142］张云．公司治理视角中的股票市场内幕交易研究［J］．当代经济，2009（6）.
［143］张宗新．证券市场内幕操纵与监管控制［M］．北京：中国金融出版社，2007.
［144］张宗新．内幕交易行为预测：理论模型与实证分析［J］．管理世界，2008（4）.

[145] 张宗新，沈正阳．内幕操纵、市场反应与行为识别［J］．金融研究，2007（6）．
[146] 张宗新，潘志坚，季雷．内幕信息操纵的股价冲击效应：理论与中国股市证据［J］．金融研究，2005（4）．
[147] 张宗新，杨怀杰．内幕交易监管的国际比较及其对中国的启示［J］．当代经济研究，2006（8）．
[148] 郑君彦．中国股票市场知情交易研究［D］．北京：北京航空航天大学，2008.
[149] 周焯华，樊家秀．创业板公司大股东减持内幕交易案例研究［J］．财会月刊，2014（18）．
[150] 周韵秋．上市公司内幕交易案件的制度分析——以2015年中国证监会《打防内幕交易案例》披露案件为素材［J］．中外企业家，2016（10）．
[151] 周业安，左聪颖，陈叶烽，等．具有社会偏好个体的风险厌恶的实验研究［J］．管理世界，2012（6）．
[152] 朱伟骅．公司治理与内幕交易监管效率研究［J］．经济学（季刊），2008（1）．
[153] 曾庆生．公司内部人具有交易时机的选择能力吗？——来自中国上市公司内部人卖出股票的证据［J］．金融研究，2008（10）．
[154] 曾洋．证券内幕交易主体识别的理论基础及逻辑展开［J］．中国法学，2014（2）．
[155] 邹高峰，熊熊，冯绪．控制权转移的知情交易实证研究［J］．现代管理科学，2009（7）．
[156] 邹亚炬．我国A股市场内幕交易影响因素的实证研究［D］．杭州：浙江大学，2015.